U0498079

领导幽默对员工创造力的影响：

基于归因的日志追踪经验证据

吴论文　杨　付／著

西南财经大学出版社

中国·成都

图书在版编目(CIP)数据

领导幽默对员工创造力的影响:基于归因的日志追踪经验证据/吴论文,杨付著.—成都:西南财经大学出版社,2023.8

ISBN 978-7-5504-5843-7

Ⅰ.①领… Ⅱ.①吴…②杨… Ⅲ.①领导—幽默(美学)—影响—企业—职工—创造性—研究 Ⅳ.①F272.92

中国国家版本馆 CIP 数据核字(2023)第 123412 号

领导幽默对员工创造力的影响:基于归因的日志追踪经验证据

LINGDAO YOUMO DUI YUANGONG CHUANGZAOLI DE YINGXIANG:JIYU GUIYIN DE RIZHI ZHUIZONG JINGYAN ZHENGJU

吴论文 杨 付 著

责任编辑:李特军
责任校对:冯 雪
封面设计:墨创文化
责任印制:朱曼丽

出版发行	西南财经大学出版社(四川省成都市光华村街 55 号)
网 址	http://cbs.swufe.edu.cn
电子邮件	bookcj@ swufe.edu.cn
邮政编码	610074
电 话	028-87353785
照 排	四川胜翔数码印务设计有限公司
印 刷	郫县犀浦印刷厂
成品尺寸	170mm×240mm
印 张	13.75
字 数	239 千字
版 次	2023 年 8 月第 1 版
印 次	2023 年 8 月第 1 次印刷
书 号	ISBN 978-7-5504-5843-7
定 价	88.00 元

1. 版权所有,翻印必究。
2. 如有印刷、装订等差错,可向本社营销部调换。

摘　要

　　经济全球化使我国企业面临瞬息万变的市场环境和更为激烈的竞争挑战。从自然灾害、恐怖袭击等突发事件的发生，到新冠病毒感染公共危机的持续蔓延以及"黑天鹅"与"灰犀牛"事件的频发，企业外部生存环境变得更加复杂、动荡和不确定。而组织要想在复杂多变的商业竞争环境中保有立足之地，领导作为掌控组织核心权力和关键资源的代理人，应在应对外部环境挑战、统筹组织发展等方面发挥至关重要的作用。因此魅力型领导理论、变革型领导理论等新兴领导理论受到学者们的广泛关注。值得注意的是，领导幽默这种沟通方式也越来越受到大家的认可。领导幽默是领导者通过分享有趣事件来愉悦员工，从而引发其积极情感反应的有效沟通方式。领导幽默作为一种更新颖的领导行为，扮演着人际关系催化剂的关键角色，发挥着打破人际沟通障碍、促进组织内部信息共享和传递的重要社会性功能。因此，本研究立足中国组织情境，重点围绕领导幽默核心主题，构建动态理论研究模型，深入探讨其作用和机制。

　　鉴于领导幽默在企业管理中的重要作用，学者们先后针对领导幽默是否产生作用、如何以及何时会对组织结果产生影响展开了探索。虽然关于领导幽默的研究已逐渐深入，但以往研究主要是从领导中心论的范式出发，探究领导幽默对员工态度、行为和绩效的影响，较少考虑作为幽默接收者的员工如何解读领导幽默行为，尤其是员工如何去理解领导幽默的背后动机，进而选择其自身的行为方式。领导幽默的理论研究还处于初步阶段，关于领导幽默动机的认知和归因尚未得到深入研究。基于此，根据自我决定理论，本研究在开发领导幽默动机归因量表基础上，深入探讨员工对于领导幽默的不同归因如何影响其自身的行为，拟从三个方面对中国组织情境下领导幽默动态影响机制展开系统且全面的研究。

　　第一，厘清领导幽默动机归因的概念内涵和结构维度。严格遵循深度访谈等质性研究程序，采用半结构式访谈获取关于领导幽默动机归因的基础资料，通过整理分类编码和归纳演绎访谈资料，探索和提炼领导幽默动机归因的内涵和结构。第二，开发领导幽默动机归因量表。根据量表开发的标准程序，依次通过量表条目净化（T 检验、CITC 检验等）、探索性因子分析和验证性因子分析等程序检验量表的信度和效度，确定构念的稳定性。在量表开发过程中，共发放了两轮调查问卷，第一轮 250 份用于初始量表条目净化，第二轮 808 份用于探索性因子分析和验证性因子分析。第三，考察领导幽默动机的动态影响机制和边界作用条件。本研究重点考察领导幽默如何通过工作激情影响员工创造力及其相关干预机制，采用经验取样法，对 259 名员工开展连续 10 个工作日的早晚追踪调研；将个体内差异与个体间差异同时纳入理论研究模型中，以捕捉个体和谐工作激情在领导幽默对员工创造力的动态影响过程中的中介作用，并探讨个体间员工归因差异所致的跨层调节效果。

本研究得到如下结论：首先，通过半结构式访谈、归纳演绎和内涵描述等步骤，将员工对领导幽默的动机归因分为三个主范畴（关系改进动机、绩效改进动机和印象操控动机）。其次，通过量表预测试、条目净化等步骤，开发了 3 因素 13 个条目的领导幽默动机归因量表。最后，以员工和谐工作激情作为研究切入点，借助归因的日志追踪经验数据验证了领导幽默对员工创造力的动态作用机制，证实了员工和谐工作激情在领导幽默与员工创造力关系中起到的中介作用。此外，当员工将领导幽默动机归因于关系改进动机和绩效改进动机时，领导幽默会对员工和谐工作激情产生更强的正向影响；而当员工归因于印象操控动机时，正向影响将被削弱。进一步地，本研究还验证了员工归因调节和谐工作激情在领导幽默与员工创造力之间的中介作用。

本研究主要创新点包括以下几点：一是，聚焦员工归因视角，开发了领导幽默动机归因量表。本研究基于幽默接收者——员工视角，探讨了领导幽默动机归因的内涵结构和测量量表。本研究严格遵循质性研究方法范式，凝练出关系改进动机归因、绩效改进动机归因和印象操控动机归因 3 个维度 13 个条目的领导幽默动机归因测量量表，为后续研究奠定基础。二是，拓展已有传导路径，揭示了领导幽默的动态影响机制。本研究根据自我决定理论，实证检验了"领导幽默如何通过和谐工作激情来影响员工创造力"这一新颖传导机制，将个体内差异与个体间差异同时纳入理论模型，并采用经验取样法实施高频率追踪调研，以期准确探究和阐释领导幽默的动态影响机制，这在一定程度上拓展了经验取样法在领导幽默领域的实际运用。三是，围绕幽默动机归因，探究了领导幽默有效性的边界条件。本研究在"领导幽默—员工和谐工作激情—员工创造力"作用路径上，首次引入领导幽默动机归因这一调节变量，在一定程度上丰富了领导幽默发挥作用的边界条件。这对于准确理解领导幽默"何时"发挥作用，继续开拓和深化领导幽默的研究具有重要意义。

　　总体而言，在理论层面，本研究围绕领导幽默核心主题，解决了领导幽默动机归因的内涵、结构和测量等基本问题，也验证了领导幽默对员工创造力的动态影响机制和影响边界。在实践层面，本研究有助于企业管理者运用幽默的言谈举止，表达对员工的尊重、友善和包容，从而调动员工的和谐工作激情，提升员工创造力。与此同时，领导应根据工作环境和自身特点进行恰当的幽默行为，努力将幽默融入工作实际，注重改善员工关系和提升员工绩效的"真"表达，而不是做表面工作或者印象操控的"假"敷衍。

吴论文

2023 年 1 月

目　录

1 绪论

1.1 研究背景

随着经济全球化程度不断加深，我国企业组织面临着瞬息万变的市场环境和日新月异的技术变革，尤其是互联网时代带来的信息共享，使得企业外部生存环境变得更加复杂、动荡和不确定（李朋波，孙雨晴，雷铭，2019）。在这种情况下，组织需要进行多元化发展，发挥更强的协同效应以更好地应对外部环境变化带来的挑战。而组织要想在复杂多变的商业竞争环境中保有立足之地，领导作为组织代理人，在应对外部环境变化、助力组织发展过程中发挥着至关重要的作用。这是因为，组织的领导者掌控着组织的权力和资源，在塑造员工的态度和行为方面发挥着关键作用，被认为是组织发展和成功的核心要素和灵魂人物（Cooper，2005；Hogan，Kaiser，2005；Erdogan，Enders，2007）。从 20 世纪 30 年代开始，学者们先后从领导特质、领导行为、领导权变理论等不同视角出发，系统且深入地探究了领导有效性问题，这为领导理论的发展和突破贡献了巨大力量（House，Aditya，1997；仲理峰 等，2009）。20 世纪 40 年代后，随着领导特质逐渐退出领导有效性理论研究的主导地位，学者们开始将目光投向领导行为理论方面，关注具有一定个性特征的领导行为如何影响员工的态度和行为。事实上，领导过程就是一个影响和激励团队成员实现组织目标的过程，领导者在实现组织目标和绩效过程中所表现出的行为即为领导行为（尹奎 等，2018；Ilies，Nahrgang，Morgeson，2007）。已有研究表明，领导行为对个体态度、行为和绩效具有重要意义（Gottfredson，Aguinis，2017；王震，孙健敏，赵一君，2012）。

近年来，随着领导行为研究的不断深入，魅力型领导理论、变革型领导理论等新兴领导理论受到学者们的广泛关注。然而，值得注意的是，领导幽默作为一种更新颖的领导行为，扮演着人际关系催化剂的关键角色，发挥着打破人际沟通障碍、促进组织内部信息共享和传递的重要社会性功能（Cooper，2008），已逐渐成为领导行为领域中使用频率颇高和研究较深的热点话题。关于领导幽默的研究不仅突破了传统领导有效性视角，而且在一定程度上代表了管理策略的新发展方向（Barsoux，1996；王婷，杨付，2019）。具体而言，幽默作为一种诙谐、有趣的沟通策略，是社交互动过程中的有意行为（Crawford，1994）。领导幽默则是领导者通过分享有趣事件来愉悦员工，从而引发其积极情感反应的有效沟通方式（Cooper，2005；Cooper，Kong，Crossley，2018）。基于领导在组织内部的核心地位，他们的幽默表达方式往往能够为内部互动氛围定下基调，从而有力推动积极工作成果的转化（Cooper et al.，2018）。

领导幽默在企业管理实践中扮演着重要角色。《财富》杂志针对世界500强企业高管的一项调查显示，约97%的CEO认为领导幽默对于组织管理意义重大，建议管理者注重日常幽默表达（陈国海，陈少博，2001）。西南航空、雅虎等著名企业均将幽默训练纳入领导力培训模块（Avolio，Howell，Sosik，1999；Smith，Khojasteh，2013）。不仅如此，政治领袖同样重视幽默的力量，他们甚至专门聘请幽默训练师来帮助其提升领导有效性（Yam et al.，2018）。例如，2003年9月，美国加利福尼亚州前州长阿诺德·施瓦辛格在一次公开政治演讲中，被反对者扔了一个臭鸡蛋，而在面对媒体的采访中，他笑道："那个家伙还欠我一个培根。"他的这种幽默方式不仅有效缓解了当时针锋相对的尴尬氛围，甚至赢得了反对者的支持。显然，领导幽默已成为一种新的重要的领导法则和有效的组织管理策略，非常值得研究者给予更多的关注和探索（Dampier，Walton，2013）。

鉴于领导幽默在企业管理中的重要作用，学者们先后针对领导幽默是否产生作用、如何以及何时会对组织结果产生影响展开了探索。实证研究表明，领导幽默的确对员工在组织中的工作态度和行为表现发挥着积极作用。具体而言，在工作态度方面，领导幽默对工作满意度（Sullivan，2013；Robert，Dunne，Iun，2016）、工作投入（Goswami et al.，2016；Cooper et al.，2018）、情感承诺（Pundt，Venz，2017）和幸福感（Ünal，2014；Kim，Lee，Wong，2016）等均起到促进作用。在工作行为方面，领导幽默对员工创新行为（Yung-Tai，2008；Pundt，2015；姜平，杨付，张丽华，2020）、建言行为（Lin，2016）、组织公民行为（Goswami et al.，2016；Cooper et al.，2018）等同样起到促进作用。在工作绩效方面，Mesmer-Magnus 等（2012）的元分析结果表明，领导积极幽默能够显著提升员工的工作绩效，Goswami 等（2016）也验证了领导采用积极幽默的方式能够有效提升工作绩效。尽管目前关于领导幽默的研究已逐渐深入，然而以往研究主要是从领导中心论的范式出发，探究领导幽默对员工态度、行为和绩效的影响，较少考虑作为幽默接收者的员工如何解读领导幽默行为，即员工通过何种归因方式来解读领导的幽默，进而选择其自身的行为方式。与此同时，以往归因相关研究主要关注积极或消极概念带来的影响，相对较少探究社会生活中存在的大量类似于幽默行为的"日常事件"，因而限制了这方面研究的普适性（王晓钧，雷晓鸣，连少贤，2012）。

根据归因理论，个体由于认知和理解不同，导致对他人行为的归因存在差异（Weiner，1985）。换句话说，个体会对他人行为作出何种反应，主要取决于他对这种行为原因的认知（Rioux，Penner，2001）。已有研究表明，个体对他人行为背后动机的识别情况将显著影响自身行为和评价（Cheung，Peng，Wong，2014）。在领导力研究方面，包括 *Academy of Management Review*、*Journal of Applied Psychology* 和 *Journal of Organizational Behavior* 等国际顶尖期刊已发表关于归因的研究成果。不过，大多数研究主要探讨领导或员工对于负面事件或负面行为的归因理解，例如负面绩效反馈（Martinko et al.，2007；Eberly et al.，2017）和辱虐管理（Burton，Taylor，Barber，2014）。有趣的是，尽管积极领导行为往往伴随着有益的结果，但同样容易引发员工的不同归因，从而导致员工不同的行为结果甚至是负面的行为反应。例如，尽管领导谦逊对员工、团队甚至组织都是有益的；然而，毛江华等（2017）指出，领导谦逊效果主要取决于员工对这种谦逊行为的归因，当员工将领导谦逊归因为印象管理动机时，领导谦逊的积极作用将被抑制；进一步地，Qin 等（2020）认为，当员工归因领导谦逊是一种自我服务行为（self-serving）时，将增加员工职场偏离行为。类似地，当员工将领导"服务"行为归因为他与领导关系的体现时，员工可能会认为领导服务行为是理所应当的，不太会感激领导谦逊（Sun，Liden，Ouyang，2019）。

显然，领导幽默的角色定位和行为特点体现出两种截然不同的社会特性，领导具有权威性和严肃性的层级地位属性，以及偏离层级规范的幽默表达属性，这两种属性的叠加实施，可能会引起员工对领导幽默表达动机归因的好奇心和理解差异。从本质上讲，员工对领导幽默动机的归因决定了他们如何评价领导行为。因此，领导幽默有效的标准并非领导分享的笑话是否有趣，而在于领导通过幽默方式所表达的积极关系意图（Pundt，Venz，2017），以及员工如何去看待和理解领导幽默所蕴藏的背后动机。鉴于目前尚无研究涉及领导幽默动机归因，这使得探究领导幽默动机归因的概念内涵和结构维度，并开发出领导幽默动机归因量表对于全面分析其影响机制具有重要意义。通过文献梳理发现，作为幽默的接收者，他们会依据以下三个标准对领导幽默进行判别：①领导表达幽默时的动机；②领导表达的幽默是否与所处情境相匹配；③领导表达的幽默是否会带来伤害。根据幽默关系过程模型（relational process model of humor），幽默发挥着"人际关系润滑剂"的重要功能，员工可能会将领导幽默解读为启动或维持高质量关系的"关系提议"（relational offer）信号（Crawford，1994；Cooper，2008）。因此，随着共事时间增加，幽默的表达将有助于领导和员工之间形成积极稳定的关系（Pundt，Herrmann，2015），显然这与关系改进动机归因结构一致。同时，根据扎根理论和深度访谈程序，凝练获取的绩效改进动机归因和印象操控动机归因，具有良好的内容效度。总体而言，本研究通过半结构式访谈、分类编码、归纳演绎和内涵描述等步骤，最终将员工对于领导幽默动机归因分为三个主范畴：关系改进动机（在员工看来，领导幽默的目的是与其建立积极关系）、绩效改进动机（在员工看来，领导幽默是出于成就和绩效考虑的，是为了实现更高的组织任务目标）和印象操控动机（在员工看来，领导幽默是一种表面、虚伪和为了自身利益的自私行为），并分别探究这三种不同的归因方式如何作为边界条件影响领导幽默实施效果。

尽管以往研究检验了领导行为对于员工态度和行为的影响，但关注领导幽默对于员工创造力影响的研究相对较少。企业外部竞争环境瞬息万变，企业必须具备持续创新能力才能更有效地应对复杂多变的市场需求，才能避免沦为"残酷丛林法则"的牺牲品（Hughes et al.，2018；王端旭，洪雁，2010）。进入知识经济新时代，企业进步的源动力主要来自员工创造力（creativity），也就是员工针对企业产品、服务和管理流程等提出新颖有用的观点或想法（Amabile et al.，1996）。换句话说，员工缺乏创造力就意味着组织失去了不断创新的进取力，企业可能会面临着生存危机或被市场淘汰的风险，这使得员工创造力逐渐成为学术界和企业界重点关注的话题（Shalley，Zhou，Oldham，2004；周浩，龙立荣，2011）。在这种形势下，组织运转落脚点不仅仅是为了获取组织绩效，还要考虑如何最大程度地激发员工创造力，进而创造更大的组织价值。事实上，领导是员工创造力最重要的影响因素之一，已有丰富的研究表明领导行为与员工创造力关系紧密（Shalley，Gilson，2004；Zhang，Bartol，2010）。近年来，腾讯、阿里巴巴等一大批提倡快乐工作理念的创新型互联网企业的成功，使得马化腾、马云等这类善于激发员工创造力的幽默型领导备受关注（姜平 等，2020）。

　　遗憾的是，尽管国内外学者也逐步认识到领导幽默等领导行为对员工创造力的重要作用，但关于领导幽默对员工创造力的具体影响机制依旧缺乏系统的阐释。有别于以往的社会交换理论和社会信息加工理论，本研究基于自我决定理论，借助日志追踪经验证据，探究了领导幽默影响创造力的过程机理以及和谐工作激情的传导职能。自我决定理论认为，人类对于基本需求满足的程度决定了其动机质量（Deci，Ryan，1985a）。当个体基本需求得到满足后，他们将内化外部工作要求，并将其纳入自我身份认同的一部分（Ryan，Deci，2017）。在这个动机内化的过程中，个体依据自身对意向活动的自主权和选择权程度，将伴随产生和谐工作激情和强迫工作激情（Vallerand et al.，2003）。和谐工作激情描述了员工对自己喜欢和认为重要的工作具有强烈倾向或意愿，是对个体工作动机质量的积极反映（Vallerand et al.，2003；Liu，Chen，Yao，2011）。已有研究表明，领导幽默能够显著增强员工的积极情绪（Cooper et al.，2018），从而增强其工作投入（Yam et al.，2018）。基于此，本研究提出，和谐工作激情在解释领导幽默与员工创造力之间发挥着重要作用。根据自我决定理论，领导幽默有助于员工的自主和人际需求满足，促使他们感受到工作带给自己的愉悦感受和人际价值实现，激发其对工作由衷的喜爱，进而产生和谐工作激情。当员工具有较高水平的和谐工作激情，他们倾向于将从事的工作视为实现个人价值的重要途径，这有助于拓展心智模式和行为方式，从而激发个体创造力。

　　为了探究员工归因对领导幽默有效性的边界效应，本研究试图从关系改进动机归因、绩效改进动机归因和印象操控动机归因三个方面，分析不同员工归因在多大程度上调节领导幽默对员工和谐工作激情的积极影响，并探讨其对员工创造力的具体作用。根据自我决定理论，如果员工将领导幽默归因于关系改进动机，他们将认为领导的这种行为是为了与其建立积极关系，是利他和友善的，这种归因更有利于提升自身的自主动机；如果员工将领导幽默归因于绩效改进动机，他们将认为领导的这种行为是为了实现更高的组织任务目标，当个体认为他所观察到的行为是为了达到组织目标时，他们将会更认可这种行为（Liu, Liao, Loi, 2012）。因此，我们认为无论是关系改进动机归因还是绩效改进动机归因，都能通过有效提升员工和谐工作激情，增强其创造力。相反，如果员工将这种领导幽默行为归因于印象操控动机，他们将认为领导的这种行为是表面的、虚伪的，是为了自身利益的自私行为，但是仍然会迫于领导者的威望和压力不得不做出不自主的反应（控制动机），进而可能抑制其和谐工作激情，继而削弱自身创造力。

那么我们又该如何有效探究领导幽默的影响机制呢？以往关于领导幽默的研究主要是以个体间（between-person）的静态视角为主，聚焦于个体间变量的共同差异程度，鲜有研究以个体内（within-person）视角考察领导幽默的动态影响机制。事实上，Dalal 等（2009）指出，心理学和组织行为学的研究问题绝大多数都是现实的个体内问题，个体行为往往会随情境因素变化发生变化。Kong 等（2019）也呼吁更多的研究者要加强关于领导幽默个体内差异的研究。已有研究表明，不同员工将会体验到来自同一领导的每日幽默行为的不同变化，这就说明，在员工看来，领导幽默并非一成不变的个性特征或始终如一的管理方法（Wijewardena, Härtel, Samaratunge, 2017）。相反，大多数领导都会基于不同的工作情境或任务特征，适时调整自身行为以适应组织管理需要（Schilpzand, Houston, Cho, 2018）。如在讨论严肃问题时，领导不太会频繁使用幽默，而在相对轻松的氛围下，领导幽默更为常见。基于此，本研究提出，每日领导幽默在个体内会存在显著变化，并且这种变化势必会导致个体和谐工作激情的波动，进而带来个体创造力水平的差异。因此，为了更好模拟事件发生时个体的瞬时感受，增强研究结果的普适性和真实性，本研究采用一种高频问卷追踪调查方法——经验取样法（experience-sampling methodology, ESM）。该方法能够有效捕捉个体在短时间内关于经历事件的即时反应和瞬时状态，便于考察个体内情绪、想法和行为的波动变化（Bolger, Laurenceau, 2013）。它要求被试者在连续工作日内按照一定时间点报告工作经历，这不仅能够有效减少回溯带来的误差，也能通过控制个体间水平的个人倾向，真实反映每日发生的事件对当天工作结果的影响（Xanthopoulou, Bakker, Ilies, 2012；陆欣欣，涂乙冬，2015）。

总的来看，尽管组织管理中关于领导幽默的研究如火如荼，然而以往实证研究主要针对西方组织情境，中国组织情境下系统性的实证探索相对匮乏，尤其是基于幽默接收者——员工归因视角（关系改进动机归因、绩效改进动机归因和印象操控动机归因），仍缺乏一套科学可行的测量量表。在这种理论背景下，本研究根据自我决定理论，重点围绕领导幽默研究主题，构建动态理论研究模型，对其三种归因的内涵结构和量表开发进行深入探索，并采用经验抽样法连续开展早晚追踪调研，探讨领导幽默如何通过和谐工作激情促进员工创造力的影响机制，以及员工对于领导幽默的不同归因视角如何在这个过程中发挥作用。

1.2　研究意义

本研究重点围绕中国组织情境下的领导幽默展开系统性探索，不仅厘清了领导幽默动机归因的内涵结构和量表开发等基础性问题，还由此探究了员工归因如何在领导幽默动态作用过程中发挥边界效应。除此之外，本研究通过运用 ESM 方法，验证了领导幽默在微观层面带来的个体变化，精准分析领导幽默如何在每天的工作中起伏变化，进而拓展领导幽默理论的研究方法。同时，本研究还为提升员工创造力带来了新的思路，呼吁组织加强对创新型人才的培养，提升人才创新工作激情，确保企业员工具有持续的创新源动力。因此，关于领导幽默动态影响机制的相关研究具有重要的理论和实践意义。

1.2.1　理论意义

第一，聚焦领导幽默动机归因，开发不同动机归因量表。尽管国内外关于领导幽默的研究越来越多，但主要是从领导中心论的范式出发，探究领导幽默对员工行为、态度和绩效的影响（Goswami et al.，2016；Pundt，Venz，2017），鲜有研究从幽默接收者的视角出发，分析领导幽默动机归因的影响，更没有类似可以使用的量表。基于此，本研究严格遵循深度访谈等质性研究方法，依次通过半结构式访谈、分类编码和归纳演绎以及内涵描述等程序，获取三种领导幽默动机归因的内涵结构（关系改进动机归因、绩效改进动机归因和印象操控动机归因），并进一步通过问卷数据净化、探索性因子分析和验证性因子分析等定量方法检验构念结构，确保幽默动机归因量表具有良好的信效度，从而为后续实践研究奠定坚实基础。

第二，运用经验取样法，考察领导幽默动态影响机制。ESM方法要求被试者在连续工作日内按照一定时间点报告工作经历，这不仅能够有效减少回溯取样带来的误差，也能通过控制社会赞许性的个人倾向问题，真实反映每日发生的事件对其当天工作结果的影响（Xanthopoulou et al., 2012；陆欣欣，涂乙冬，2015）。以往关于领导幽默的研究主要是以个体间（between-person）的静态视角为主，聚焦于个体间变量的共同差异程度，鲜有研究以个体内（within-person）视角考察领导幽默的动态影响机制。领导幽默不同于较为稳定的幽默感，是一种典型的人际互动行为（Martin, Lefcourt, 1984）。工作场所中，领导幽默的表达方式和表现内容往往与所处情境和个体因素密不可分，因而领导幽默的表达将随情境和个体因素变化发生变化。因此，本研究采用ESM来精准探究领导幽默如何在每天的工作中起伏变化，进而拓展领导幽默理论的研究方法。

第三，根据自我决定理论，拓展领导幽默传导机制。已有研究主要是从领导-成员交换关系、心理安全感、创新效能感、信任等视角出发，探讨领导幽默对员工创造力的影响（Zaugg, Davies, 2013；Pundt, Venz, 2017；江静，杨百寅，2014；王永跃，张玲，2018），但这些研究存在一定的局限性。针对以往研究的不足，本研究构建并验证了领导幽默影响员工创造力的理论模型，厘清了领导幽默如何通过新的中介机制——和谐工作激情来影响员工创造力。领导通过分享有趣事件或采取幽默语调的方式，能够营造轻松的工作氛围，更大程度地满足员工的关系需求和自主需求，这将有助于和谐工作激情转化为工作中的创造力（Wu et al., 2020）。与自我决定理论分析一致，实证结果也表明，和谐工作激情是连接领导幽默与员工创造力之间的重要纽带。因此，工作激情作为新颖的传导机制，不仅丰富了领导幽默研究的理论视角，也有助于揭开领导幽默激发员工创造力过程的"黑箱"。

第四，聚焦员工归因视角，丰富领导幽默研究的边界条件。本研究首次从员工对领导幽默动机归因的视角出发，揭示了领导幽默有效性边界条件。根据归因理论，个体由于认知和理解不同，因此其对他人行为的因果解释存在差异（Weiner, 1985）。领导幽默有效的标准并非分享的笑话是否有趣，而在于领导通过幽默方式所表达的积极关系意图（Pundt, Venz, 2017），以及员工如何去理解领导幽默的背后动机。换句话说，在不同归因情况下，领导幽默对于员工行为具有截然不同的影响。一方面，如果员工将领导幽默归因于关系改进动机或绩效改进动机，他们将认为领导的这种行为是有益的，能够有效促进他们的和谐工作激情，进而提升他们的创造力；相反，如果员工将领导幽默归因于印象操控动机，他们将认为领导的这种行为是表面的、虚伪的，是为了自身利益的自私行为，但是他们仍然会迫于领导者的威望和压力不得不做出不自主的反应（控制动机），进而阻碍他们的和谐工作激情，削弱他们的创造力。因此，从员工对领导幽默的归因视角出发进行研究，不仅为领导幽默实证研究提供了重要的边界条件，更有助于准确理解领导幽默"何时"发挥作用。

1.2.2 实践意义

人才是组织最稀缺、最重要的战略性资源，人才管理对于企业发展至关重要，尤其是我国开启了全面建设社会主义现代化国家的新征程，可以说比历史上任何时期都更渴求人才[①]。2021 年 9 月，习近平总书记强调，单位要履行好主体责任，为人才松绑，做到人才为本、尊重人才、包容人才[②]。本研究关于领导幽默对员工创造力的影响机制研究，有助于企业管理者借助幽默的言谈举止和行为方式表达对人才的信任、尊重、友善和包容，从而促进员工提升创造力，因而对企业管理具有重要启示意义。

第一，注重领导幽默的"真表达"。本研究发现，领导幽默不一定会显著正向影响和谐工作激情，只有当员工对领导幽默进行关系改进动机或绩效改进动机归因时，领导幽默对和谐工作激情的积极作用才更明显。这表明员工的和谐工作激情状态取决于他们认为领导所表现的幽默是真诚的、是为了改进彼此关系的、促进目标实现或绩效提升的，而非表面敷衍，带有操纵、控制和伪装嫌疑的。尽管领导幽默常常被作为一种有益于组织绩效的宝贵资源，但是其并非有百利而无一害（Cooper，2005；Yam et al.，2018）。因此，领导应当根据自身特点选择恰当的幽默行为，努力将幽默融入工作实际，真实表达对员工的关心关爱，而非仅仅为了追求表面形式或者印象操控，否则以表面伪装等低投入作为代价的领导幽默，将会带

---

① 新华社记者. 向第二个百年奋斗目标进军的行动指南［EB/OL］.（2020-11-04）［2021-11-15］.https://baijiahao.baidu.com/s? id=1682411091949939288&wfr=spider&for=pc.

② 为人才发展"放权、松绑"这场高规格会议直击问题靶心［EB/OL］.（2021-10-13）［2021-11-15］.https://m.gmw.cn/baijia/2021-10/13/35228098.html.

来一定的负面效应。

第二，发挥领导幽默在组织管理中的积极作用。本研究表明，幽默并不是领导不可改变的先天禀赋和特质，而是一种领导的日常行为，它可以根据工作情境和任务特征在个体内发生变动。尽管幽默只是一种常见的、并无太高经济价值的社会情感资源，但在组织管理和关系润滑方面却非常有价值（Cooper et al.，2018）。《哈佛商业评论》的一位高级编辑指出，35岁以上的工作者每天大概只笑 15 次，工作不应该只是"冷静的努力"（sober endeavor，基于理性动机的行为），领导者运用幽默资源往往会给员工带来丰富的情感体验，并能创造快乐的积极工作氛围（Beard，2014）。因此，组织应当正确认识领导幽默的动态本质，努力营造开放、欢乐和包容的轻松氛围，提供行之有效的激励措施和培养方式以巩固领导幽默功效。因为，没有永不幽默的领导，却有不够幽默的领导。

第三，关注领导幽默表达的协同效应。本研究表明，员工对领导幽默动机的看法决定了他们如何评价领导行为，员工对领导幽默的归因在一定程度上将加剧或减轻幽默的作用。然而，值得注意的是，知觉偏差、刻板印象和误解可能会影响员工对领导的评价（Spector，Jex，1991）。如果员工错误地将领导出于真正想改进关系或改进绩效的幽默，归因于印象操控动机，并且两者间缺乏建设性的沟通交流，那么这种情况下的幽默效果很有可能"南辕北辙"。因此，组织应注重引导员工对领导幽默的积极归因，同时加强领导和员工的沟通技巧培训，促进他们之间的相互理解，以达成更好的"协同效应"。

第四，开拓员工创造力的新思路。随着互联网、大数据和人工智能的快速发展，我国进入"大众创业、万众创新"的经济新常态，企业所面临的技术变革和挑战越来越大（毛江华 等，2017）。在这种形势下，企业应着重培养员工的创造力，考虑如何最大程度地激发员工创造力，进而提升企业核心竞争优势。当代企业之间的竞争，实质上是人才的竞争，而人才竞争的核心就是人才创造力所带来的差异（王端旭，洪雁，2010）。因此，一方面，企业领导者应注重自身幽默修养和表达，营造良好工作氛围，这将有助于员工对领导幽默行为进行积极归因，促进领导幽默对员工创造力的积极效应；另一方面，企业还应加强关于创新型人才的培养，提升人才关于创新的工作激情，确保企业创新后继有人。

1.3 研究内容与研究方法

1.3.1 研究内容

基于自我决定理论的观点，本研究探讨和阐释了领导幽默如何通过员工和谐工作激情来影响员工创造力的动态作用机制，并开发领导幽默动机归因量表，旨在深入探究员工对于领导幽默的不同归因，以及领导幽默如何对其自身行为结果形成影响。本研究内容主要分为三个方面，即厘清领导幽默动机归因的概念内涵和结构维度，开发领导幽默动机归因量表，考察领导幽默动机的动态影响机制。

（1）厘清领导幽默动机归因的概念内涵和结构维度。由于中国组织情境下缺乏关于领导幽默动机归因内涵的研究，因此，本研究严格遵循深度访谈等质性研究方法，主要从三个方面获取关于领导幽默动机归因的内涵和结构。第一，按照半结构式访谈方式，通过采访具有代表性的访谈对象，获取关于领导幽默动机归因的初始条目；第二，参考姜定宇等（2003）的做法，合并与精减已获取的领导幽默动机归因初始条目，对精减后的条目按其属性进行粘合，形成可区分的副范畴；第三，参考 Farh 等（2004）的做法，开展主轴分类，删除无法归类的条目，最终形成领导幽默动机归因的条目，包括 3 个主范畴：关系改进动机、绩效改进动机和印象操控动机。

（2）开发领导幽默动机归因量表。在领导幽默动机归因量表开发过程中，本研究遵循量表开发的标准程序，依次通过初始条目建立、量表条目净化、探索性因子分析和验证性因子分析等步骤获取（Hinkin，1998）。主要包括四个程序：第一，初始量表条目获取，基于半结构式访谈、分类精减以及专家讨论等步骤获取初始条目；第二，量表条目净化，借助 T 检验、修正后的项与总计相关性检验（corrected item-total correlation，CITC 检验）、效度检验等手段对初始条目进行条目净化；第三，通过探索性因子分析，删除因子负荷低于 0.45，以及多重负荷之间相差低于 0.35 的条目（Bryman，Cramer，1997；侯烜方，李燕萍，涂乙冬，2014）；第四，借助验证性因子分析，进一步检验量表信效度，确保领导幽默动机归因量表的稳定性。

（3）考察领导幽默动机的动态影响机制。在完成领导幽默动机概念内涵、结构维度和量表开发工作的基础上，本研究重点考察领导幽默如何通过工作激情影响员工创造力及其相关干预机制。本研究主要使用 SPSS 26.0、MPLUS 8.3 等统计分析软件，结合 ESM 方法，开展连续的每日早晚追踪调研。本研究将个体内差异与个体间差异同时纳入理论研究模型中，以捕捉领导幽默、和谐工作激情、创造力的瞬时状态、变异规律及其动态作用过程，进而探讨个体间变化对个体内波动的跨层调节作用和影响机制，在一定程度上丰富了关于领导幽默的研究视角和方法。本研究认为，领导幽默对于促进员工创造力的提升具有积极作用，和谐工作激情在二者之间发挥着重要的传导功能，并且来自员工的不同归因对上述过程存在显著的差异性调节效果。

1.3.2　研究方法

（1）文献分析法

PRISMA（preferred reporting items for systematic reviews and meta-analyses）被广泛用于文献的梳理和筛选过程（吴论文 等，2021）。根据 PRISMA 声明要求，中文检索主要是基于中国知网、维普中文科技期刊数据库和万方数据库，英文检索主要基于 Web of Science、ProQuest 和 EBSCO。根据研究主题，本研究重点围绕领导幽默、工作激情、创造力、归因、自我决定理论等主题，主要针对管理学和心理学等领域的国内外顶尖期刊进行检索筛选。主要期刊包括：《管理世界》、《经济研究》、《心理学报》、《南开管理评论》、《心理科学进展》、*Academy of Management Journal*、*Academy of Management Review*、*Journal of Applied Psychology*、*Journal of Management*、*Journal of Organizational Behvaior* 等。与此同时，笔者通过阅读并归纳已有研究成果，对这些变量的概念内涵、结构维度、影响因素和实施效果等内容进行系统梳理，熟练掌握相关领域的研究现状和进展，为后续研究做好充分准备。

（2）深度访谈法

深度访谈法（in-depth interview）主要是指研究者通过和访谈对象进行深度交流，以此来获取研究主题相关的资料和数据（孙晓娥，2012）。为了提升访谈提纲范式的规范性和严谨性，本研究主要参考杨静和王重鸣（2013）的访谈提纲设计程序，采用半结构化式深度访谈方式来获取领导幽默归因资料。半结构化访谈主要是根据粗线条式的访谈提纲，就某一设定范围内的话题进行交谈，并结合访谈过程中的实际情况灵活调整提问的方式和问题顺序（郝旭光 等，2021）。在已有文献分析的基础上，本研究通过面对面访谈、线上访谈等方式，以充分获取工作人员对于领导幽默动机归因的描述和理解，为后续凝练幽默归因的概念内涵和开发量表奠定基础。

（3）问卷调研法

本研究针对教育、医疗等行业开展问卷调研，以获取一手数据资料。本研究所涉及的测量工具均选自国内外已广泛验证的经典量表，并严格按照"翻译—回译"程序将各英文量表翻译成适合中国组织情境的中文测量量表。问卷发放主要包括五个阶段。其中，前面三个阶段是关于领导幽默动机归因量表的开发与验证：一是领导幽默动机归因初始条目净化调查问卷，二是探索性因子分析调查问卷，三是领导幽默动机归因验证因子分析。最后，通过一次性问卷和经验抽样调查问卷两个阶段，检验了总体理论模型的研究假设。

（4）经验抽样法

经验抽样法是一种高频跟踪个体在短时间内关于经历事件的即时反应和瞬时评估的方法，要求被试者在连续工作日内按照一定时间点报告工作经历，这不仅能够有效减少被试回溯带来的误差，也能通过控制一般水平的个人倾向，真实反映每日事件带来的动态工作结果差异（Xanthopoulou et al.，2012；陆欣欣，涂乙冬，2015）。该方法能够有效弥补以往滞后的调查研究中无法准确反映被试即时真实情感的不足，从而保障模型检验的准确性和解释力。针对企业员工开展连续的早晚高频率、重复性追踪问卷调查，以获取充分的个体内数据。

（5）定量分析方法

本研究主要采用 SPSS 26.0、MPLUS 8.3 等统计软件进行数据分析和检验。采用 SPSS 26.0 进行领导幽默动机归因的探索性因子分析、各变量相关性分析等；采用 MPLUS 8.3 进行领导幽默动机归因的验证性因子分析；用 MPLUS 8.3 进行多层线性模型分析；用 R 3.5.2 进行数据预处理、静态假设检验等，根据分析结果进一步修正本研究的理论模型，并在此基础上提出相应的管理建议。

1.4 技术路线与结构安排

1.4.1 技术路线

本研究在梳理和回顾已有文献的基础上，结合中国组织情境，首先明确研究主题，即领导幽默的动态影响机制——基于归因的视角，进而构建理论研究模型与假设。具体技术路线，见图1-1。

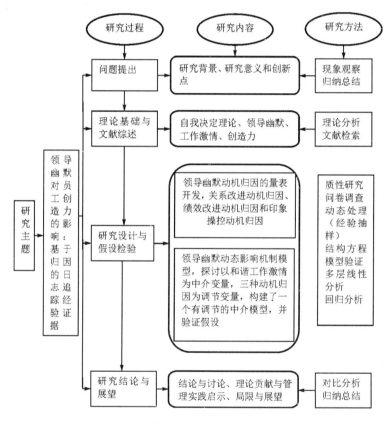

图1-1 技术路线

1.4.2 结构安排

领导幽默、工作激情、创造力以及动机归因是本研究的关键变量和研究主线，研究从领导幽默动机归因结构内涵和量表开发、领导幽默的动态影响机制等方面依次展开。本研究主要包括两个研究。第一，通过第三章和第四章解决了中国组织情境下领导幽默动机归因的量表开发问题，为后续实证研究奠定基础。第二，运用本研究开发的量表，借助经验抽样法和数据分析方法，检验领导幽默影响机制的主效应、中介效应和调节效应。基于上述研究内容，全书共分为七个部分，具体结构安排如下：

第一章，绪论。总概了本研究的背景、意义以及创新等重要内容。

第二章，关于理论基础与文献综述的介绍。一方面，系统梳理回顾了自我决定理论的研究情况。另一方面，针对研究模型涉及的领导幽默、工作激情、创造力等变量进行回顾和梳理。

第三章，领导幽默动机归因的内涵和结构。基于已有文献基础，本章严格遵循深度访谈等质性研究方法，主要从三个方面获取关于领导幽默动机归因的内涵和结构。一是，通过半结构式访谈获取关于领导幽默动机归因的基础资料。二是，对已获取的领导幽默访谈资料进行整理分类编码和归纳演绎。三是，对领导幽默动机归因内涵进行详细描述。以此为后续量表开发奠定基础。

第四章，领导幽默动机归因的量表开发。根据上一章质性研究确定的领导幽默动机归因内涵和结构，本章的量表开发主要包括四个步骤：一是，初始量表条目获取，通过半结构式访谈和专家讨论获取可能的测量条目；二是，量表条目净化，借助 T 检验、CITC 检验等手段对初始条目进行净化；三是，探索性因子分析，利用统计方法分析数据间潜在的相关关系；四是，验证性因子分析，进一步确定构念的稳定性，从而开发出领导幽默动机归因量表。

第五章，构建领导幽默动态影响机制模型和研究假设。围绕领导幽默主题，深入分析了不同变量之间的相互联系和内在逻辑，以和谐工作激情为中介变量，三种动机归因为调节变量，构建了一个有调节的中介模型。具体而言，一是，基于自我决定理论，构建了"领导幽默—和谐工作激情—创造力"的主效应模型；二是，分别探讨三种领导幽默动机归因对"领导幽默—和谐工作激情"的调节效应模型以及对"领导幽默—和谐工作激情—创造力"有调节的中介效应模型，并提出相应的研究假设。

第六章，数据分析与模型假设检验。针对企业员工开展连续的早晚高频率、重复性追踪问卷填写。按照动态处理方法，使用 SPSS 26.0、

MPLUS 8.3 等统计软件对理论模型进行数据检验，包括描述性统计、变量间的相关性分析、零模型检验以及对主效应、中介效应、调节效应和整体模型研究假设进行检验。

第七章，研究结论与展望。首先，本章在前述理论模型、数据分析和假设检验的基础上，总结了研究结论，并进行相应的解释。其次，将研究结论与管理实践相结合，以供企业管理参考，如加强领导幽默培养、提升员工创造力等。最后，针对本研究存在的不足和局限进行分析，以期在未来研究中加以改进。

1.5 主要创新点

首先，明确领导幽默动机归因内涵，开发了对应测量量表。国内外关于领导幽默的研究主要是围绕领导中心论框架（Goswami et al.，2016；Kim et al.，2016），尚未有研究探讨员工归因的差异化影响。事实上，个体由于认知和理解不同，因而其对他人行为的因果解释存在明显差异（Weiner，1985）。基于此，本研究突破现有以领导为中心分析领导幽默如何影响员工行为、态度和绩效的研究范式（Sullivan，2013；Pundt，2015；石冠峰，毛舒婷，王坤，2017；姜平 等，2020），聚焦员工对领导幽默动机归因的视角，为预测领导幽默的影响机制提供了新思路。据此，本研究严格遵循深度访谈等质性研究方法，依次通过半结构式访谈、归纳演绎以及内涵描述等程序，获取关系改进动机归因、绩效改进动机归因和印象操控动机归因的内涵结构。进一步地，通过量表条目净化、探索性因子分析和验证性因子分析等步骤，开发领导幽默动机归因测量量表，为继续开拓领导幽默相关研究奠定坚实基础。

其次，借助自我决定理论，探究了领导幽默动态影响机制。本研究中的和谐工作激情代表着个体对喜爱活动的强烈动机（Vallerand，Houlfort，2003），以往用于阐释领导幽默影响效果的社会交换理论、社会信息加工理论等理论框架（王婷，杨付，2019），难以准确分析这种动机变化的过程。基于此，本研究根据自我决定理论，构建了领导幽默—创造力的动态理论模型，并实证检验了"领导幽默如何通过和谐工作激情来影响员工创造力"这一新颖动态研究机制，这不仅拓展了领导幽默激发员工创造力的影响路径，更有力地回应了 Pundt（2015）关于领导幽默动态研究的倡议。值得一提的是，动态方法能够控制一般水平的个人倾向，并有效减少回溯带来的误差，从而更精准地捕捉领导幽默、和谐工作激情和创造力的瞬时状态和波动情况，这在一定程度上拓展了经验取样法在领导幽默领域的应用。

最后，基于员工归因视角，揭示了领导幽默有效性的边界条件。本研究基于员工归因视角，在"领导幽默—员工和谐工作激情—员工创造力"传导机制中引入领导幽默动机归因这一调节变量，丰富了领导幽默发挥作用过程的边界条件。由于个体对他人行为动机的识别和判断会显著影响个体的行为反应（Cheung et al., 2014），尤其是来自领导令人感到意外的非常规化行为（如打破传统上下级关系的领导幽默行为），本研究认为，不同的领导幽默动机归因发挥着显著的差异化调节作用，即当员工将领导幽默动机归因于关系改进动机和绩效改进动机时，他们认为这是一种积极、有利的信号，领导幽默会对员工和谐工作激情产生更强的正向影响；而当员工将领导幽默动机归因于印象操控动机时，员工更倾向于认为领导幽默行为是一种表面的、虚伪的行为，使得领导幽默的正向影响被削弱。此外，本研究还进一步探讨了员工归因对于和谐工作激情中介作用的边界效应。因此，本研究对于准确理解领导幽默"何时"发挥作用，继续开拓和深化领导幽默的相关研究具有重要意义。

1.6 述评

本章首先从研究背景着手，突出领导幽默对于组织管理的重要作用，探讨领导幽默对于创造力的影响机制，并强调员工对于领导幽默的不同归因视角如何在这个过程中发挥作用。在此基础上，本研究进一步阐释领导幽默动态研究的理论意义和实践意义，介绍对应研究内容和研究方法，并就研究安排和创新点做了简要分析。

2 理论基础及文献综述

　　根据自我决定理论，本研究探讨了领导幽默如何通过员工和谐工作激情来影响员工创造力的动态作用机制，并分析员工对于领导幽默的不同归因，以及领导幽默如何对其自身行为结果形成影响。由自我决定理论可知，外在情境因素满足人们自主、胜任和关系这三种基本心理需求，是促使个体产生工作动机的主要路径；只有当需求得到满足时，自主性动机才能得到加强，并促进控制性动机的内化，进而增强和谐工作激情（Vallerand et al., 2003）。因此，系统梳理领导幽默、工作激情、创造力以及自我决定理论的研究现状，对于全面阐释和理解领导幽默的影响机制具有重要意义。

2.1 自我决定理论

　　Deci 和 Ryan（1985a）在考察人类行为动机的研究中指出，自我决定理论主要用于分析个体行为的自我决定程度，它解释了外部环境如何促进内在动机产生和外在动机内化对个体带来的影响机制（Deci, Ryan, 1985a, 2000）。该理论强调，在外部环境因素的激励下，个体将具有自我调节和自我完善的自然倾向，进而促进外部动机的内化转变（Deci, Ryan, 1985a, 2000；Ryan, Deci, 2000）。与其他动机理论相比，自我决定理论聚焦于动机与满足核心要素，强调了个体与环境之间的交互作用（Ryan, Deci, 2000）。该理论指出，尽管人类倾向于往心理成长和幸福的方向发展，但是环境将以不同的方式促进或阻碍这种进程，而这个有机互动的关系则是预测个体行为和态度的关键因素（刘靖东，钟伯光，姒刚彦，2013）。自我决定理论认为，在这种互动过程中，自主（autonomy）、胜任

（competence）和关系（relatedness）三种基本心理需求满足是个体实现心理健康和幸福的必要条件（张剑 等，2010）。总体来说，根据自我决定理论，在社会环境与个体的因果互动作用下，个体通过追求自主、胜任与关系需求满足，不断促进内部动机或外部动机内化的发生，最终得以实现个体心理健康和幸福（Deci，Ryan，1985a，2000）。显然，基本心理需求满足和动机是贯穿自我决定理论的核心关注点。

2.1.1　基本心理需求

尽管自我决定理论强调，个体拥有对心理成长、内化和幸福的自然倾向，但这种倾向并不总是能够被实现。这是因为，个体可能受制于外界束缚，从事一些与自身倾向不太一致的行为，进而阻碍了成长、内化或幸福的趋势（Ryan，Deci，2000；Vansteenkiste，Ryan，2013）。因此，个体能否实现他们的自然倾向，取决于他们是否具备自我决定理论提出的"基本营养"。换句话说，就好比大自然中的光照、水分以及土壤等营养物对于植物生长的重要意义。根据自我决定理论的核心观点，基本心理需求（自主、胜任以及关系）扮演着心理营养物的关键角色，对于个体实现心理成长和幸福必不可少（Deci，Ryan，1985a）。

自主需求指的是个体对自身行为的自我意志和控制感，他们希望能够控制自身行为并感到心理上的自由，即个体能够按照自我意志选择实施行为（Deci，Ryan，1985a）。自主需求来源于因果关系概念，是一种个体行动自由，而非受制于外部力量的被迫（DeCharms，1968）。在早期的自我决定理论研究中，由于自主需求具有解释外在激励对内在动机的产生和持续的重要作用，因而自主需求被认为是三种需求中的关键因素（Deci，Ryan，Koestner，1999）。然而，由于研究者对于自主需求性质的解释存在一定偏差，因而它在三种需求中是最受争议的（Deci，Ryan，1985a）。这是因为，自主需求并不意味着个体行为需要独立于他人愿望，而是个体需求具有选择行为的权利，即使这种选择行为是按照他人愿望所实施的（Deci，Ryan，1985a；Trougakos et al.，2014）。例如，当员工被要求周末加班，如果员工认同领导的要求，认为加班有助于完成工作任务，提升自身能力，那他的自主需求将得到满足；相反，如果员工是打算周末陪伴孩子，那被迫加班的选择将使其感到自主需求受到抑制。

胜任需求是指个体对于所处环境的掌控和实现有价值结果的感知，即个体在实施行为过程中自身能力与工作任务的匹配程度和成就感（Deci，Ryan，1985a）。根据自我决定理论，胜任需求满足的过程，也是个体与所处环境的交互过程中，自身对于工作任务的把控和能力发展（Deci，Ryan，1985a）。显然，胜任需求为个体实施行为提供了动力支持，当个体感知能力有效实施时，胜任需求将得到满足（Stroet，Opdenakker，Minnaert，2013；Van den Broeck et al.，2016）。自我决定理论中的胜任需求也出现在其他理论中，比如在社会认知理论中，自我效能感被认为具有类似于胜任需求一样的动机作用（Bandura，1977）。

关系需求代表着个体与他人之间的良好关系以及被他人理解的需要，即个体期望在所处环境中获得他人的理解、关心和支持（Deci，Ryan，1985a）。这是因为人类普遍期望能够与他人发展并维持具有积极和持久特征的人际关系（Baumeister，Leary，1995）。当个体融入当前所处环境，并建立起良好的互动关系时，这种关系需要就会得到满足。进一步地，只有当关系需要得到有效满足时，个体才能更好地感受到安全氛围，这不仅是个体实现自身能力的基础，也是缓解压力和突破困境的有力保障（Martin，Dowson，2009）。尽管在自我决定理论中，关系需求并没有自主需求或能力需求那么直接重要，但是它仍然发挥着不可或缺的重要作用。例如，虽然当小孩独自沉迷于堆建积木的成就感时，他可能会体验到快乐感知，但由于这个过程缺乏安全的关系依恋（对父母的依恋），他的其他需求将很难实现。

自我决定理论认为，个体需求满足的过程伴随着多种形式的动机产生，进而改善心理健康，提高其幸福感（Deci，Ryan，1985a；Pavot，Diener，2013）。因此，根据自我决定理论，心理需求是否得到满足将与个体心理健康和自我发展息息相关。当心理需求得以满足时，个体的发展将更加积极健康，相反，则可能导致功能性障碍的出现（刘靖东 等，2013）。因此，心理需求满足在社会环境与个体健康之间发挥着关键的桥梁纽带作用（Deci，Ryan，1985a；Van den Broeck et al.，2016）。

2.1.2 动机类型

根据自我决定理论的核心观点，动机主要包括三种形式，分别是无动机（amotivation）、外部动机（extrinsic motivation）和内在动机（intrinsic motivation）（Ryan，Deci，1985a）。无动机代表着个体缺乏活动参与的动机，外部动机代表着个体为了获取额外结果而参与活动的动机，内在动机则代表着个体对于活动本身的自发兴趣（Ryan，Deci，2000）。鉴于这三种动机的自我决定程度存在差异，进一步地，由于个体对外部行为和价值观的认识存在差异，因此人们在实施非内在自主行为时呈现出四种外部动机调节方式，分别是外在、内摄、认同和整合（Gagné，Deci，2005）。外在调节（external regulation）指的是由于外部条件（如奖励或惩罚）影响而实施行为的动机；内摄调节（introjected regulation）是指个体由于外部价值和力量的控制，为提升形象或获取自尊而实施行为的动机，例如，通过取悦他人来避免不赞成或自尊受损的行为；认同调节（identified regulation）是指个体认为所参与活动是重要的，认同其价值和意义的动机；整合调节（integrated regulation）是指个体对于活动参与的认同，并将其转化为自身价值的动机（Gagné，Deci，2005）。

在此基础上，Ryan 和 Deci（2000）进一步提出自主动机（autonomous motivation）和受控动机（controlled motivation），这两种动机对于个体行为表现具有重要意义。自主动机代表着有意志的行动和有选择的经历，是个体在反思中的自我认可行为（Dworkin，1988），包括认同调节和整合调节（Deci，Ryan，2000）。受控动机则代表着外界压力，是一种个体被迫参与的感知，如外部奖励、晋升等因素，包括内摄调节和外部调节（Deci，Ryan，2000）。值得注意的是，员工在从事某一特定行为时，可以拥有多种动机形式，并非只存在唯一动机。例如，教授努力教育学生的行为，不仅是他们喜爱这项职业的表现（自主动机），也是他们完成教学任务和获得终身教职的要求（受控动机）（Moran et al.，2012；Van den Broeck et al.，2013）。

图 2-1 是自我决定的连续分布图，其包括了从完全缺乏自我决定的无动机，到完全自我决定的内在动机，两者之间是外在动机的四种形式，依次为外在调节、内摄调节、认同调节和整合调节（Gagné，Deci，2005）。

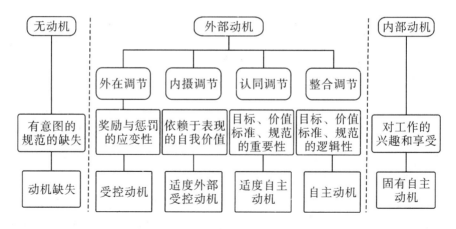

图 2-1 自我决定理论动机类型

(注：根据文献整理所得)

2.1.3 动机内化与需求满足

内化作为社会化的核心过程（Kelman, 1958; Schafer, 1968; Lepper, 1983; Meissner, 1988），代表个体将对于某种活动的外部动机转化为内部认同，意味着他们愿意接受对应的价值观和规范要求的自然倾向（Deci, Ryan, 1985a; Gagné, Deci, 2005），比如即使领导不在，也会认真工作。在外界环境因素的影响下，个体的自我整合包含着从无自我决定向自我决定的不断过渡，也就是外在动机向内在动机转化的连续过程（Deci, Ryan, 2001）。自我决定理论指出，根据外部动机的自主程度，外部动机中自主性最低的是外部调节，其次是内摄调节，然后是较为自主的认同调节以及充分自主的整合调节。因此，外部动机向内部动机转化主要包括三个方面：一是外部调节，在这种情况下，个体实施行为是因为环境对该行为提供了外部惩罚或奖励，让他们感到被迫这样做。二是内摄调节，在这种情况下，个体实施行为是因为如果他们不这样做将会感到羞耻或内疚。外在调节与内摄调节主要是在外部如报酬、惩罚以及价值观的驱动下，为了获取更多物质结果的调节方式，它们涉及的自我决定程度相对较低。三是认同调节，在这种情况下，个体认可活动意义，将其视为重要和符合自身价值观的行为（Deci, Ryan, 1980, 2000）。值得注意的是，该理论描述了不同动机类型对应的调节情况，是关于不同行为自我决定程度的具体参考

（Gagné，Deci，2005）。

　　自我决定理论认为，内化是一个积极自然的过程，是个体获取外部规范的有效方式，在这个过程中，个体试图将社会认可的规范或价值观转化为自我价值的调节过程（Ryan，Connell，Deci，1985）。然而，内化过程并非自动发生的，人们能在多大程度上积极整合文化要求、价值观和规则，并将其纳入自我，主要取决于类似于营养物质的基本需求能否得到满足，这为预测社会环境如何促进内部动机提供了基础（Deci，Ryan，2000）。例如，Grolnick 和 Ryan（1989）的一项研究表明，父母对孩子家庭作业的能力、关系和自主性支持程度，决定了孩子保持学习的内在动机情况，这反过来又预测了孩子在校的学习表现。总之，关于胜任、关系和自主性需求的支持，有助于外在动机的内化和整合，其中对自主性需求支持是促进内化和整合的最有效方式。当个体通过遵从社会价值规范而获得社会认可时，他们将倾向于内化这些价值观和行为规范，进一步地，如果他们能够体验到这些要求带来的自主性支持，他们将更有动力和意愿积极实施整合行为。而当内化过程受到阻碍时，这可能导致部分内化，形成不完全自我决定的行为方式（Ryan，Deci，2017）。

　　综上所述，自我决定理论的核心观点是：当个体能够逐渐实现三种需求（自主需求、胜任需求和关系需求）满足时，他们的内在动机或者外部动机的内化过程将持续得到激发，进而体验到工作中的意志感和意义感，此时个体行为将更加持久，最终增进个体心理健康，并提高个体的幸福感（Deci，Ryan，2000；Pavot，Diener，2013）。与之相反，当个体的基本心理需求受到抑制时，他们将体验到工作中的控制感，此时行为动机主要关注外部结果，将更为短暂，最终阻碍个体身心健康（Deci，Ryan，2000；Gagné，Deci，2005）。具体影响路径如图 2-2 所示。

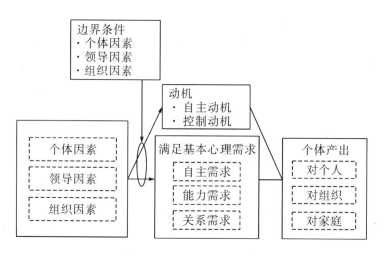

图 2-2 自我决定理论模型框架

(注：根据文献整理所得)

2.1.4 相关实证研究

2.1.4.1 工作场所的基本心理需求满足

根据自我决定理论，个体的基本心理需求主要受到以下几个方面的影响。第一，工作特征方面。个性化工作协议是组织对个体能力认可的一种表现，意味着组织赋予员工较高的自主决定权，这有助于增进员工与组织间的联系，因此个性化工作协议正向影响员工能力、自主和关系需求满足（罗萍 等，2020）。此外，工作需求和工作资源都会在一定程度上影响员工的基本心理需求满足，工作压力等工作需求会降低员工的基本心理需求，而工作支持等工作资源则有助于满足员工基本心理需求（Van den Broeck et al.，2008）。第二，家庭特征和学校特征方面。当家庭氛围和睦融洽时，家庭成员关系更和谐，此时家庭成员的基本心理需求满足程度更高（Janghoe，AhnDoehee，2015）。关于学习环境方面，当学生感知到老师的支持和认可时，学生的基本心理更容易获得满足，从而提升学习表现（Yu，Li，Zhang，2015）。第三，领导特征。领导者作为组织中的重要资源分配者和氛围构建者，领导风格和行为会显著影响员工的基本心理需求满足。已有研究表明，谦卑型领导（杨陈 等，2018）和变革型领导（Lanaj，Johnson，Lee，2016）都会对员工的基本心理需求满足产生重要影响。第四，个体特征方面。由于个体在工作中不是孤立存在的，他们往往需要协作完成工作任务，他们适应组织和工作的程度都会对其心理需求满足产生影响。当员工与岗位之间匹配程度高时，意味着他们能有效胜任当前工作，领导也愿意给予其更大的自主权，因而他们更容易赢得组织认可和尊重，最终提升其心理需求满足程度（赵斌，韩盼盼，2016）。相似地，员工的人格特征（如外向型）会影响员工基本心理需求满足（Van den Broeck et al.，2016）。

那基本需求满足又能带来什么影响效果呢？自我决定理论指出，内部需求的有效满足将对个体的积极关系感知（Patrick et al.，2007）、生活意义感知（Eakman，2014）、幸福感（López‒Walle et al.，2012；Simões，Alarcão，2014；Chen et al.，2015）、创新绩效（杨陈等，2018）以及积极情绪（Lanaj et al.，2016）等带来显著正向作用。例如，一项跨文化研究表明，三种基本心理需求满足均能正向预测个体幸福感，并且不受个体对需求渴望程度的差异所影响（Chen et al.，2015）。与之相对的，当个体的基本心理需求得到满足后，个体的自杀想法与自杀行为（Britton et al.，2014）、抑郁症与冷漠行为（Ferrand，Martinent，Charry，2015）都会相应减少。根据自我决定理论，目前研究主要关注的是社会环境与个体行为之间的关系，而其中的核心在于社会环境因素对个体需求满足程度的差异影响。

2.1.4.2　工作场所的外在动机内化

根据自我决定理论，在环境对个体动机带来影响的过程中，领导自主支持、风格类型以及工作特征等发挥着重要作用。目前相关学者主要从三个方面展开研究：一是，领导自主性支持。Deci，Connell 和 Ryan（1989）指出，管理者提供的自主支持，表现在领导重视员工建议，并鼓励员工的主动行为，这种支持有助于员工增强对组织的信任，降低他们对压力和控制的感知，促进工作场所的外在动机内化和提升组织满意度。类似地，Nie 等（2015）发现，领导自主性支持与员工内在工作动机正相关。二是，领导风格类型。具有变革型和魅力型的领导风格能够有效促进员工外部动机的内化，从而影响其工作态度和行为（Gilbert，Kelloway，2014）。具体而言，Conchie（2013）研究表明，变革型领导风格能够有效提升员工的内在工作动机。Fernet 等（2015）指出，变革型领导风格与员工的自主性工作动机显著正相关。类似地，公仆型领导风格通过提升员工自主工作动机来促进个体成长和环境掌控（Chen，Chen，Li，2013），开发型领导风格通过提升员工自主工作动机来促进组织公民行为（Zhang，Chen，2013）。三是，工作特征方面。工作范围横向扩大是指工作内容扩大，使其工作内容覆盖更多活动，而纵向扩大是指工作权限扩大，使其包含更多的计划和决策（Lawler，Hall，1970）。

那么工作动机又能带来什么影响呢？与控制动机相比，自主动机高的个体拥有更强的选择感和意志感，不会认为自身是被迫参与，因而其与积极结果的关系更加紧密。动机对个体的影响主要表现在以下几个方面。一是，工作态度，具有高自主动机的个体通常认为他们所从事的工作与自身兴趣、价值观是一致的，他们能够充分参与到工作中，更好发挥自我效能，从而增强其工作活力（Gagné et al.，2015）、工作投入（Van Beek，Taris，Schaufeli，2011）、工作敬业度（Lopes，Chambel，2017）和工作满意度（Millette，Gagne，2008；Nencini，Romaioli，Meneghini，2016；Gillet et al.，2016）。二是，工作和情感承诺方面。Tremblay 等（2009）在针对 600多名加拿大军人的研究中发现，自主动机有助于提升个体的情感承诺和职场承诺。类似地，Fernet 等（2012）根据自我决定理论以及运用工作需求-资源模型进行的研究表明，自主动机的资源效应，有助于增强员工的职场承诺。三是，组织行为和绩效方面。Bolino（1999）和 Battistelli 等（2013）的研究均表明，自主动机能够显著提升员工的组织公民行为。

自我决定理论指出，人类与生俱来有着渴望成长和发展的基本倾向，当三大基本需求得以满足时，个体的内部动机或外部动机内化过程将显著增强，从而实现心理健康和幸福（Deci，Ryan，1985a，2000）。基于上述整理和回顾，本研究认为自我决定理论为领导幽默影响机制提供了理论框架，有助于从需求和动机视角解释领导幽默影响工作激情的作用路径以及干预机制。

2.2 领导幽默

领导幽默在企业管理实践中扮演着重要角色。《财富》杂志针对世界500强企业高管的一项调查显示，约97%的CEO认为领导幽默对于组织管理意义重大，建议管理者注重日常幽默表达（陈国海，陈少博，2001）。领导幽默作为企业管理中的一种行之有效的新型领导方式（Dampier，Walton，2013），其不仅能够有效打破人际沟通阻碍，促进组织内部信息传递与交流，还能显著影响组织凝聚力、氛围以及工作绩效（Cooper et al.，2018）。因此，探究领导幽默的影响机制对于组织管理具有重要的实践价值。

2.2.1 研究现状

幽默是一种诙谐、有趣的交际沟通方式，能够有效促进对方产生良好认知或情感反应（Crawford，1994）。由于领导者掌握着组织的关键资源和权力，组织通常是以领导作为核心，因此领导所表达的幽默往往能够为组织内部交流方式定下基调，从而强有力地促进组织互动形式转化为积极工作成果（Cooper，2005；Cooper et al.，2018）。作为近年来在组织管理研究领域中使用频率颇高和研究较深的热点话题，领导幽默扮演着组织人际关系催化剂的关键角色，这不仅突破了传统的领导方式视角，而且在一定程度上代表了管理策略的新发展方向，也被认为是解释领导有效性的重要理论，因而领导幽默逐渐受到理论界和实务界的广泛关注。

幽默作为一种愉悦员工的沟通策略，主要强调领导者与员工的互动关系，其核心是领导者为了愉悦员工而与员工分享有趣的事件（Cooper，2005）。尽管工作本身是严肃的，但幽默可以使组织环境氛围更加轻松，让员工工作生活更加愉快。对于管理层来说，幽默是组织管理的宝贵工具，恰当的幽默表达能够有效激励员工、促进沟通以及调节员工之间的冲突。成功的领导者通常善于使用幽默来获得支持，激励员工，甚至为公众留下深刻印象。众多世界知名公司，如雅虎、沃尔玛和西南航空等均已将幽默提升纳入领导力培训的重要内容（Avolio et al.，1999；Smith，Khojasteh，2013）。2013年7月，Gary Knell作为美国国家公共广播电台

CEO，在华尔街日报采访中，曾公开强调领导幽默的重要性以及应该如何让员工懂得幽默（Cooper et al.，2018）。

幽默可以作为反映权力存在和权力变化的重要指标（Dwyer，1991），能够通过形式多样的方式（如玩笑、戏谑和自嘲）表达，其不仅纵向发生于地位高低不同的成员之间，也可以横向发生于地位相似的成员之间（Vinton，1989）。不过，在关于组织幽默的研究中，Lundberg（1969）发现，当幽默发起人的地位明显低于幽默接收者时，这种笑话不太会带来有趣的效果，而当幽默发生于地位相近的同事之间时会显得更有趣。与Lundberg（1969）研究相似，Vinton（1989）发现，幽默发起者通常是组织地位较高的个体，接收者通常是组织地位略低的个体，幽默目的一般是活跃工作氛围，使得员工以愉悦的心情投入工作中，进而把工作做好。这表明，尽管幽默可以在任何方向发生，但向下和横向的幽默尝试通常比向上尝试更显著。不过，因组织中领导者拥有重要地位，掌控着组织的关键资源，所以他们没有义务和责任以幽默的方式愉悦员工，这使得领导幽默对于员工来说更加难能可贵，幽默实施也会更加有效（Cooper et al.，2018）。并且，幽默并不是一种浮于表面的交流方式，实际上它更像是一门科学，包含着多种风格和知识。幽默不仅可以用来开玩笑或建立友谊，还可以与其他管理方式一起发挥良好的协同效应（Romero，Cruthirds，2006）。

受益于积极心理学的快速发展，积极组织行为学引起了理论界和实务界的极大关注和兴趣，企业管理者逐渐意识到充分运用积极心理要素对于组织发展的重要意义（Luthans，2002）。在新的组织管理情境下，愉快的工作氛围以及员工愉悦的工作状态已成为企业最大的生产力，而这种快乐的来源并非单纯依靠物质报酬，往往看似"免费的"领导幽默或许能给员工带来比物质奖励更显著的激励作用（Cooper et al.，2018；姜平 等，2020）。因此，系统梳理领导幽默的概念、测量、实施效果以及作用机制等相关研究将为探究领导幽默能否以及如何、何时对员工行为产生影响奠定理论基础，具有重要意义。

2.2.2 文献的搜索和筛选

基于此，为了全面梳理领导幽默的研究情况，我们按照PRISMA声明（preferred reporting items for systematic reviews and meta-analyses）的文献系统搜索和筛选流程，依次通过文献识别、筛选、合格和保留四个步骤

（Moher et al.，2010），系统梳理了领导幽默相关文献。

（1）识别（identification）

检索过程仅限于领导幽默的中英文文献以及发表时间在 1987 年到 2020 年间的文章，1987 年被选为起点年限是因为 Decker（1987）首次在 *Managerial Humor and Subordinate Satisfaction* 提出了"managerial humor"的概念，后续学者以此为基础逐步发展了领导幽默理论的研究体系。中文检索主要是基于中国知网与维普数据库，以领导幽默、幽默型领导为检索词；英文检索主要基于 Web of Science、ProQuest 和 EBSCO，以 leader humor、supervisor humor、humorous leadership 为检索词。上述初步检索获得英文文献合计 96 篇，中文文献合计 76 篇。

（2）筛选（screening）

基于上述程序初步检索获取的 172 篇中英文领导幽默文献，按照以下步骤剔除不符合的文献：一是剔除英文数据库中 32 篇重复文献，中文数据库 18 篇重复文献；二是通过阅读中英文文献标题、摘要以及关键词信息，剔除不符合标准的英文文献 14 篇，中文文献 13 篇。最终，筛选获得英文文献 50 篇，中文文献 45 篇。

（3）合适性（eligibility）

为了进一步检查文献题目、摘要和内容的适用性，本研究采用如下保留和剔除标准：一是，根据 Gardner 等（2011）的观点，由于学位论文或会议论文缺少同行审查和互动修改的过程，可能缺少相对坚实的理论基础和方法，建议剔除学位论文和会议论文；二是，考虑到研究领域的关联性，筛选过程仅保留心理学或管理学中以领导幽默为核心的文献。最终，英文文献剩余 44 篇，中文文献剩余 32 篇。

（4）保留（inclusion）

通过深度筛选文章的参考文献，手动搜索获取 1 篇英文文献。最终，共计保留 77 篇全文文献（英文 45 篇，中文 32 篇）。上述文献搜索和筛选流程，如图 2-3 所示。

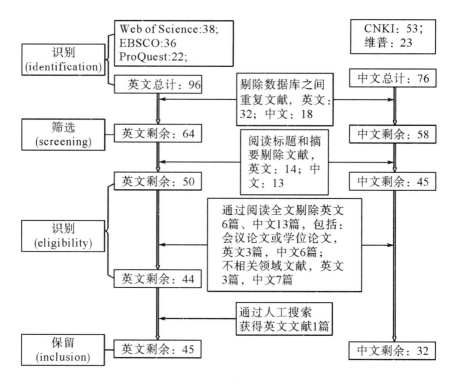

图 2-3　文献系统搜索和筛选流程

（注：文献搜索截止日期为 2020 年 9 月 6 日）

2.2.3　起源与概念内涵

系统梳理发现，"幽默"一词历史悠久，最早起源于公元前 5 世纪，在医学中特指"身体内的汁液"（萧飒，王文钦，徐智策，1991）。在中国传统文化中，幽默往往是以一种含蓄和压抑的方式进行表达，这主要是因为中国儒家伦理文化思想强调"礼仪得体"和"道德拘谨"原则（Xu，2004）。例如，一些极端人士认为幽默是懦夫的言论，他们将幽默描述为西方文化的工具或奢侈品（Sohigian，2007）。19 世纪中叶鸦片战争的失败，在某种程度上加速了西方自由主义思想（包括西方幽默）在中国本土的传播速度（Liao，2003）。20 世纪初，中国的通俗文学中逐渐出现幽默的影子，然而相对于严肃文学来说，这种幽默通常被冠以低俗（low-brow）和庸俗（vulgar）的标签（Suoqiao，2007）。中国早期并无明确的幽默概念，关于对幽默文化认识的极大改变主要源于近代的社会革命，尤其是以林语堂为首的学者发表了关于幽默的著作（Xu，2004；Sohigian，2007）。1923 年，《晨报》发表了林语堂关于幽默的评论，他将英语中的"humor"翻译成中文的"幽默"，以描述让人感到欢愉的表达方式，并借机号召中国社会应当重视幽默的使用功效（Yue，2010；何宜铮 等，2010）。当时中国人的幽默主要表现为讲笑话和滑稽表演，但随着研究的不断深入，学者们逐渐发现幽默对于组织关系、满意度、创造力以及团队和谐具有重要作用，幽默引起了理论界和实务界的极大兴趣。然而，尽管学者们先后对幽默理论作出了很多努力和探索，但关于幽默领导有效性的问题的探究还需不断加强和深入（Yung-Tai，2008；崔智淞，王弘钰，赵迪，2018；姜平 等，2020）。截至当前，学术界对于领导幽默的概念和内涵仍未形成统一、公认的标准。究其根源，主要原因是，幽默本身就是一个多维度且复杂的构念，不同视角出发将导致不同的定义。例如，从分析幽默发生的过程视角来看，Crawford（1994）提出，幽默表达是一种能够获得对方积极感知的交流过程；从影响效果视角来看，Romero 和 Cruthirds（2006）认为，幽默能够为个体、团队和组织带来积极情绪。同时，从语义方面来看，学者们通常认为幽默感（sense of humor）与幽默之间联系紧密，从而将其视为是个体与生俱来的某种特质（Mesmer-Magnus，Glew，Viswesvaran，2012）。但也有学者对此提出了质疑，认为幽默具有认知特征，是个体行为的外在表达模式（Cooper et al.，2018；王婷，杨付，2019）。因此，梳理以往关于幽默的研究，可以发现，幽默既是一种人际交流沟通的行为方式（Crawford，1994；Martin，2001），又是一种典型的人格特质（Decker，Rotondo，2001）。

基于此，学术界普遍认同，领导幽默主要分为特质与行为两类。第一，侧重特质视角的领导者幽默（leader sense of humor）。这一观点聚焦于个体间的类特质（trait-like）差异，是一种稳定的、与态度和能力相关的个体社交过程倾向（Goswami et al.，2016；Yam et al.，2018）。第二，侧重行为视角的领导幽默。该观点聚焦于社会人际互动中语言或行为的有意表达，强调领导借助有趣事件的分享过程来愉悦员工，从而引发积极认知或情感反应的沟通方式（Crawford，1994；Cooper，2005；Cooper et al.，2018）。这种领导幽默行为的目的主要是发展良好的人际关系、调节组织氛围，或是给员工留下深刻印象（Pundt，Herrmann，2015）。

具体来看，特质视角突出了领导对于幽默使用和幽默反应的惯性特点，此时幽默是一种习惯性的行为模式（经常笑，讲笑话的倾向），一种个人能力（创造幽默，逗乐他人的能力），一种气质特征（习惯性快乐），一种审美反应（欣赏特定类型的幽默元素）以及一种态度（如何看待幽默或幽默的人）（Beermann，Ruch，2009；Kong，Cooper，Sosik，2019）。幽默感既可以概念化为特征的标签（类似于气质，智力或情感），也可以类似于乐趣，机智感，嘲笑感等。与特质观不同，行为观强调，领导幽默是一种有意愉悦员工的交流行为（景保峰，周霞，2019），是幽默倾向性潜在的表现，突出领导与员工互动中幽默表达的频率或程度。当前关于行为观下的领导幽默内涵主要有两种，一种较为宽泛，一种较为聚焦。第一，宽泛视角。例如，在 Cooper（2005）和 Crawford（1994）的研究基础上，Pundt 和 Herrmann（2015）指出，领导幽默是一种沟通策略，旨在通过分享有趣事件来愉悦员工。第二，聚焦视角，重点关注特定的领导者幽默形式。例如，Hoption，Barling 和 Turner（2013）指出，有意指向某人的亲和型幽默，是一种非敌对，宽容的幽默，是对自己和他人肯定的幽默。

实际上，两类幽默并不存在实质性冲突，只是因为学者看待幽默的视角不同而产生了差异。然而，需要强调的是，当前主流研究主要是从行为视角出发，将领导幽默看作是由领导发出，旨在愉悦员工，并能产生积极感知的一种有意的社交沟通行为（Cooper，2005；Cooper et al.，2018；王婷，杨付，2019）。幽默的定义主要从三个方面加强关于幽默的界定，从而更加符合幽默行为的阐释。一是，明确幽默的重点在于幽默发出者的意图，即幽默是领导者的有意行为。二是，用于分享的幽默不一定是原创的，可以是包括卡通漫画等在内的其他事物。尽管幽默本质不同，但漫画同样可以带来愉悦他人的感知。三是，幽默接收者对于幽默意图而非效果的判断。换句话说，无论幽默接收者是否认同这种幽默效果，他都能够意识到幽默发出者的目的（Cooper，2005）。

此外，依据幽默属性和指向的不同，Martin 等（2003）提出了幽默的四种类型：①亲和型幽默（affiliative humor）是指领导通过分享有趣事件、开善意玩笑等方式愉悦员工，进而拉近距离、促进交往以及减少冲突的过程，反映出领导期望通过有效的幽默方式，加强与员工之间关系的意愿（Martin et al.，2003）。②攻击型或嘲讽型幽默（aggressive humor）是指领导采取消极或带有侵略性的幽默方式对待员工，包括讥讽、嘲笑、戏弄或故意贬低他人，这种幽默忽略了他人的感受，容易损坏上下级关系或带来伤害（Martin et al.，2003）。③自强型幽默（self-enhancing humor）代表着领导指向自我的一种积极幽默，有助于他们在压力或困境中保持乐观的工作态度，进而避免消极情绪和不良行为（Martin et al.，2003）。④自贬型幽默（self-defeating humor）代表着领导指向自我的一种消极幽默，领导通过自嘲或过分贬低自我的方式来取悦他人，以此来增进与员工之间的关系（Martin et al.，2003）。尽管这种幽默可能有助于降低人际交往中的紧张关系感知，但由于以牺牲自身外在形象和内在情感为代价，将带给他人未来互动的不良认知（Gkorezis，Hatzithomas，Petridou，2011）。

2.2.4　常见测量工具

梳理已有文献发现，目前关于幽默的主流测量量表有以下四种。第一，幽默应对量表（coping humor scale），该量表常用于评估遭遇压力和挑战，个体运用幽默作为应对策略的方式和程度（Martin，Lefcourt，1983）。其由 7 个测量条目组成，如"当我遇到麻烦时，我可能会失去幽默感"，"即使遭遇困难，我仍然也能找到乐趣"（Martin，Lefcourt，1983）。第二，情境幽默反应量表（situational humor response questionnaire），该量表在原有幽默研究的基础上，开发出情境幽默反应量表。量表通过向测试者描述18 种不同情境，考察不同情境下被试者的发笑程度，包括"我不会特别开心"到"我会开怀大笑"（Martin，Lefcourt，1984）。典型情境包括，"如果你在半夜突然被电话铃声吵醒，是一位老朋友路过家门，决定与你通话打个招呼……"，还有"你在冬天开着一辆车，突然汽车在冰块上打滑后停在了高速公路的对面。不过，你松了口气，因为不仅没人受伤，车也没有损坏"（Martin，Lefcourt，1984）。第三，幽默感量表（sense of humor questionnaire），幽默感量表最初是由 Svebak（1974）编制而成。该量表主要包括三个维度 21 个条目，三个维度分别是对待幽默态度、幽默敏感度以及幽默表达。一是，对待幽默态度意味着感知幽默在生活中的价值；二是，幽默敏感度代表着感知环境中幽默刺激的能力；三是，幽默表达代表着表达和抑制幽默情绪的能力（Svebak，1974）。在此基础上，学者们更深入地挖掘多维幽默感的结构特征，以此提炼出四个维度（对待幽默态度、识别幽默、欣赏幽默和处理幽默）24 个条目的多维幽默感量表（Thorson，Powell，1993）。四个维度分别为：一是，有幽默感，承认幽默带来的愉悦感以及快乐；二是，识别幽默和生活的荒谬，成为一个幽默的人；三是，欣赏幽默，欣赏幽默的人和情境；四是，将幽默作为一种应对和适应机制，能够有效处理困难情况（Thorson，Powell，1993）。目前，该量表作为预测幽默感的有力工具而深受学者们的广泛认同（Mesmer-Magnus et al.，2012；Yam et al.，2018）。第四，幽默风格量表（humor styles questionnaire）。Martin 等（2003）根据幽默的积极或消极属性以及自我指向或他人指向特征情况，提出了包括亲和、自贬等在内的幽默风格分类，以此开发出四个维度32 个条目的对应量表，主要是以领导自评的方式或员工评价领导的方式来测量领导幽默，信效度验证较好，目前得到学者们的广泛认可和运用（Pundt，Herrmann，2015；Kim et al.，2016；Mao et al.，2017）。

Avolio 等（1999）在 Dubinsky 等（1995）研究的基础上，开发出 5 个条目他评式领导幽默量表，如"我的领导用有趣事情来化解冲突""当我们太严肃时，领导会让我们相互自嘲""我的领导用幽默来减压"等，用于评估领导在压力情境下使用积极幽默的情况（Avolio et al.，1999）。Decker 和 Rotondo（2001）根据领导幽默动机的是否善意或良性，将领导幽默分为领导积极幽默和领导消极幽默两个维度，强调幽默是一种潜在的正式沟通方式，能够通过塑造工作环境来增强领导能力。据此开发出包括积极幽默和消极幽默两个方面的 7 个条目测量工具，如"有很好的幽默感""喜欢开玩笑"以及"使用非冒犯性幽默"等（Decker，Rotondo，2001）。尽管关于幽默的测量量表较多，但某些用于测量的题项在一定程度上与倦怠感特征相似，测量指向性和准确性有待增强。基于此，Cooper 等（2018）以员工评价的视角作为切入点，构建了 3 个题项的单维度幽默行为测量量表，内部一致性系数为 0.94，如"领导经常跟我开玩笑""日常工作中领导使用幽默的频率"等。领导幽默的常见测量量表，详见表 2-1。

表 2-1　领导幽默测量量表

研究者	维度	条目数	典型条目
Thorson，Powell，1993	四维	24	通过说话的方式来给大家带来欢乐
			我用幽默来愉悦同事
Avolio et al.，1999	单维	5	压力大的时候，领导采用幽默来减压

表2-1(续)

研究者	维度	条目数	典型条目
Decker, Rotondo, 2001	二维	7	领导有很好的幽默感
			领导有时候会讲一些不太健康的快乐段子
Martin et al., 2003	四维	32	我喜欢逗笑他人
			当我感到沮丧时，我通常可以用幽默来让自己振作
			如果我不喜欢某一个人，我会用幽默或戏谑来贬低他们
			让别人嘲笑我，是我让朋友或家人精神振奋的一种方式
Cooper et al., 2018	单维	3	在不同情况下，领导与我的互动都会使用幽默

注：根据文献整理所得。

总之，以上量表为领导幽默的实证研究提供较好的测量工具，尤其是Avolio等（1999）和Martin等（2003）的量表在国内外得到广泛应用。然而，在实际测量过程中，由于从员工认知和评价视角来考察领导者幽默表达的实际动机存在技术上的壁垒和难度（Lee，2015），因而部分理论研究者建议采用自评方式来评估和分析领导幽默实际情况（Promsri，2017）。但是，需要指出的是，社会赞许性或者动机性遗忘的问题，将导致以领导自评方式测量领导消极幽默存在一定偏差（Kouchaki，Gino，2016）。因此，未来研究应当做好关于自评、他评以及直接观测等不同视角测量之间的融会贯通，以此克服幽默研究中的基础技术挑战和准确性问题（Robert et al.，2016）。

梳理发现，领导幽默研究大多都是基于西方组织情境，目前广泛使用的概念和测量都是依据西方组织情境开发的。然而，领导幽默的概念和测量势必会受到特定情境和历史文化的影响，不同文化背景下关于幽默的表达方式和接受程度都存在差异，幽默表达需要依据讲话风格和情境类型来合理表达（Yang，Kitchen，Bacouel Jentjens，2017）。已有关于文化差异与幽默关系的研究结果也表明，东西方对于幽默的欣赏和反应存在显著差异。例如，Liao和Chang（2006）强调，中国台湾人羡慕美国人与生俱来的幽默感，但他们很难像美国人一样自然调侃，更不可能容忍自身或他人被开玩笑。在病人护理方面，尽管中国台湾的医疗系统比美国更加注重幽默理论的培训，但出于"敬畏疾病"（reverence of illness）的文化价值的考虑，中国台湾的护士比美国护士使用更少的治疗性幽默（Chiang-Hanisko，Adamle，Chiang，2009）。此外，尽管幽默在美国课堂似乎具有积极效果，但中国教师使用幽默可能会让学生无所适从，进而带来课堂焦虑（Zhang，2005）。不过，幽默在一定程度上的确能够提高教师与学生之间交流的顺畅度（Yue，2008）。基于此，我们认为在中国组织情境下探讨领导幽默的概念和测量是很有必要的。在中国传统思想的影响下，员工对领导都是充满敬畏的，这使得领导在正式场合中非常注重礼仪，时刻警惕自己的言行表达，几乎不太可能采用浮夸的方式来表现内心情感和想法见解（Zhao，Kong，Wang，2012；Wu，Chan，2013）。因此，与西方的直接幽默相比，中国式领导更愿意借助委婉含蓄、悄无声息的方式来表达幽默，具有更高的审美趣味和辩证思维（王婷，杨付，2019）。

2.2.5 相关实证研究

2.2.5.1 影响效果

在工作态度方面，领导幽默对于工作满意度、工作投入、情感承诺和幸福感等工作态度具有积极作用（Sullivan，2013；Goswami et al.，2016；Kim et al.，2016）。第一，工作满意度方面。Decker（1987）通过考察员工对领导幽默风格的评价，发现积极的领导幽默能够有效促进员工工作满意度，而消极的领导幽默将抑制员工工作满意度。值得一提的是，Robert 等（2016）指出，当领导-员工关系质量较高时，不论领导采用积极幽默还是消极幽默都会提高员工工作满意度。第二，工作投入方面。工作投入作为一种强烈的工作态度反应形式，具有对任务高度投入和全神贯注的特征（Webster，Adams，Beehr，2014）。Goswami 等（2016）发现领导积极幽默能够提升员工的工作投入，并且员工的积极工作情绪在领导幽默与员工工作投入间起到中介作用。类似地，Kai 等（2018）发现，领导幽默作为一种特质通过影响领导-成员关系质量来增强员工在工作中的投入。第三，工作幸福感与情感承诺方面。领导的积极幽默有助于构建愉快的工作环境，促进领导与员工之间以及员工与员工之间的有效沟通，进而通过增强上下级关系或者同事关系的方式来稳定员工（Cooper，2008），最终提升员工幸福感（Ünal，2014；Kim et al.，2016）。由于领导幽默可以有效降低权力等级差异（Cooper，2008），提供自我披露信息，因而员工更愿意在这种轻松的氛围下工作，进而增强情感承诺（Pundt，Venz，2017）。

在工作行为方面，领导幽默对于员工积极行为（创新行为、建言行为、组织公民行为等）具有促进作用（Tang，2008；Pundt，2015；石冠峰等，2017；姜平等，2020）。第一，创新行为。领导积极幽默（亲和型幽默）营造出的轻松愉悦工作氛围，有助于促进信息在组织内部的交流互动，使得员工能够有效地自主表达工作想法（Kim et al.，2016）。同时，领导幽默能够有效触发灵活思考、活跃、积极情感和心理安全的复杂心理状态，这有助于降低员工实施创新尝试时所面临的不确定性感知和风险（Pundt，2015）。已有研究也表明，领导的亲和型幽默能够显著提升员工创造行为（Tang，2008；Pundt，2015；石冠峰等，2017；姜平等，2020）。姜平等（2020）认为，领导幽默能够通过心理安全感或创新效能感来促进员工创新行为。第二，组织公民行为。领导幽默象征着领导对员工的支持和友好，并表明他们愿意在更深的层面上分享个人信息，加强互动，随着领导成员关系质量的提升，员工将以组织公民行为的方式回报领导的信任和支持（Cooper et al.，2008）。类似地，员工积极工作情绪在领导幽默与员工组织公民行为之间发挥着重要作用（Goswami et al.，2016）。第三，建言行为。领导幽默有助于促进员工保持积极情绪（刘保平等，2020），增强领导与员工之间的沟通意愿和互动频率，从而促进员工对组织提出建设性的建议（Lin，2016）。值得强调的是，近期有研究指出幽默所带来的负面效应也应引起组织的重视。例如，来自领导层面的带有攻击性和侵略性色彩的幽默，将使得员工难以脱离这种处境而承受较大的内心压力，最终导致沉溺网络、饮酒和吸烟的成瘾行为（Huo，Lam，Chen，2012）。Yam等（2018）发现，当员工将领导的幽默行为理解为可以接受的违背时（acceptability of norm violations），员工可能会因此实施越轨行为，尤其是在攻击型领导幽默的影响下，这种越轨行为将更加显著。因此，未来在研究领导幽默的积极作用的同时应加强关于消极作用的探讨，避免对组织带来不良影响。

在工作绩效方面，Mesmer-Magnus等（2012）通过元分析发现，领导的积极幽默能够显著提升员工的工作绩效，反之，亦然。此后，Goswami等（2016）验证了领导积极幽默与员工工作绩效之间的正向关系。进一步地，Kim等（2016）以韩国14家大型企业为研究样本，指出领导的自强型幽默通过建立愉快的工作环境，有效增强组织内部信息沟通效率，帮助员工提升问题解决能力，进而促进员工绩效改善。尽管，他也提出领导亲和型幽默有助于提升工作绩效，领导攻击型幽默将阻碍员工主动沟通和反馈互动的意愿，降低员工自我效能感，进而抑制员工工作绩效。然而，通过调研发现，领导亲和型幽默与领导攻击型幽默对员工工作绩效的影响不显著。

2.2.5.2 调节机制

个体特征。个体特征包括工作时间、性格特质、结构需求等。第一，在工作时间方面，Gikorezis 等（2011）指出工作时间在领导幽默与员工心理授权间起到调节作用，相比长期工作时间的员工，领导积极幽默对短期工作时间员工的心理授权作用更强。第二，高外向性个体更乐于与他人沟通互动，在人际交往方面显得更加积极主动（罗杰，戴晓阳，2015）。研究表明，个体外向性在领导幽默与员工创新自我效能感之间正向关系中起调节作用。相对于低外向性个体而言，领导幽默对高外向性员工的创新自我效能感影响更强（姜平 等，2020）。员工传统性在领导幽默与积极情绪之间起到调节作用，当员工传统性较高时，领导幽默对员工积极情绪的正向影响越弱（刘云，杨东涛，安彦蓉，2020）。第三，结构需求方面，由于高结构需求的个体社交幽默和开朗程度较低，他们往往显得更加严肃，倾向于以消极的方式去理解外界事物（Hodson，MacInnis，Rush，2010）。Pundt和 Venz（2017）提出，结构需求能够显著调节领导幽默与领导-成员交换之间的关系，当员工结构需求较低时，两者正向关系增强。

工作特征。第一，领导风格、性别。变革型领导风格在领导积极幽默通过员工积极情绪来影响其工作投入时起间接的调节作用。当领导实施积极幽默，并且伴随着变革型领导风格特征时，将带来工作中员工的积极情绪感知，进而促进他们的工作投入（Goswami et al.，2016）。领导性别在领导幽默与领导行为有效性（leader behavior and effectiveness）之间起到调节作用，在美国组织情境下，男性领导不论是积极幽默还是消极幽默与领导行为有效性之间的关系均弱于女性领导（Decker，Rotondo，2001）。然而，在中国组织情境下，男性领导不论是积极幽默还是消极幽默与领导行为有效性之间的关系均强于女性领导（Decker，Yao，Calo，2011）。第二，上下级共事时间。Robert 等（2016）研究发现，随着领导与员工的共事时间增加，领导亲和型幽默对领导-成员关系的促进作用增强，领导攻击型幽默对领导-成员关系的负面影响减弱。类似地，石冠峰等（2017）指出，上下级共事时间在领导的不同类型幽默（亲和型幽默或攻击型幽默）与员工创造力之间发挥着负向边界效应。第三，创造性需求（creative requirement）意味着员工感知到被期望产生创新工作相关想法，反映出创新在工作任务中的必要性（Unsworth，Clegg，2010）。创造性需求在领导幽默与创新行为之间发挥着调节效应，当创造性需求较高时，领导幽默对创新行为的影响更显著（Pundt，2015）。

领导与员工关系方面。第一，相对于低情感信任的员工而言，领导的自我增强型幽默带来的积极情绪更容易"传递"给对领导有高度情感信任的员工（Wild，Erb，Bartels，2001）。因此，当员工对领导的情感信任较高时，领导的自我增强型幽默更有可能缩短他们之间的社交距离，进而影响员工的工作幸福感（Kim et al.，2016）。随着员工对领导信任程度增强，领导的自强型幽默对员工创造力的积极影响也会得到加强（Lee，2015）。第二，领导与员工之间的关系冲突会缓和领导幽默对工作绩效的间接影响，当关系冲突较高时，员工更有可能考虑领导是否有能力减少人际紧张，领导幽默对员工的影响会更加突出（Mao et al.，2017）。第三，虽然领导攻击型幽默会破坏领导与员工的关系，但员工的组织认同能够负向调节领导攻击型幽默与工作投入的关系，并正向调节领导亲和型幽默与工作投入的关系（程康妮，孙泽厚，2019）。领导支持能够有效缓解同事的攻击型幽默对个体组织公民行为的负面影响（Tremblay，2017）。

2.2.6　影响效果的理论视角

2.2.6.1　社会交换理论视角

根据社会交换理论，由于社会情感资源通常被视为友善和支持的信号，当员工享受到来自领导层面的社会情感资源时，他们将以自身积极的行为和态度回报组织或领导（Blau，1964）。在这个过程中，随着领导者以积极幽默方式向员工传递更多友谊信号，员工将更明显地感受到来自领导层面的认同和肯定，进而有助于高质量领导-成员交换关系的建立（Pundt，Venz，2017；Cooper et al.，2018）。基于这种高质量交换关系，员工将通过组织公民行为、创新发展、建言组织以及帮助同事等方式来回报领导（Pundt，Venz，2015；Cooper et al.，2018；石冠峰 等，2017）。此外，Gkorezis 和 Bellou（2016）根据社会交换理论核心观点，指出自贬式领导幽默是领导敢于向员工袒露不足和缺点的一种独特表达方式，由于领导这种难能可贵的交流策略将引起员工感知来自领导的信任，此时员工也将逐渐向领导靠拢，并开始信任他们、建立关系。显然，社会交换理论的互惠原则为解释领导幽默作用机制提供了重要框架，而高质量领导-成员交换关系在这个过程中发挥着关键作用。然而，基于社会交换理论，当前关于领导幽默的研究主要集中在以领导-成员交换关系作为中介变量，相对缺乏关于其他变量的探讨。因此，未来研究有必要进一步探讨其他中介（情感信任、领导支持、同事关系等）带来的影响。

2.2.6.2 社会信息加工理论

按照该理论的核心论点，领导作为组织资源掌控和分配的关键角色，肩负着整个团队工作重任，是组织内部工作信息的关键输入信息和线索，员工通常会以领导行为作为解读组织环境信息的主要参照（Salancik，Pfeffer，1978；杨付，王桢，张丽华，2012）。通过对这些信息和线索的理解，员工能够清楚地了解组织中哪些行为可能被奖赏，哪些行为可能受到惩罚（Chiu，Owens，Tesluk，2016）。Yam 等（2018）指出，领导幽默对员工的越轨行为存在正向影响，其中，规则违背可接受性在两者之间起着中介作用。当领导在与员工互动过程中使用幽默时，领导幽默可能会伴随着违背组织规则的意味，这种行为可能会让员工产生工作场所中关于违背规则的认知和理解，最终导致越轨行为在员工中发生（Yam et al.，2018）。此外，领导幽默能够通过提升员工心理安全感来促进员工的创新行为（姜平 等，2020）。根据社会信息加工理论，领导经常运用诙谐幽默的方式来应对失误或突发状况，将为员工传递出"犯错误并不严重"的信号，这有助于加强员工的心理安全感，让他们能够更加轻松地面对创新潜在风险（姜平等，2020）。因此，员工在实施创新行为时，将更有信心去突破已有条件和规范，从而更有可能实现高水平创新。

2.2.6.3 压力释放视角

压力释放效应一直备受学者关注，学者们普遍认为，具有幽默态度的个体通常较少受到压力情境的负面影响。幽默释放理论（relief theory）认为，幽默有助于缓解压力和释放能量，弗洛伊德强调，幽默作为一种心理防御机制，能够保护个体，使其适应压力带来的痛苦，避免人们被消极情绪击垮（Freud，1960）。目前，学者探讨了幽默如何在人与人交往之间发挥作用，缓解他人工作压力。Cooper 等（2018）提出领导幽默作为一种社会情感资源，能够为员工带来一定程度的积极情绪体验，缓解他们因工作压力可能遭遇的资源损失和情感痛苦，从而避免工作当中的倦怠情况。与其结论类似，领导幽默能够帮助员工缓解因情感能量损耗和工作动机减退带来的工作压力，进而大大抑制工作倦怠发生的可能（Pundt, Venz, 2017）。此外，领导幽默有助于活跃工作氛围，给员工工作带来愉悦和快乐，进而缓解他们的紧张和压力（陈国海，陈少博，2001）。尽管压力释放理论作为幽默行为研究领域中颇具代表性的解释理论已深受业内人士认可；但是，以释放理论为基础的领导幽默实证研究相对较少，需要进一步拓展。

2.2.7 述评

为了全面了解领导幽默的研究情况，我们按照 PRISMA 声明，依次通过文献识别、筛选、合格和保留四个步骤（Moher et al., 2010），系统梳理关于幽默的概念、测量和相关研究后发现，幽默既是一种人际交流沟通的行为方式（Crawford, 1994），又是一种典型的人格特质（Decker, Rotondo, 2001）。

在概念方面，需要强调的是，当前主流研究主要是从行为视角出发，将领导幽默看作由领导发出，旨在愉悦员工，并能产生积极感知的一种有意的社交沟通行为（Cooper, 2005；Cooper et al., 2018；王婷，杨付，2019）。在测量工具方面，基于研究实际情况，本研究采用 Cooper 等（2018）的 3 个题项单维度量表作为测量工具。在领导幽默实施效果方面，领导幽默对于工作态度、工作绩效、人际互动等具有积极作用。

尽管关于领导幽默的研究已逐渐深入，然而以往研究主要是从领导中心论的范式出发，探究领导幽默对员工行为、态度和绩效的影响，较少考虑作为幽默接收者的员工如何认识和理解领导表达幽默时蕴含的深意。因此，本研究基于中国组织情境，构建了员工如何归因领导幽默动机的创新视角，深入且系统地探究领导幽默动机归因的内涵结构、量表开发以及影响机制的实际情况。

2.3　工作激情

2.3.1　起源与概念内涵

卢梭曾说过，激情是写作的源泉。"激情"一词由来已久，最初源自哲学研究，从拉丁文"Passio"演化而来，带有受苦难的意味（Vallerand，Houlfort，2003）。20 世纪末期，随着积极心理学的兴起，人们逐渐开始探索"如何让生活更加充实""如何让生活更有价值"等话题（Seligman，Csikszentmihalyi，2000），"激情"研究应运而生。2002 年，《哈佛商业评论》发表了一篇"唤醒工作激情"的文章，列举了工作中存在的"无聊""失望"和"困境"局面，希望以此唤醒人们的工作激情（Boyatzis，McKee，Goleman，2002）。在关于"激情"研究的历史进程中，学者们赋予了激情内涵不同的动机色彩。Glasser（1976）强调，激情是对喜爱之事的积极或消极依赖，甚至成瘾。Frijda 等人（1991）指出，激情意味着对于情感上重要结果的优先考虑，也就是个体愿意为实现激情目标不断努力。Vallerand 等（2003）从认知（cognition）、情感（affect）和动机（intention）三个方面出发，综合阐述了激情的重要内涵，是一种对于自身喜欢的、认为重要活动的强烈动机，并愿意为这种自我认可的活动或事业持续投入时间和精力的高阶情感状态。目前，无论是学术研究还是媒体报道，都广泛认同激情具有显著作用，呼吁组织通过提升员工工作激情来改善其感知意义、工作热情、幸福感和成功价值（Baum，Locke，Smith，2001；Vallerand，Houlfort，2019）。显然，工作激情的这些丰富内涵将带来持久、强烈的工作动机和动力（Zigarmi et al.，2009），促使个体在追逐目标的过程中，体验到快乐、兴奋的情绪状态（Ho，Wong，Lee，2011）。与此同时，随着社会经济水平的不断提高，人们对于幸福感的要求越来越高，工作不仅仅是一种责任，更是追求自我价值的重要承载。物质满足所带来的成就感和幸福感可能转瞬即逝，而由内至外的心灵和精神需求满足才更持久，工作激情带给个体强烈的工作动机，对于促进个体外在价值与内在需求有效融合具有重要意义。近年来，关于工作激情积极效应的相关研究深受理论界和实务界的关注，其作为预测员工工作动机的重要因素深受认可。因此，系统梳理工作激情的内涵、结构和研究成果很有必要。

2.3.1.1 激情的三种形式

通过回顾和梳理关于"激情"的文献，根据研究范围和具体程度的差异，工作激情可以从三个层面来理解。

（1）一般激情

该激情最早受到哲学家和心理学家关注，被看成一种典型的个体情绪反应特征，通常与游戏、音乐、运动等活动相关，往往伴随着积极或消极的情绪反应（Vallerand，Houlfort，2003）。在一般激情的研究进程中，Frijda 等人（1991）表示，激情意味着对于情感上重要结果的优先考虑。Baum 和 Iilocke（2004）认为，激情就是爱或渴望的强烈倾向。这些关于激情的界定简单突出了个体对于喜爱事物情绪上的反应，代表了对于某项活动的积极或消极依赖，但很难厘清这种类似于上瘾的情感如何形成心理适应性（Vallerand，Houlfort，2003）。在综合这些研究的基础上，社会心理学家 Vallerand 等（2003）指出，不同于个体情绪，激情不仅包含了情感体验，还是一个认知、情感和动机集合的综合构念，认知是对于行为的判断，认为重要或者是极具价值的；情感是喜欢或热爱的倾向或内在意志；动机是愿意为之投入时间和精力。换句话说，激情是个体将某种活动看作具有自我认同的典型身份特征，对这项他认为重要且有价值的活动的热情和喜爱具有强烈情感倾向，并愿意为之付出大量时间和精力（Vallerand et al.，2003；Vallerand，2012）。具体来看，当个体对某种活动产生强烈情感时，他们倾向于将这种情感内化为自我认同感和身份认同，从而进行自适应的调整（Vallerand et al.，2003）。例如，如果一个人对于唱歌产生了激情，那么在他的认知里，他不只是从事唱歌这一项活动，还把自己看作一个歌手。科学研究对于科学家来说就是一种激情投入，他们将其视为生命中最神圣的事业，是他们自身价值的重要体现，愿意为之付出多年心血。由此可见，一般情绪学研究对于激发人们情绪的影响因素并没有特殊限制，而激情则强调了自我认知和评价在激发人们情绪和身份认同过程中起到的重要作用（Schwarz，Clore，2007）。它是个体对于自身喜欢的、认为重要的活动的强烈动机，自愿为这种活动或这项事业持续投入时间和精力的高阶情感状态，个体会将其作为一种自我认可的核心身份和基本特征（Vallerand，Houlfort，2003）。

（2）组织情境中的工作激情

组织情境中工作激情的研究主要是用于解决工作投入研究在组织行为

领域的局限性。工作投入是一种具有持续性的高能量工作状态，体现出对工作的积极和强烈认同感，因而深受组织行为学领域关注（李锐，凌文辁，2007）。然而，已有研究主要是将工作投入与工作承诺、工作卷入等结合使用，相对缺乏关于工作投入清晰一致的观点，也无法有效解释认知、情感和行为动机之间的相互关系（Zigarmi et al.，2009）。在这种情况下，组织行为领域的学者们开始关注工作场所中的激情，这种激情是在特定的工作情景中与工作表现、工作情绪以及工作绩效等密切相关的重要状态。然而，在工作激情的研究进程中，起初工作热情也只是被简单描述为热爱工作和体验工作（Marques，2007），相对缺乏关于情感、心理亦或行为构念的区分。在此基础上，Zigarmi 等（2009）根据社会认知理论，认为工作激情反映了员工对于工作和组织情境的持久的、正向的、有意义的精神状态，主要来自对工作的反复认知与情感评估，从而形成关于工作情境的一致性和建设性的行为动机。组织情境中的工作激情，突出了情境变迁带来的衍生作用，每一种情境的认知都建立在先前情境的一定基础上，通过经验认知、组织或工作特点来影响评估者的情感感知（Zigarmi et al.，2009）。这种定义在某种程度上与 Vallerand 等（2003）提出的激情含义不谋而合，通过认知和情感的评价，形成积极的和持久的工作行为。基于此，理论界针对工作激情核心论点展开了深入探讨和反复研判，但本质仍基于认知、情感以及动机三大核心要旨。例如，Perttula 和 Cardon（2011）将工作激情理解为人们在评价可期待的工作结果基础上形成的一种心理反应状态，进而形成明确的工作意图和行为，这种心理状态主要具有强烈的积极工作情绪和自我认知的内驱动力等特征。可以发现，组织情境中的工作激情是一般激情的特殊延伸和扩展，反映出个体在追求工作目标过程中的特别情感和持久动力，并从工作中获得积极认知和价值实现。

（3）企业家激情

随着人们对工作激情研究的不断深入，特定组织领域内的工作激情受到广泛关注。例如，在企业工作情境下形成的企业家激情。企业家激情的形成并非是与生俱来的性格特质，而是他们对所从事工作的高度认同感和实现目标时的成就感（Cardon，Wincent，Dmnovsek，2009）。在企业家激情研究进程中，Smilor（1997）从动机视角出发，指出企业家激情是企业发展过程中最明显的现象，代表着企业家为了企业目标所表现的充满热情、不惧挑战和追逐价值的高能量状态。Chen 等（2009）研究强调，企业家激情标志着个体对于自我认可事业的高阶情感投入状态。进一步地，Cardon等（2009）在系统梳理已有研究基础上指出，企业家激情是他们对于企业活动和身份特点具有的强烈意识和积极情感，这不仅是一种有意识的努力过程中的强烈情感，更是对于其身份意义的高度认同。从中可以发现，身份认同在企业家激情中发挥着重要作用，企业家身份主要包括三种，一是发明者身份（inventor Identity），企业家特有的探索和识别新机遇的身份；二是创始人身份（founder identity），企业家特有的建立商业和开拓市场的身份；三是开发者身份（developer identity），企业家特有的培育和发展企业规模的身份（Cardon et al.，2009）。在这三种身份的实现过程中，企业家将被激发出对应激情，一些企业家可能同时兼具三种激情，而另一些人则可能更看重其中一种。综上，本研究将企业家激情作为特殊情境下的工作激情，使得工作激情在与企业家身份和行为的融合中更具观测性，从而厘清了企业家激情与一般激情间的关系，为未来研究奠定坚实基础。

综上所述，一般激情、工作激情及企业家激情三者的内涵范畴依次变小，其普遍性逐渐递减，针对性依次加强。具体来说，一般激情是激情研究的起点，区分了激情与积极情绪在认知、情感和动机方面的差异；而工作激情则是将一般激情放入组织情境，突出情境变迁带来的衍生作用，并将其与员工的情感和行为联系到一起，反映出个体在追求工作目标过程中的特别情感和持久动力；而企业家激情则是把目光聚焦于一种特殊情境，突出了企业家对于企业活动和身份特点具有的强烈意识和积极情感。虽然范畴上有所不同，但三种激情在本质上是一脉相承，相互联系的。基于企业家激情的特殊性以及一般激情的普适性，本研究主要探讨一般工作激情中的二元工作激情。

2.3.1.2　工作激情二元模型

Vallerand 等（2003）在自我决定理论解释框架下，提出工作激情二元模型（dualistic model of passion），其中，一种是和谐工作激情，代表着个体对于自我认可事项的自主权和选择权（Vallerand et al.，2003）。与之相对的是强迫工作激情，代表着个体对于强烈意向活动的难以控制状态。此模型主要强调个体通过从事不同活动，从中实现自主需求满足、能力需求满足和关系需求满足的过程（Vallerand et al.，2003）。他们指出，不同需求满足的过程，实际就是外部动机不断内化的过程。除此之外，他们还深入探讨激情对个体的影响（Vallerand et al.，2003；Vallerand，2010）。例如，

Vallerand（2012）指出，一名有激情的网球爱好者应具备至少三个条件，一是喜爱网球，二是认为网球很重要，三是自我身份的认同。

自我决定理论是一个研究人类动机和人格的宏观理论，主要强调了社会因素对个体积极行为和健康心理的作用过程（Deci，Ryan，2000）。根据自我决定理论，工作激情主要受两种动机影响：一种是自主动机（autonomous motivation），在该动机下，人的行为具有充分的意志感和选择感，个体认为工作是有价值和有意义的，从而形成自主内化，即自主认为这些是重要的、高度接受的、融合于个体认同体系的；另一种是控制动机（controlled motivation），如受社会认同、绩效考核等外部压力影响，人们会迫于压力认同规范，促使外部动机向其控制性内化转变（Deci，Ryan，2000）。

根据二元特性，工作激情常分为：和谐激情与强迫激情（Vallerand et al.，2003）。简单来说，和谐激情标志着个体对于自我认可事项的自主权和选择权（Vallerand et al.，2003）。当个体能够不受外界附加条件过多束缚和限制，自主地选择和接受他所认可的事项时，动机内化过程将得以触发。这种内化过程将伴随着显著的驱动力，促进个体心甘情愿而非被迫地参与活动，进而体验到实现活动目标时的意志感和认同感（Vallerand，2015）。具体来说，当和谐激情发挥作用时，个体行为选择往往是灵活自主的，而不是被迫的，他可以选择何时参与活动，何时不用参与活动。这个时候，活动占据了重要但不压倒一切的位置，并与其他方面并驾齐驱（Pollack et al.，2020）。例如，对于具有网球和谐激情的基金研究员来说，当打网球的时间与基金工作存在时间冲突时，他能自主地告诉朋友无法参与网球活动，这种无法参与不会给个体带来痛苦。

与之相反，强迫激情意味着个体对于强烈意向活动的难以控制的状态，这种被迫的压力使得个体不得不参与其中，进而促使其对该活动的外部动机转变为内化控制动机（Vallerand et al.，2003）。这种压力感主要来自个体内部（例如，在参与活动时感到无法控制的兴奋）或人际影响（例如，社会尊重和绩效考核）（Pollack et al.，2020）。因此，即使个体热爱所从事的活动，但由于控制动机增加促使他们感到被迫参与其中，进而无法控制活动参与，造成与生活中其他活动的冲突，最终削弱个体积极感知（如享受）和增加消极感知（如内疚和焦虑）。例如，对于具有网球强迫激情的基金研究员来说，虽然他因为基金研究工作选择不参与网球活动，但他仍然会因为没有参加网球活动而难以集中精力研究基金，从而感受到无法控制带来的痛苦。

和谐激情与强迫激情可以从内化过程、情感结果以及持续灵活性三个方面进行区分（Vallerand，Houlfort，2003）。第一，从内化过程区分，激情类型差异主要取决于个体如何内化外部活动，自主内化将伴随和谐激情，而被迫控制的内化则导致强迫激情。第二，从情感结果区分，尽管两种激情都包含对活动的热爱和强烈倾向，但由于外在动机的内化形式差异使得两者的情感结果显著不同。由于和谐激情的自主内化有利于个体以更灵活的方式参与任务，使其不会感觉是被迫参与，能自主投入足够的时间和精力，从而能够更充分地体验任务参与并取得积极结果（Vallerand et al.，2003）。相比之下，由于个体受控于强迫激情的束缚，其不得不以更加僵化和冲突的方式参与任务，从而往往导致消极的非适应性结果（Vallerand et al.，2003）。第三，从行为的持续性区分，由于具有和谐激情的个体能够灵活自主决定何时参与活动，并根据活动是否负面来判断是否需要终止。因此，只要个体能够持续从活动中受益，他的行为将不断持续。相反，由于强迫激情的控制和僵化，可能导致与个体其他活动冲突的可能，从而使得行为可持续性难以得到保障。

进一步地，Vallerand 和 Houlfor（2003）将工作情境与二元激情相结合，认为，如果把工作当作员工的兴趣爱好，那么工作激情就是员工将外部工作动机内化为内在动机的过程，基于此，工作激情可以分为和谐与强迫两种工作激情。

2.3.2　常见测量工具

从已有研究来看，工作激情的测量工具主要包括以下几种：一是，一般激情，该量表主要基于个体对工作的热爱。个体对工作拥有坚持不懈的动力，从而保持着对工作的积极情绪，是一种对于工作的爱或渴望的强烈倾向（Baum，Locke，2004）。典型条目包括，"我爱我的工作""离开工作岗位后，我很期待能重返工作岗位""我喜欢努力工作"等（Baum，Locke，2004）。二是，企业家激情，个体对于企业活动和身份特点具有的强烈意识和积极情感，这不仅是一种有意识的努力过程中的强烈情感，更是对其身份意义的高度认同（Cardon et al.，2009）。典型条目包括，"为产品/服务寻找新想法是一件愉快的事情""成立新公司让我感到很兴奋""培育和发展公司对我很重要"（Cardon，Gregoire，Stevens，2013）。三是，二元工作激情。个体自愿为自我认可的事业持续投入时间和精力的高阶情感状态（Vallerand et al.，2003），包括和谐工作激情和强迫工作激情。典型条目如，"工作中，我有各式各样的愉快体验""我发现的新事物，让我更热爱工作""工作带给我难忘的经历""我不能没有我的工作""我是一个工作狂""无法想象没有工作的生活"（Vallerand et al.，2003）。总之，以上量表为工作激情的实证研究提供较好的测量工具，尤其是 Vallerand 等（2003）的二元激情量表得到国内外的广泛应用，具体见表2-2。

表2-2　工作激情的测量量表

激情类型	研究者	概念	典型条目
一般工作激情	Baum，Locke，2004	对于工作的爱或渴望的强烈倾向	1. 我爱我的工作 2. 离开工作岗位后，我很期待能重返工作岗位 3. 我喜欢努力工作
企业家激情	Cardon et al.，2013	对于企业活动和身份特点具有的强烈意识和积极情感，这不仅是一种有意识的努力过程中的强烈情感，更是对其身份意义的高度认同	1. 为产品/服务寻找新想法是一件愉快的事情 2. 成立新公司让我感到很兴奋 3. 培育和发展公司对我很重要
二元工作激情	Vallerand et al.，2003	对于自身喜欢的、认为重要的工作的强烈情感倾向，并愿意为此投入大量时间和精力的状态。包括和谐工作激情和强迫工作激情两个方面	1. 工作中，我有各式各样的愉快体验 2. 我发现的新事物，让我更热爱工作 3. 我不能没有我的工作 4. 我是一个工作狂 5. 无法想象没有工作的生活

注：根据文献整理所得。

2.3.3　影响因素

（1）个体因素

个体因素对员工工作激情的影响，主要有三个方面。第一，个体自尊，外显自尊（explicit self-esteem）较高个体善于实施自我适应性调节策略，将会体验到更高水平的和谐激情，而内隐自尊（implicit self-esteem）相对较低的人具有较低的自我防御性，将会体验到更高水平的强迫性激情

（Lafreniere，Belanger，Sedikides，2011）。第二，人格特质，Tosun 和 Lajunen（2009）指出，外向性与和谐工作激情正相关，神经质则正向影响和谐工作激情与强迫工作激情。相对"受控"人格特质而言，"真实自主"的人格特质（开放性、责任心、宜人性和外向性）更有助于提升和谐工作激情（Balon，Lecoq，Rimé，2013）。此外，Vallerand 等（2014）的研究表明，完美主义特质也是两种工作激情的重要前因。第三，动机取向，Belanger 等（2013）发现调节方式会影响个体对某项活动的热情类型，进而影响心理调节。运动自我调节通过积极影响自主动机，显著改善和谐工作激情，评估型调节将促使非自主动机形成，从而导致强迫工作激情（Bélanger et al.，2014）。与此类似，Vallerand（2015）指出，个体自主动机与和谐激情显著相关，而受控动机则与强迫激情显著相关。

（2）领导因素

已有研究表明，领导因素在员工工作激情中发挥着重要作用。第一，领导风格，根据授权激励观点，授权型领导通过增强员工的自主动机来提升员工的和谐工作激情（Hao，He，Long，2017）。然而，有趣的是，由于授权型领导期望并鼓励员工利用授权带来的资源独立完成工作，因此员工将强烈感知工作的晋升机会和可能价值，痴迷于工作追求无法自拔，从而导致强迫工作激情（Hao et al.，2017）。研究也表明，变革型领导有助于提升员工的和谐工作激情（Robertson，Barling，2012）。第二，领导行为，领导的自我牺牲行为有助于提升员工积极情感，进而显著影响员工工作动力（De Cremer，2006）。领导的利他行为正向影响员工工作激情，而自我关注行为则将阻碍工作激情（Zigarmi，Roberts，2012；Zigarmi，Peyton，Randolph，2015）。类似地，Egan 等（2019）发现，领导者指导行为和支持行为能够通过增加员工的积极情感来正向影响其工作激情。此外，领导价值观（Zigarmi，Peyton，2012）、领导激情（Li，Zhang，Yang，2017）以及领导特质（Egan，Zigarmi，Richardson，2019）等都将在一定程度上影响员工工作激情。

（3）环境因素

环境对于工作激情的影响主要集中在自主支持和组织多样性方面。第一，自主支持。Mageau 等（2009）研究指出，来自父母的自主支持，有助于提升孩子的和谐激情，但过多的控制将导致强迫激情。类似地，工作自主权将有助于个体自主内化过程的发生，促使个体自愿投入时间与精力到与自我意识相一致的工作中，进而激发和谐工作激情；而低工作自主权将导致受控的自我内化，造成内化要素之间的冲突，从而导致强迫工作激情（Fernet et al., 2014）。第二，组织多样性。由于多样化的工作氛围能够让不同背景的员工感到被公平对待，使其获得心理安全并缓解其内心压力，从而使员工不会认为是被迫参与，最终他们将任务自主内化为身份认同（Chrobot-Mason, Aramovich, 2013）。基于此，Luu（2019）指出，组织多样性氛围有助于促进员工和谐工作激情和抑制员工强迫工作激情。此外，工作要求（工作负荷、工作时间）（Kalimo et al., 2000），人际关系特征（Zigarmi et al., 2009）等环境因素都将在一定程度上影响着员工工作激情。

2.3.4 影响效果

工作激情又将带来什么影响结果呢？通过回顾发现，已有影响研究相对集中于情绪、幸福感、组织公民行为、创造力、绩效等方面。

根据激情的二元模型，和谐激情代表了个体对于热衷活动的自主性，他们能够自主选择参与到自身喜爱的工作活动中，进而收获积极情感体验，通常伴随着积极的和适应性的结果，而强迫激情则由于自主性受控，往往会导致一些消极的和非适应性的结果（Vallerand, Houlfort, 2003）。已有研究表明，和谐工作激情对个体积极情绪（Philippe, Vallerand, Lavigne, 2009；Stenseng, Forest, Curran, 2015）、心理健康（Rousseau, Vallerand, 2008；Forest et al., 2010）、幸福感（Carpentier, Mageau, Vallerand, 2012；Schellenberg, Bailis, 2015）、创造力（Liu et al., 2011）以及工作绩效（Ho et al., 2011）等都有促进作用。

具体来看，第一，心理态度方面，和谐激情能够通过显著提升个体归属感来正向影响个体积极情绪，而强迫激情则会通过降低个体归属感来抑制积极情绪（Stenseng et al., 2015）。同时，和谐激情有助于实现个体的自主、能力和关系需求满足，进而有利于个体心理健康，而强迫激情则将阻碍个体心理健康（Forest et al., 2010）。此外，Schellenberg 和 Bailis（2015）强调，和谐激情对幸福感的影响具有叠加效应。与没有和谐激情的个体相比，拥有一项和谐激情的个体幸福感水平更高，进一步地，那些具有两项和谐激情的个体比只有一项和谐激情的个体幸福感水平更高（Schellenberg, Bailis, 2015）。第二，行为方面，Liu 等（2011）指出，和谐激情让个体感知更多的活动自主性，体验更多的积极情绪，这将显著提高创造过程中的主动性、适应性和能量水平，从而激发创造力。与之相反，由于具有强迫工作激情的个体通常希望通过身份来证明能力，因而往往伴随着强烈的侵略性和竞争性，而当他们感知身份地位受到冲击时，强迫激情带来的失调激励将导致其实施工作场所不文明行为（Birkeland，Nerstad，2015）。此外，根据资源保存理论，Astakhova（2015）分析了工作激情与组织公民行为的关系，和谐工作激情带来的影响呈 U 形关系，在达到临界点后的和谐工作激情增加将削弱组织公民行为，而强迫工作激情与组织公民行为之间的正向关系不显著（Astakhova，2015）。第三，工作倦怠和绩效方面，和谐激情更容易带来心流体验（flow experience），随之而来的积极情感有助于缓解工作中的负面影响，如工作倦怠（Lavigne，Forest，Crevier-Braud，2012），而强迫激情将促使个体对偏好行为进行反复思考，妨碍心流体验，抑制积极情绪体验，加重工作倦怠（Lavigne et al.，2012），导致工作耗竭（Burke，Astakhova，Hang，2015）。在此基础上，Ho 等（2011）面向保险行业一般员工的调查表明，强迫工作激情会抑制工作认知参与，不过有趣的是，这并不会显著阻碍工作绩效。除此之外，宋亚辉等（2015）强调，和谐工作激情借助员工情感和认知传导机制来提升员工创造性绩效，而强迫工作激情则通过影响动机机制和认知机制抑制创造性绩效。

尽管工作激情的研究已逐渐深入，但主要以西方研究为主，中国组织情境下的研究数量和质量有待加强。然而，无论是一般激情、角色激情还是二元激情，均对预测员工工作动机较为关键，因此基于中国组织情境厘清工作激情的"来龙去脉"和"前世今生"具有重要的理论意义和实践意义。

2.3.5 述评

近年来，关于工作激情积极效应的相关研究深受理论界和实务界的关注，其作为预测员工工作动机的重要因素深受认可。基于此，本研究系统梳理了工作激情的概念、影响因素和影响效果。

概念方面，一般激情、工作激情及企业家激情三者的内涵范畴依次变小，其普遍性逐渐降低，针对性依次加强。虽然范畴上有所不同，但三种激情在本质上是一脉相承，相互联系的。基于企业家激情的特殊性以及一般激情的普适性，本研究主要探讨一般工作激情中的二元工作激情。根据激情的二元模型，有学者将激情划分为：和谐激情与强迫激情（Vallerand et al.，2003）。其中，和谐激情标志着个体对于自我认可事项的自主权和选择权（Vallerand et al.，2003）。与之相反，强迫激情意味着个体对于强烈意向活动的难以控制状态，这种被迫的压力使得个体不得不参与其中，进而促使对该活动的外部动机转变为内化控制动机（Vallerand et al.，2003）。

工作激情的个体影响因素主要包括个体自尊、人格特质和动机取向；领导因素主要包括领导风格和领导行为；组织因素主要包括自主支持和组织多样性。同时，工作激情对个体影响的主要集中于情绪、心理健康、幸福感、组织公民行为、创造力、绩效等方面。尽管工作激情的研究已逐渐深入，但工作激情在领导幽默与员工结果之间所扮演的作用机制仍值得我们进一步探究，关于中国组织情境下的研究数量和质量有待加强。

2.4 创造力

国家繁荣是创造的，而不是继承的（Porter，1990）。早在工业革命时期，创新就已备受关注，理论界和实践界纷纷开始探索如何有效提升创造潜力（Amabile，1988）。领导是员工创造力最重要的影响因素之一，已有丰富的研究表明领导行为与员工创造力关系紧密（Shalley，Gilson，2004；Zhang，Bartol，2010）。近年来，腾讯、阿里巴巴等一大批提倡快乐工作理念的创新型互联网企业的成功，使得马化腾、马云等这类善于激发员工创造力的幽默型领导备受关注（姜平 等，2020）。

2.4.1 起源与概念内涵

进入 21 世纪，我国企业面临着瞬息万变的市场环境和更为激烈的竞争挑战，这迫使我国企业必须具备持续创新能力，提出有效且独特的应对策略，才能更好应对复杂多变的市场需求，避免沦为残酷丛林法则的牺牲品（王端旭，洪雁，2010；Hughes et al.，2018）。进入知识经济新时代，企业进步的源动力主要来自员工创造力，也就是员工针对企业产品、服务和管理流程等提出的新颖有用的观点或想法（Amabile et al.，1996）。换句话说，员工缺乏创造力就意味着组织失去了不断创新的进取力，企业可能会面临着生存危机或被市场淘汰的风险，这使得员工创造力逐渐成为学术界和企业界重点关注的话题（Shalley et al., 2004；周浩，龙立荣，2011）。在这种形势下，企业是否具有持续创新的能力，决定了企业能否生存或发展（Zhou，1998；George，Zhou，2002）。显然，组织运转落脚点不仅仅是为了获取组织绩效，还要考虑如何最大程度地激发员工创造力，进而创造更大的组织价值。2020 年 11 月，习近平总书记在党的十九届五中全会上做了重要讲话，其中 15 次提及"创新"①，明确创新能力显著提升是"十四五"时期经济社会发展的主要目标之一，要求我们毫不动摇地把坚持创新核心地位贯穿到现代化建设的各个方面、各个环节②。在商业领域，IBM（2010）针对 16 个国家 1 541 名 CEO 的调研发现，在充满挑战和高速运转的社会环境中，创造力是确保企业立于不败之地、维持企业竞争优势和引领企业发展速度的重要保障。因此，创造力引起了学者们的广泛关注，而关于创造力的定义主要有三种观点。

第一，人格特质论。Guilford（1950）在美国心理学年会上指出，创造力是个体所特有的一种能力，是新思想产生的根本。在此基础上，Hennessey 和 Aambile（1988）进一步提出，创造力是某些个体身上稳定的、固有的人格特质。持有这一观点的学者认为，创造力是个体与生俱来的一种特征，特质的差异主要体现在创造力水平的高低上。他们认为，高创造力个体在人格特质上存在一些相似点，他们通常想象力丰富且思维抽象，善于观察且直觉敏锐，学习面广且知识储备深厚，敢于冒险、不惧困难、意志坚定、专注且自律自控（Guilford，1950；Dacey，Lennon，1988；Findlay，Lumsden，1988）。人格特质论侧重强调个体特质和智力特点对创造力的影响，阐述了高创造力个体的共同特征，但并未对创造力给出明确定义。

第二，过程论。Wallas（1926）认为，创造力的形成是一种持续发现问题、收集信息、提出思路和实践检验的过程，通常需要经历四个阶段，包括准备、酝酿、顿悟和验证。Torrance（1972）进一步明确阐释，创造力是个体通过发现已有程序的不足和短板，提出针对性解决方案，并对方案不断修正和验证，最终得到结果的过程。在这些理论指导下，比较有代

① 澎湃新闻记者. 十九届五中全会公报高频词分析：新发展、创新、改革与安全［EB/OL］.（2020-10-30）［2021-10-15］. https://www.thepaper.cn/newsDetailforward9783039.

② 李锦斌. 坚持创新在我国现代化建设全局中的核心地位［EB/OL］.（2021-03-16）［2021-10-15］. http://www.qstheory.cn/dukan/qs/2021-03/16/c_1127209212.htm.

表性的研究主要是，Amabile（1983）通过实证方法探究了创造力的衍生发展阶段，包含识别特定问题、信息收集整理、提出创意方案、确认方案效果和评估最终结果五个阶段，这一观点更加细化了创造力的具体过程，得到广泛的认可和应用。尽管创造力过程论致力于创造力阶段的深入探索，厘清了不同阶段的具体差异，但却未曾考虑个体知识技能、智力水平以及人格特征等方面的影响，以致其无法精准测量不同阶段的具体变化。

第三，结果论。推崇结果论的理论研究者们指出，创造力本质上是个体创新性和创造性实践的结晶。Amabile 等（1996）指出，创造力是员工针对企业产品、服务和管理流程等提出新颖有用的观点或想法。随后，Zhou 和 George（2001）强调，创造力是个体依据已有产品、服务和管理程序等存在的问题，提出新颖合理且有价值的想法，而这种想法是开拓新成果的重要基础。尽管从定义上看，创造力和创新较为相关，但两者实际存在一定差异。创造力只是创新举措的起点和必要条件，创新还需要很多外界条件的协同，如技术、资金等（Amabile et al.，1996）。在结果论视角下，创造力包括两种内涵：一是，关于想法或方案的创新程度和新颖程度；二是，关于想法或方案的实践性和适用性。Amabile 等（1996）强调，创造就是新颖和实用的具体结晶。因此，从结果论视角出发，个体的创造力不仅要考虑创造者自身情况，还要根据实际情境和受益对象需要来评估成果的有效性（Forgeard，Mecklenburg，2013）。由于创造力结果论的可操作性和实用性，其被实证研究广泛使用。

根据上述三种理论观点，结合已有研究发现，创造力的结果论更具代表性，更适合本研究测量需要，故本研究将采用 Amabile 等（1996）提出的结果论定义和对应量表。

2.4.2　常见测量工具

为了科学、准确地预测个体创造力水平，学者们先后开发了不同的测评法，主要包括创造力成就评价法、创造性测试和专家评估法等方法。

一是，创造力成就评价法是通过评估个体已有创新成果价值来预测其创造力水平（Carson，Peterson，Higgins，2005）。这种方法的理论假设在于，个体已经具有的创造力基础将在一定程度上决定创造力潜能（Carson et al.，2005；Batey，Furnham，2008）。二是，创造性测试，主要用于考察测试者的创造性思维，对其进行图形、语言或动作测试，要求测试者根据列出的开放性问题，在限定时间内尽可能以发散思维，来模拟设计新颖做法并预测可能结果（Silvia，2011）。人们在实施创造力思维测验时，需要围绕新颖和适用两大核心，考虑领域特殊性，有针对性地选用平均得分法和最优项法，以确保测试结果的有效性（贡喆，刘昌，沈汪兵，2016）。三是，专家评估法，不同于前两种主观的创造力测试方法，它是一种由专家主导的客观评估法，通过邀请该领域专家对创造力成果评分的形式来预测个体创造力水平（宋晓辉，施建农，2005）。这种方法是根据所在领域已有共识和标准，以该领域专家独立评估成果创新性的方式，来巧妙回避创造力普适标准的分歧问题（Amabile，1983）。

梳理已有研究发现，常用的创造力量表主要有以下几种。首先，Tierney 等（1999）在 Ettlie 和 OKeefe（1982）的创新研究基础上，开发出单维度为 9 个条目的创造力测量量表，通过主管对员工创造力评价的方式，考察员工的创造力水平。典型条目包括："在工作中尝试新的想法，并解决了问题""充当了组织中创造力的良好榜样"和"提出了关于此领域具有革命性的想法"（Tierney，Farmer，Graen，1999）。随后，Zhou 和 George（2001）采纳了 3 个 Scott 和 Bruce（1994）开发的创造力量表条目，并新增了 10 个条目，最终形成了三维度 13 个条目的创造力测量量表。典型条目包括："提出实现目标的新想法""不惧怕冒险和挑战""为实施新想法制定恰当的计划和时间安排"和"提出创造性解决方案"等（Zhou，George，2001）。进一步地，Farmer 等（2003）根据 Tierney 等（1999）开发的 9 个条目创造力量表，结合中国组织情境，编制出适合中国员工的 4条目量表。具体条目包括："努力寻求新的方法去解决问题""尝试新的想法或方法"和"我是团队中的创新榜样"（Farmer，Tierney，Kung-McIntyre，2003）。此外，Madjar 等（2011）在已有研究成果基础上（Madjar，Oldham，Pratt，2002；Zhou，George，2001；Oldham，Cummings，1996），将创造力划分为两种维度：激进型创造力和渐进型创造力，并编制出 6 条目量表。其中，激进型创造力条目包括："是高度创意的好来源""展示了作品的原创性"和"全新的创意方法"；渐进型创造力条目包括："使用已有想法或适当的新方式工作""擅长整合现有想法"和"调整已有工作流程来适应当前的需求"（Madjar，Greenberg，Chen，2011）。常见创造力测量量表见表 2-3。

表 2-3 创造力测量量表

研究者	条目数	α 系数	典型条目
Tierney et al.，1999	9	0.95	1. 在工作中尝试新的想法，并解决了问题 2. 在工作提出新颖且具有可操作性的想法 3. 充当了组织中创造力的良好榜样 4. 提出了关于此领域具有革命性的想法
Zhou，George，2001	13	0.96	1. 提出实现目标的新想法 2. 不惧怕冒险和挑战 3. 为实施新想法制定恰当的计划和时间安排 4. 提出创造性解决方案
Farmer et al.，2003	4	0.92	1. 努力寻求新的方法去解决问题 2. 经常能产生一些开拓性想法 3. 尝试新的想法或方法 4. 我是团队中的创新榜样
Madjar et al.，2011	6	0.85	1. 是高度创意的好来源 2. 展示了作品的原创性 3. 全新的创意方法 4. 使用已有想法或适当的新方式工作 5. 擅长整合现有想法 6. 调整已有工作流程来适应当前的需求

注：根据文献整理所得。

由于本研究是在中国组织情境下探究领导幽默与创造力的动态关系，若采用其他量表，可能会由于题量较大导致研究对象疲乏，影响测量有效性。因此，本研究采用了 Farmer 等（2003）基于中国组织情境编制的 4 条目创造力量表。

2.4.3 影响因素

本研究主要从个体和情境两方面分析创造力的影响因素。

（1）个体因素

个体因素通过促进创造性想法产生的形式来影响个体创造力（李阳，白新文，2015），主要反映在人格特质、知识与技能以及动机等对创造力的影响。

第一，人格特质方面。已有研究表明，人格特质能够显著影响个体创造力水平（Oldham，Cummings，1996；Dacey，Lennon，1988），这是因为具有某种人格特征的个体可能特别擅长于识别问题或结合新信息以形成新观点（Shalley et al.，2004）。在关于创造力的人格特质探索过程中，学者们主要采用的是创造力人格量表（creative personality scale），该量表通过分析创造性指标来预测被试者的创造力潜能（Gough，1979）。测试中得分高的个体，可能具有较好的发散思维且乐于处理或钻研难题，当他们面对模棱两可、充满挑战的问题时，他们将表现得更加自信、从容和有耐心，从而有效识别信息、厘清关键要素、创新解决方案（Barron，Harrington，1981；Shalley et al.，2004）。类似地，后续学者强调，主动性人格对个体创造力具有积极作用（詹小慧 等，2018；李景理 等，2021）。此外，宋志刚等（2015）指出，创造性人格特质对员工创造力存在正向作用。在中国组织情境下，王艳平和赵文丽（2018）研究发现，个体的外倾性、责任感、宜人性、开放性均与创造力正向相关，而与神经质则负相关。

第二，知识与技能方面。Amabile 和 Mueller（2008）的研究表明，个体创造力受到自身知识积累和创造力相关技能水平的影响。知识是创造力的基础，个体所拥有的知识宽度和深度决定了他的创造力水平（Woodman，Sawyer，Griffin，1993）。知识储备是个体受教育程度、经验阅历和认知能力的综合体现，任何新颖的想法都离不开相关领域知识的日积月累（白杨，刘新梅，韩骁，2014）。在教育水平方面，教育能够帮助个体吸收异质性的新知识，改变思维定式，促使个体寻求新思想，做出新改变（Phelps，Heidl，Wadhwa，2012）。曾恺等（2019）强调，个体的受教育程度能够显著正向预测创造力水平。在知识共享方面，组织的创造力水平取决于内部员工的知识和技术能力，而知识共享能够有效促进内部知识的交换和传播，提升成员间的知识积累（朱雪春，陈万明，唐朝永，2015）。因此，员工的知识共享程度正向显著影响着团队创造力（杨红 等，2021）。类似地，Bhatti 等（2016）研究发现，团队内部共享知识能够促进有效市场信息的交换和转化，从而增强组织创造力。

第三，动机，主要包括内在动机、外部动机和亲社会动机三个方面。一是，以往研究普遍认为，内在动机对于创造力具有积极作用（Collins，Amabile，1999；Mueller，Goncalo，Kamdar，2011；Amabile，Pillemer，2012；景保峰，2015；郝宁，汤梦颖，2017）。高内在动机个体自愿为喜爱的任务投入更多时间和精力，专注且不太容易受到外界干扰，从而呈现出较好的创造表现（Hennessey，Amabile，1998）。例如，薛贵等（2001）指出，高认知需求倾向的个体创造表现更好。高内在动机个体在面对创新过程中的困难挑战时，显得更有勇气和毅力，能够更好地利用已有知识和技术找到解决问题的新方法和新途径（景保峰，2015）。二是，外部动机代表着个体为了获取额外结果而参与活动的动机（Ryan，Deci，2000）。一项元分析发现，针对个体因创新提出方案而给予的外部奖励，将会激发其创造性思维，而针对任务速度给予的奖励，则可能误导员工的关注重点，从而束缚创造力发挥（Byron，Khazanchi，2012）。三是，亲社会动机代表着个体愿意帮助他人，能够设身处地替他人着想（De Dreu，Weingart，Kwon，2000）。一方面，Carmeli 等（2013）认为，高亲社会动机的个体在慷慨付出过程中会伴随着产生积极情绪，进而激发个体创造力（王博韬，魏萍，2021）。另一方面，具有亲社会动机的个体倾向于换位思考，这有助于增强个体对他人需求和观点的整合能力，从而驱动自身内部动机转化为创造力（De Dreu，Nijstad，Baas，2011b）。因此，如果将创造力看作一艘船，亲社会动机发挥着方向盘的功能，而内部动机则充当着发动机的功能，只有两者结合，创造力这艘船才能更快更稳地行驶到成功彼岸（李阳，白新文，2015）。基于此，Grant 和 Berry（2011）呼吁，个体应当充分结合亲社会动机和内部动机，从而最大程度地提升自身创造力。

（2）情境因素

情境因素对创造力的影响主要体现在组织氛围、领导风格、任务特征等方面。

第一，组织氛围。一是，从认知风格视角出发，组织氛围主要包括学习型、创造型和计划型三种。相比于学习型和创造型组织氛围，计划型组织氛围更加强调任务前的准备和各环节的逻辑安排，这就使员工往往只能在计划完备之后才能尝试新想法，大大抑制了创造力的新颖性（孙永磊，雷培莉，2018）。类似地，顾远东和彭纪生（2010）以及张文勤等（2010）研究均发现，组织创新氛围会对员工创造力具有显著的正向影响。二是，组织差序氛围。袁小彩和陈加（2021）指出，差序氛围带来的"圈内人"和"圈外人"边界，将使组织内部出现不信任和恶性竞争的情绪对抗，从而抑制员工创造力。杨红等（2021）指出，团队差序氛围负向调节了变革型领导与团队创造力之间的关系。当团队差序氛围较高时，员工会将领导的差别对待视为不信任和怀疑，容易引起他们的消极感知，从而降低创造力表现（杨红 等，2021）。三是，奖励。关于奖励与创造力之间的关系，理论界存在一些分歧。Hennessey（2003）的研究表明，外部奖励将会抑制内部动机，从而阻碍个体创造表现。然而，Eisenberger 和 Shanock（2003）

认为，奖励有助于提升创造力。针对这种分歧，学者们意识到奖励性质和类别是决定创造力能否提升的关键要素，并开始探索外部环境和自身因素的共同作用（Zhou et al.，2009）。随后，张勇和龙立荣（2013）提出，公司的绩效薪酬与员工创造力之间存在倒 U 形关系，当人-工作匹配度程度增加时，绩效薪酬对创造力的促进作用增强。因此，只有进一步厘清奖励和创造力的特征，兼顾环境与个体因素的影响，才能更好地理解奖励与创造力的关系（徐希铮 等，2012）。

第二，领导风格。一是，Hoch（2013）指出，共享型领导能够显著提升团队创新。随后，蒿坡等（2015）强调，共享型领导注重内部信息的交流畅通，善于发现潜在问题，并通过换位思考贡献自身资源，从而为创新解决方案奠定基础。此外，共享型领导通过营造鼓舞人心的氛围，激励成员共同参与团队工作，让他们感知到自主的工作意义，从而促进自身创造力提升（Liang，Knippenberg，Gu，2020）。二是，辱虐型领导是一种典型的消极领导，他们采用批评或贬低员工的方式，使得员工感觉到被羞辱，进而破坏其心理契约，最终削弱个体创造力水平（Parzefall，Salin，2010；Khazanchi，Masterson，2011；沈伊默 等，2019）。类似地，辱虐型领导倾向于采取指责、侮辱等充满敌意的方式对待员工，这将严重阻碍员工的创新动力，抑制创造力表现（Zhang et al.，2014；彭伟，马越，陈奎庆，2020）。三是，变革型领导具有领导魅力、感召力和智力激发的特征，善于为员工描绘发展前景和营造良好创新氛围，并鼓励员工不断创新来实现工作目标（Bass，1999）。已有研究表明，变革型领导对员工创造力具有显著的正向作用（郭桂梅，段兴民，2008；Gong，Huang，Farh，2009；Zhang，Tsui，Wang，2011；孙永磊，宋晶，陈劲，2016）。例如，孙永磊等（2016）提出，心理授权在变革型领导风格和员工创造力之间起到中介作用。还有一种领导风格值得一提，家长式领导是一种兼具纪律、关怀以及道德特征的独特领导方式（樊景立，郑伯埙，2000）。该领导风格具备威权、仁慈和德行三种要素（Farh et al.，2008；张建卫 等，2018）。其中，在威权领导研究方面，由于中国员工倾向于在威权面前表现顺从，这使得其自身的新想法和主动性受到抑制（Chen，Bao，Huang，2014），从而大大阻碍其创造力的发挥（Dedahanov et al.，2016）。在仁慈领导研究方面，仁慈领导乐于深入关怀员工，这也有助于激发员工的信任之心和感恩之情，从而促进员工的创造力表现（蒋琬，顾琴轩，2015）。在德行领导研究方面，德行领导注重公平公正，强调责任担当，这有助于增强员工对组织的信任，进而激发创造力水平（Gu, Tang, Jiang, 2015）。

第三，任务特征与社会网络。任务复杂程度、挑战性、自主性等均会显著影响个体创造力。Hackman 和 Oldham（1980）认为，工作任务具有重要性、挑战性和变通性等复杂特征时，更能有效激发他们的内在动机和创新渴望，从而增强创造力。任务复杂性实质上是人与任务之间的交互关系（Campbell, 1988）。Shalley 等（2009）的研究表明，工作复杂程度意味着更大的任务挑战，促使他们不断增强创新能力来适应工作要求。此外，个体工作并非独自、孤立开展，而是在社会网络中相互关联进行的。社会网络是个体通过工作与社会交际形成的社会资源联结，发挥着信息和情感交流渠道的作用，是激发员工创造力的重要信息来源（Oh, Labianca, Chung, 2006；Hirst et al., 2015）。Hirst 等（2015）研究表明，社交网络能够为个体提供多样化的信息和见解，并通过促进个体网络效率和获取效率的方式，显著增强创造力水平。进一步地，赵娟和张炜（2015）强调，团队社会网络对创造力的影响机制依赖于团队学习的中介作用，只有当团队学习能力有效改善，才能促进团队化零为整的能力提升，从而显著增强团队创造力。

2.4.4　述评

随着经济全球化趋势加速发展，知识经济新时代中企业进步的源动力主要来自员工创造力，也就是员工针对企业产品、服务和管理流程等提出新颖有用的观点或想法（Amabile et al., 1996）。因此，众多学者围绕创造力的概念内涵、测量量表以及影响因素等展开了持续深入的探索。

通过梳理已有文献发现，第一，目前关于创造力的定义主要包括人格特质论、过程论和结果论三个方面，测量工具也较为丰富。根据已有研究成果，创造力的结果论更具代表性，更适合本研究测量需要，故本研究将采用 Amabile 等（1996）提出的结果论定义和 Farmer 等（2003）基于中国组织情境编制的 4 条目创造力量表。第二，尽管关于创造力的影响因素研究已较为广泛，但已有研究主要是从静态视角出发，如人格特质、知识与技能、动机等个体因素，以及组织氛围、领导风格、任务特征等情境因素，相对忽略了类似于情绪、激情等动态因素带来的影响。因此，借助经验抽样法，探讨领导幽默对于员工创造力的动态影响机制，尤其是将和谐工作激情作为中介变量，其对于精准分析领导幽默与创造力的关系以及和谐工作激情与创造力之间的关系具有重要意义。第三，虽然已有文献验证了领导幽默对创造力的积极作用（Hu，Luo，2020），但相对缺乏关于两者负面调节作用的分析。基于此，本研究从员工归因视角出发，不仅探讨了关系改进动机或绩效改进动机正向调节领导幽默与员工创造力的正向关系，还阐释了当员工印象操控动机归因较高时，领导幽默与员工创造力之间的正向关系将被削弱。因此，从员工对领导幽默的归因视角出发，本研究不仅为领导幽默实证研究提供了重要的边界条件，更有助于全面准确理解领导幽默与创造力之间的关系。

3 领导幽默动机归因的内涵和结构

  幽默作为一种诙谐、有趣的沟通策略，是社交互动过程中的有意行为（Crawford，1994）。领导幽默主要是指，领导者通过分享有趣事件来愉悦员工，从而引发情感反应的沟通方式（Cooper，2005；Cooper et al.，2018）。领导幽默行为的目的主要是发展良好人际关系、调节组织氛围，或者给员工留下深刻印象（Pundt，Herrmann，2015）。作为近年来在组织管理研究领域中使用频率颇高和研究较深的热点话题，领导幽默扮演着人际关系催化剂的关键角色，这不仅突破了传统的领导方式视角，而且在一定程度上代表了管理策略的新发展方向，也被认为是解释领导有效性的重要理论，因而受到理论界和实务界的广泛关注。尽管关于领导幽默的研究已逐渐深入，然而以往研究主要是从领导中心论的范式出发，探究领导幽默对员工行为和态度的影响，较少考虑作为幽默接收者的员工如何解读领导幽默行为，这种解读又如何影响员工行为方式。与此同时，以往归因相关研究主要关注积极或消极概念带来的影响，相对较少探究社会生活中存在的大量类似于幽默行为的"日常事件"，因而限制了这方面研究的普适性（王晓钧 等，2012）。

  事实上，根据归因理论，个体由于认知和理解不同，因而对他人行为的因果解释有一定差异（Weiner，1985）。换句话说，个体会对他人行为做出何种反应，主要取决于他对这种行为原因的认知（Rioux，Penner，2001）。已有研究表明，个体对他人行为背后动机的识别情况将显著影响自身行为和评价（Cheung et al.，2014）。在领导力研究方面，包括 *Academy of Management Review*、*Journal of Applied Psychology*、*Journal of Organizational Behavior* 等一些国际顶尖期刊已发表关于归因的研究成果。不过，大多数研究主要探讨领导或员工对于负面事件或负面行为的归因理解，例如负面绩效反馈（Martinko et al.，2007；Eberly et al.，2017）和辱虐管理（Burton et al.，2014）带来"令人失望"的一面。有趣的是，尽管积极领导行为往往伴随着有益的结果，但同样容易引发员工的不同归因，从而导致员工不同的行为反应。

显然，领导幽默的角色定位和行为特点体现出两种截然不同的社会特性，领导具有权威性和严肃性的层级地位属性，以及偏离层级规范的幽默表达属性，这两种属性的叠加实施，可能会引起员工对于领导幽默表达动机归因的好奇心和理解差异。事实上，领导幽默有效的标准并非领导分享的笑话是否有趣，而在于领导通过幽默方式所表达的积极关系意图（Pundt，Venz，2017），以及员工如何去理解领导幽默的背后动机。因此，员工对领导幽默动机的看法决定了他们如何评价领导行为。然而，目前针对中国组织情境下领导幽默动机归因独特结构内涵及其对员工的影响的研究较为匮乏。基于此，本研究严格遵循深度访谈等质性研究方法，主要从以下三个方面获取关于领导幽默动机归因的内涵。第一，通过半结构式访谈获取关于领导幽默动机归因的基础资料。第二，对已获取的领导幽默访谈资料进行整理分类编码和归纳演绎。第三，对领导幽默动机归因内涵进行描述。进一步地，为了更好地分析领导幽默动机归因的因子结构及测量的效性，我们将通过问卷数据净化、探索性因子分析和验证性因子分析等定量方法检验构念结构，确保幽默动机归因量表具有良好的信效度，从而为后续实践研究奠定坚实基础。

3.1 访谈资料获取

基于扎根理论方法，本研究将参考侯烜方等（2014）和郝旭光等（2021）的做法，通过明确研究主题、实施深度访谈、获取编码资料和凝练概念结构等具体程序（Silverman，2016），构建关于领导幽默动机归因的结构内涵。

（1）访谈提纲

为了提升访谈提纲范式的规范性和严谨性，本研究主要参考杨静和王重鸣（2013）的访谈提纲设计程序，采用半结构化式深度访谈方式来获取领导幽默归因资料。半结构化访谈主要是根据粗线条式的访谈提纲，就某一设定范围内的话题进行交谈，并结合访谈过程中的实际情况灵活调整提问的方式和问题顺序（郝旭光 等，2021）。本研究设计的访谈提纲包括三个程序。一是，本研究通过梳理领导幽默、量表开发以及归因理论文献的基础工作，建立起初步访谈提纲。二是，面向一位博士生和一位从业者开展开放式访谈，根据互动内容，进一步加强访谈提纲具体内容的针对性和逻辑性。三是，特别邀请熟悉该领域研究的两位人力资源管理专业教授和三位博士生以领导幽默归因为主题进行了焦点讨论，进一步完善访谈提纲内容和文法表达。

为了确保访谈内容的质量和深度，本研究参考陈艳虹（2019）的做法，分两个部分实施访谈提问。第一部分，初步了解受访者的人口统计学信息（包括行业、年限、职位等）。这样一方面是为了获取访谈对象的基本信息以便整理资料，为后续话题做铺垫；另一方面是通过访谈对象描述自身情况的方式，有效拉近彼此距离，消除对方防备心理，让对方进入一种较为轻松的状态，从而获取更多与访谈相关的深度信息（郝旭光 等，2021）。这一部分不进行深入追问，避免触及隐私而给访谈对象带来不良感知。第二部分，了解访谈对象关于领导幽默的判断和归因。由于归因过程是个体对影响或解释其行为的因素做出评判的一种认知过程（McCabe, Dutton, 1993），因此，本研究在设置访谈提纲时，主要围绕访谈对象如何看待领导幽默行为这个核心展开，依次了解对方是否经历领导幽默，如何看待领导幽默，举例说明具体情境以及对于领导幽默的感受。具体而言，一是，通过提问"工作过程中，您的领导是否表现出幽默？这种幽默具有什么特点"，引导对方回忆工作中所经历的领导幽默行为，识别他对领导幽默的基本认知。二是，通过提问"您如何看待领导幽默这种行为？在您看来这种领导幽默是积极的还是消极的"，分别了解领导积极幽默或领导消极幽默归因的特征。三是，通过提问"请您回顾一下表现出这种幽默的整体过程？请举例说明"，请访谈对象回忆其所经历的领导积极幽默或消极幽默的具体情境。四是，通过提问"您觉得领导出于什么考虑表现出这种幽默行为呢？或者说，领导实施幽默的目的和原因是什么"，了解在他看来领导的积极幽默或消极幽默背后的原因、动机和目的是什么。五是，通过提问"您经历的不同领导幽默能够给您带来怎样的感受"，了解在不同归因情况下，领导幽默对于访谈对象的影响。需要说明的是，在访谈之前，研究者说明访谈目的仅用于学术研究分析，所有访谈内容也会严格保密，避免对访谈对象及公司造成不良影响。领导幽默动机归因的访谈提纲见表3-1。

表 3-1 领导幽默动机归因的访谈提纲

类别	访谈问题	问题背景
访谈对象基本信息	您在公司主要负责哪方面的工作？工作多少年了？平时工作忙不忙	了解访谈对象基本信息，为后续话题做铺垫，消除对方防备心理，从而获取更多与访谈相关的信息
领导幽默动机归因与评价	工作过程中，您的领导是否表现出幽默？这种幽默具有什么特点	引出领导幽默行为
	您如何看待领导幽默这种行为？在您看来这种领导幽默是积极还是消极的	了解访谈对象关于领导幽默的判断和归因
	请您回顾一下表现出这种幽默的整体过程？请举例说明	请访谈对象回忆其所经历的领导积极幽默或消极幽默的具体情境，便于后期分析
	您觉得领导出于什么考虑表现出这种幽默行为呢？或者说，领导实施幽默的目的和原因是什么	了解访谈对象所理解的领导积极幽默或消极幽默背后的原因、动机和目的是什么
	您经历的不同领导幽默能够给您带来怎样的感受	了解领导幽默对访谈对象的影响

注：作者自行整理所得。

（2）访谈对象

访谈对象取样是依据建构理论的需要进行的有目的性的样本选择（Glaser，1978）。由于领导幽默是领导者通过分享有趣事件来愉悦员工，从而引发积极认知或情感反应的沟通方式，是一种常见的工作沟通行为，不太受到行业与职位的约束。因此，本研究参考杨春江、刘丹和毛承成（2019）的做法，选取直接关系或间接关系的个体作为访谈对象。这样既可以打消访谈对象的顾虑，实现快速进入访谈主题的目的，又能尽可能获取到丰富的深层信息。为进一步体现访谈对象取样的典型性和一致性原则，我们在取样前要求访谈对象回答以下问题："我的领导注重工作中的幽默功效，时常通过分享有趣事件或戏谑的方式实施幽默行为。上述描述多大程度符合您的领导的沟通方式？"。参考郝旭光等（2021）的做法，我们将回答等级为 4 及以上的作为取样人群，最终本研究合计访谈 32 名具有一定代表性的访谈对象。

参考陈艳虹（2019）的做法，按照所从事职业的情况，我们将访谈对象分为管理组和基层组。其中，管理组总计 10 人，包括公务员、事业单位或国企中层及以上领导 5 人、人力资源部门领导 3 人、民企高管 2 人；普通组总计 22 人，包括公务员、事业单位或国企办公室职员 9 人、大学教师

4人、医生2人、民企职员4人和外企职员3人。从人员类别来看，访谈对象既有从事组织管理领域研究的专家学者，也有国家单位工作人员，还有私营企业人员；从人员职务来看，既包括领导层面（领导也具有员工的角色），也包括一线普通员工。详细信息见表3-2。

表3-2　受访者基础信息

组别	访谈对象	人数	具体工作
管理组	党政事业单位	3人	交通运输局局长1名，民政局副局长1名，投促局副局长1名
	国企高管	2人	国企副董事长1名，国企副总经理1名
	人力资源部门领导	3人	人力资源部经理1名，人力资源部副经理1名，劳动人事部主管1名
	民企高管	2人	民企数字营销事业部经理1名，销售经理1名
普通组	党政事业单位职员	3人	财务部门职员2名，水质监测中心职员1名
	国企职员	6人	银行职员3名，国企投发部工作人员1名，市场部工作人员3名
	大学教师	4人	人力资源管理专业副教授2名，企业管理专业副教授2名
	医生	2人	儿童内科医生1名，皮肤外科医生1名
	民企职员	4人	媒体广告工作者1名，品牌咨询师1名，人力工作者1名，会计1名
	外企职员	3人	外企机器人调试员1名，外企销售人员2名

注：作者自行整理所得。

（3）具体访谈过程

采访主要通过面对面或网络访谈方式展开。面对面访谈能够及时观测受访者的表情动作变化以便推测其内心想法，灵活调整调研话题，以拉近研究者与访谈对象之间的心理距离，促进深度访谈的有效实施。同时，随着互联网技术的快速发展，网络访谈更加方便快捷，能够让访谈对象相对不受约束地表达想法，实时录制访谈内容（Chen et al., 2014）。本研究根据访谈对象意愿、距离远近以及工作实际情况灵活选取访谈方式。本研究均采用一人提问、一人记录的方式进行，当访谈对象过多谈及与研究主题无关的信息时，研究者将及时转移话题，以确保访谈内容紧扣领导幽默主题。值得一提的是，在实际访谈过程中，所有访谈对象都会很肯定他的领导确实表现出幽默，但很少能够总结出领导幽默的目的或动机是什么，此时还原当时情境显得尤为重要。然而，具体回忆当时情境时，大多数访谈对象都不太能够还原，尤其是针对他所认为消极的领导幽默。并且，访谈中可能会出现偏离主题的情况，访谈对象可能会误将同事幽默的案例转接到访谈过程中。针对以上情况，在访谈过程中我们将根据实际情况灵活调整提问的方式、问题顺序或增减题项，引导访谈对象实事求是描述自身经历，引导对方尽量回忆具体案例，并在适当的时候以追问方式逐步深入了解领导幽默行为表现、特征以及他所认为的目的和原因。例如，当访谈对象无法举例时，我们会举其他访谈实例来帮助对方回忆相关情境，便于访谈对象对照自身情况。

此外，为便于后期数据分析，在征得访谈对象同意后，访谈过程均有录音记录。访谈周期为 2021 年 1—3 月。在访谈 32 位对象后，获取的信息已基本达到理论饱和。在每次访谈结束后，研究者将及时整理访谈记录，凝练领导幽默动机主题相关信息，以积累更多访谈经验和完善访谈提纲，确保有效提升后续访谈效果。

3.2 访谈资料整理及编码

为了提升访谈信息的有效性，参考侯烜方等（2014）的做法，我们对原始访谈记录信息进行如下处理：第一，条目提取。我们将符合领导幽默动机描述的有效信息转化为具有单一含义的条目，要求每个条目相对独立，避免含糊不清的描述，并对有效信息进行编码。第二，合并与精减条目。我们对含义一致的条目进行合并，计算单一条目累积出现频次，精减含义指向模糊或与领导幽默归因表述明显存在偏差的条目。第三，主轴分类。我们对合并与精减之后的条目进行分类命名处理，凝练条目主范畴。第四，条目确认性处理。为进一步确保研究内容的效度，我们实施定量确认性归类操作，将两次均无法归类或归类不一致的条目进行剔除。图 3-1 为访谈资料整理及编码的基本思路。

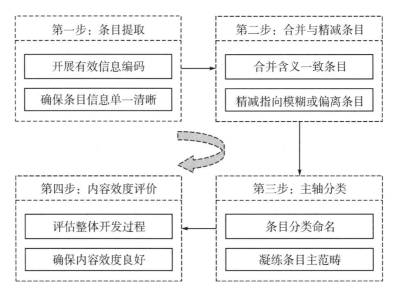

图 3-1 访谈资料整理及编码的基本思路

（1）条目提取

Hinkin（1995）强调，针对研究领域的样本调研是开发条目的基本前提，由于题项几乎不太可能完全囊括目标概念，因而我们需要反复凝练代表条目，尽可能充分地覆盖目标领域。本研究依照深度访谈范式，以获取员工对于领导幽默动机归因的初始条目。以下是部分访谈案例与分析：

样本 7 的访谈对象提出了，领导通过幽默的方式化解了尴尬氛围，并巧妙提醒我们工作中的错误。领导幽默既让大家感觉相对轻松，也激励了大家，使大家在工作中表现得更好。这启示我们，领导幽默的目的，可能是为了缓解尴尬氛围，也有可能是为了巧妙提醒工作改进或者促进工作者努力。具体案例详见样本 7。

*作为一名外科医生，我每天都有很多手术要做，有时候一台手术会持续七八个小时。有一天，我们团队在进行一台切除性手术时由于一些突发状况，手术时间持续了九个多小时。这个时候，无论是医生还是护士，都感觉比较疲惫。尽管是常规手术，但出现突发状况，大家都有一些紧张。虽然大家都是全神贯注地参与手术，然而在一次传递手术工具的过程中，一名护士将手术工具递错了。这时，我们团队的主刀主任就笑着略带责备地说道："小乐同志，你肯定是觉得大家都太累了，想让我们减慢一下速度，休息一下是吧？"我觉得主刀主任通过幽默的方式化解了工作失

误的尴尬氛围，并以巧妙的方式提醒我们工作中的错误或者问题。此外，在一次会议中，领导给我们提出了未来一年的工作计划，方案设计确实非常高大上，但我们都担心因为方案过于宏伟，任务挑战巨大，我们的能力和精力难以匹配。于是，在交流过程中未能给予领导较多的正面反馈。他可能也意识到氛围尴尬以及大家的难处，便开玩笑说道："难道你们都是属鼠的吗，咋都那么鼠目寸光呢？"经他这样一说，大家都被他逗笑了，也更愿意去理解方案的长远规划以及他的用心良苦。这种幽默既让大家感觉相对轻松，也加强了我们对于工作目标的信念，激励我们表现得更好。（样本 7）

样本 14 的访谈对象提出了，巧妙的领导幽默不仅化解了尴尬氛围，带来愉悦感知，还拉近了同事关系，赢得其上司或员工的信任和认可。这启示我们领导幽默的目的可能是化解尴尬氛围、带来愉悦感知或赢得他人信任。具体案例详见样本 14。

*有一次领导幽默的经历让我印象非常深刻，在一次办公会议上，一位员工正忙着给在座领导掺茶。可是一不小心被凳子绊了一下，把一位女领导的杯子碰翻了，洒得领导衣服上都是茶水。由于是夏天，女领导的白衬衣都被茶水染黄了，看起来非常明显，她也显得有点生气，会议现场氛围也变得尴尬。这时，这位员工的主管领导，也是一名女性，就赶快跑上前去帮着递纸擦拭，并笑着责备道："你这个小同志是怎么回事，这么大的会议室，这么多美丽如花的美女可以浇灌，你还不愿意，偏偏挑我们最漂亮的大领导进行特别照顾，你这是故意的吧，哈哈！"这次幽默经历，让我感受到幽默的重要性，不仅化解了尴尬氛围，还让领导更加愉快。这不仅有助于员工对这个帮着说话的领导更为感激，拉近关系，也有助于提升大领导对她的好印象。此外，我们总监也是一个很有意思，比较有亲和力的领导，同事们也经常跟他开玩笑。有一次，我上午去找了他好多次都没有找到，中午碰到他的时候就跟他开玩笑说道："今天上午这么忙啊，怎么都没在位置上看到你。"总监则回复："一年以后这个位置就是你的了，你也会跟我一样经常不在位置上。"领导的巧妙幽默不仅带来了大家的愉悦感知，也让被调侃的我感知到领导的信任和认可，更让我为了有可能的目标加倍努力。（样本 14）

样本 10 的访谈对象提出了，领导通过巧妙委婉的幽默方式提醒工作中需要注意的问题以及工作的技巧要求，让作为员工的我更加容易接受。这启示我们领导幽默的目的可能是巧妙提醒员工工作中存在的问题、注意工作技巧或促进工作努力。具体案例详见样本 10。

　　*我的主管领导也是一个比较幽默的人，在跟他的交流过程中，总会有很多有趣的经历。比如，有一次他来我们办公室交流一些工作问题。交流完了之后，他瞥了一眼我凌乱的办公桌，然后幽默地说道："小王，咋的呢，最近收入是不是不太满意啊，要兼职摆地摊了？"领导通过巧妙委婉的方式提醒我工作中需要注意的问题，既让我认识到了需要改进的地方，同时也避免了直接指出问题带来的排斥心理。又有一次，我们单位新增了一台测量仪器，这台仪器是主管领导专门购买的。由于只有他会仪器的操作方法，他就给大家提前培训了仪器具体操作步骤，以及测量图谱的绘制程序。可是我因为没有认真听讲，好几次测试都没操作好，图谱曲线的相关系数也存在一些问题。有一次他发现我这个问题后，就笑嘻嘻地跟我说："小王啊，你这个曲线要是做不好，你就慢慢在这里练习，也别太着急，别担心午饭凉了，我们不会让你的午饭浪费的。"后来没多久我就把曲线做好了。为了提高工作技巧，领导直接指出了工作需要提升的地方，虽然会给我造成一定压力，但通过幽默的方式让我更容易接受，也更有进步的动力。（样本 10）

　　样本 25 的访谈对象提出，看似为了提升业务销量的领导幽默，实际上可能隐藏着炫耀自夸，让人感觉虚伪做作。并且，领导可能通过幽默来敷衍存在的问题。这启示我们，在员工看来，领导幽默动机可能是炫耀自身能力或敷衍自身问题。具体案例详见样本 25。

　　*作为银行职员，我们有一定的附加销售业务要求。尽管大家在工作之余都会想尽办法推销相关产品，但是由于业务要求较高，团队内部中只有很少的员工能够完成销售任务。因此，我们的分管领导在开会中，为了激励我们达到业务要求，她通过分享自己当初是如何推销产品，如何挖掘客户，幽默地告诉我们工作努力的重要性，并突出了她的过人之处。最初，我们都受到一定的鼓励，认为她的幽默分享是真心为了团队发展，为了大家好。可是，在一次偶然的机会下，我们才发现她所有的这些业务都是通过销售给她的老公来完成的。因此，虽然她的幽默看似是为了大家业务进步，但当我们发现真相后，这种幽默让我们感觉就是一种炫耀自夸和一种虚伪做作。此外，有个部门领导带我们一起做一个普通项目，由于前期任务分工以及领导没有根据实际情况调整工作思路等，大家都未能全身心投入，最后项目结果不太理想。在工作总结的时候，领导可能碍于面子，就假装没有把这个事情放在心上，也完全没有承认自己的疏忽，还用

开玩笑的语气跟我们说："做惯了大项目，回过头来反而不适应这种小项目。"这样的幽默让我无所适从，*领导为了敷衍问题，以幽默方式逃避自身责任。*（样本25）

考虑到访谈记录内容既包含具体关于领导幽默动机的描述，也包含部分无效信息，因此，我们参考侯烜方等（2014）的做法，分别邀请2名博士生和3名硕士生严格按照以下四个原则进行条目筛选和提取：①筛选含义清晰且指向单一的条目。例如，筛选条目"为了拉近彼此关系距离""为了促进员工提升工作质量""为了炫耀自身才能"等。②提炼或分解表达清晰但包含多重意思的条目。例如，"为了氛围轻松愉快便于互动，希望获得更多员工的信任和认可"分解为"为了团队氛围更加轻松""为了加强团队互动水平""为了获得员工信任"。③剔除明显偏离领导幽默动机描述的条目。例如，删除"为了实现领导个人价值""为了留住员工""为了改善员工身心健康"。④将同一访谈对象多次提出的含义相同的描述进行条目合并。例如，"为了加强与员工之间的关系"和"为了拉近与下级之间的工作关系"合并为"为了加强与员工之间的工作关系"。按照上述原则，本研究初步获得176个条目。

（2）合并与精减条目

参考姜定宇等（2003）的做法，2名博士生和3名硕士生对176个条目进行同类项合并。第一，对于描述相同与表述一致的重复条目进行合并。例如，很多访谈对象都有提到，领导幽默是"为了与员工愉快相处"，合并不同访谈对象提出的相同动机归因条目。该步骤后，条目缩减为97个。第二，对于表述内容相近的条目进行二次合并。该步骤无须过多抽象概括，以直观方式判断初始条目表达是否相近。例如，"为了增进与员工之间的友谊"与"为了加强与员工之间的关系"合并为"为了增进与员工之间的友谊"。该步骤后，剩余46个条目。第三，为了确保领导幽默动机归因条目的准确性和适应性，本研究邀请2名人力资源管理专业教授对表达不够清晰且与领导幽默动机归因本质联系不够紧密的条目进行剔除。例如，删除"为了实现更高的个人价值"条目。最后，对获得的31个条目按其属性进行粘合，从而形成可区分副范畴。

（3）主轴分类

为形成清晰的领导幽默动机归因分类，本研究参考Farh等（2004）的做法，对精减后的条目进行主轴分类命名。第一，为了避免已有理解影响分类结果，我们重新邀请3名对领导幽默归因并不清楚的人力资源管理专业博士生对精减后的条目进行归类。分类过程中，3名博士生均需要独立思考不同类别的条目所指向的构念。具体分类原则为：①每个独立条目仅能归入一个类别；②每种分类下的条目数量不受限制；③无法归类条目归为一个类别。第二，归类结束后，大家分别报告各类别命名、归类关系及结果，并对归类差异进行讨论。第三，在充分了解各自归类结果和类别差异后，大家再对归类结果进行思考和调整，最终形成一致的类别命名。

经过上述分类研究过程后，31个条目中经过讨论仍无法分类或3人分类完全不一致的条目合计7个，直接删除这7个条目。最终形成领导幽默动机归因的24个条目，包括3个主范畴：关系改进动机、绩效改进动机和印象操控动机。

表3-3展示了从领导幽默动机访谈资料中提取初始条目，进而形成副范畴和主范畴的提炼过程。

表3-3　领导幽默动机归因编码过程

主范畴	副范畴	初始条目	访谈记录典型样本举例
关系改进动机	增进人际关系	为了获得员工好感	1. 工作之余，领导会分享一些有趣的事情，在相互交流中拉近彼此的距离，让大家对他更有好感。 2. 在领导需要对员工进行批评教育时，委婉而艺术的表达可以让员工更容易理解，也能让员工更好地接受这种领导风格
		为了获得员工的支持	1. 讨论方案时我们与领导想法不一致，领导通过幽默的方式给我们详细讲解方案，让大家更清楚了解方案，最后我们支持她的方案。 2. 在布置一项有难度和压力的工作时，大家都感觉有挑战，领导用诙谐幽默的方式进行任务分配，使得大家理解他的苦衷并支持他
		为了增进与员工之间的友谊	1. 因为社区拆迁工作面临的人群复杂、任务艰巨，领导会用幽默的话语激励我们，并和我们一起工作，让我们觉得领导是设身处地为我们着想，有助于增强彼此的友谊。 2. 领导凭借恰当适宜的幽默调剂，能够让大家产生共鸣，拉近同事间距离，有助于建立良好的关系
	关心和支持员工	为员工提供必要的指导和支持	1. 在进行项目款项交付工作时，我遇到了一些阻碍，领导以调侃的方式积极开导指引，让我有信心接着坚持下去。 2. 当听到员工关于未来的设想后，领导结合自身经历，幽默地建议和指导员工未来职业发展规划。 3. 有一次因为接触很久的客户放弃订单，心情压抑，领导知道后主动与我交流接触不同客户的经验，用幽默的语言勉励我不要放弃，并分享了一些解决问题的方法和工作技巧
		为了关心员工的感受	1. 我刚进单位时比较紧张，工作有点放不开手脚，领导主动来找我聊天，他给我分享自己最初进单位时发生的有趣经历，让我坦然面对工作环境和人际关系，这对我融入团队有很大帮助。 2. 有一次因为接触很久的客户放弃订单，心情比较压抑，领导知道后主动与我交流接触不同客户的经验，用幽默的语言勉励我不要放弃，让我更有斗志。 3. 在各班成绩排名沟通会上，领导幽默地安慰成绩排名靠后的班级老师，说他们比成绩高的班级更有潜力和提升空间，让落后的老师避免了尴尬，也意识到了差距。 4. 闲暇时刻，领导会主动和我们交流碰到的一些趣事，以此作为切入点，了解我们工作和生活中的问题，照顾大家的感受

表3-3（续）

主范畴	副范畴	初始条目	访谈记录典型样本举例
关系改进动机	改善团队氛围	为了与员工愉快相处	1. 和幽默的领导一起工作比较轻松愉悦。 2. 员工和领导开玩笑时，领导幽默地接住了他的玩笑，让彼此的聊天更加轻松愉快
		为了营造和谐的工作环境	1. 幽默的领导能够营造一种和谐的氛围，让上下级之间交流更顺畅，关系更融洽。 2. 在一次项目讨论会上，因成员内部意见分歧较大导致会议氛围非常紧张，领导巧妙地开了一个玩笑，化解了团队紧张的气氛。 3. 开会前，领导用幽默的方式告诉大家放轻松，化解了紧张的氛围
		缓解员工工作压力	1. 任务分配会上，领导用幽默的例子告诉我们要勇敢试错，犯错比不做对能力提升更有效，简单的寒暄调侃让大家如释重负。 2. 当存贷款任务比较重、业绩压力比较大的时候，领导会主动给我们分享有趣经历，鼓励大家越挫越勇，以此来缓解大家的工作压力
		提升团队凝聚力	1. 春节后返工，领导通过员工抖音的有趣案例为切入点，简单一句话打破了大家交流的阻碍，促进了团队内部的交流互动
	提升沟通水平	让员工更好地表达	1. 太威严的领导让员工只敢表达表面的工作观点，而幽默的领导能让员工不那么畏惧，能够真实地表达自己的工作想法
		从员工那里得到更多的信息或反馈	1. 领导通过幽默的沟通方式打破上下级的层级阻隔，以此获取到更多来自员工视角的信息，而不仅仅是办公室里公式化的反馈。 2. 非工作时间，领导会分享一些自己知道的趣事，通过幽默轻松诙谐的方式促进彼此沟通，了解我们的想法，获取工作反馈
绩效改进动机	促使员工努力工作	希望促使员工更加努力地工作	1. 领导幽默可以促使员工积极工作，认真思考，发挥主人翁的热情，使单位工作良性发展。 2. 领导适当的幽默鼓励，可以让员工带着拼劲工作、开心工作、踏实工作。 3. 年末银行柜台存贷任务重，领导常开玩笑让大家放松心态，员工觉得自己的努力被领导看见、理解，工作会更加积极、更有热情
	促使员工超额完成工作	希望员工按要求或者超额完成任务	1. 领导希望我们完成一项任务时，常幽默地借用古装剧里的台词，让我们感觉恰如其分，又不生硬地明白任务的重要性和紧迫性。 2. 领导在安排员工完成任务时，常幽默地告诉员工任务与激励和惩罚如影随形，员工就更能主动去完成任务。 3. 领导在安排重要且有压力的任务时，会以幽默调侃的方式督促我们推进任务，这样我们也更容易接受，并且会主动积极跟进
	促使员工改善工作质量	以友善的方式巧妙指出工作问题	1. 领导看到我办公桌面凌乱，他就幽默说道："最近收入是不是不太满意啊，要兼职摆地摊了？"领导通过巧妙委婉的方式提醒我工作中需要注意的问题，既让我认识到了需要改进的地方，同时也避免了直接指出带来的排斥心理。 2. 当大家工作繁忙的时候，领导常常会以幽默巧妙的方式提醒无所事事的员工尽快投入工作。 3. 当员工在工作中出现失误时，直接批评可能会适得其反，而委婉地、艺术地、幽默地表达一些批评意见时，员工更容易接受并改正。 4. 有一次账务算错了，领导以诙谐、平易近人的语气提醒我下次注意，让我意识到问题的严重性
		促使员工提升工作水平	1. 当领导用幽默的语气和我沟通工作任务时，会促使我换位思考，去感受他幽默的本意，然后反思自己工作的不足，提醒自己不断改进，提高工作水平。 2. 领导幽默说道："小王啊，你这个曲线要是做不好，你就慢慢在这里练习，也别太着急，别担心午饭凉了，我们不会让你的午餐浪费的。"为了提高工作技巧，领导直接指出了工作需要提升的地方，虽然会给我造成一定压力，但这种幽默的方式让我更容易接受，也更有进步的动力

表3-3(续)

主范畴	副范畴	初始条目	访谈记录典型样本举例
绩效改进动机	促使员工改善工作质量	提高员工的工作效率	1. 情绪是会传染的,如果目标任务较重,领导又不注重自己的表达方式,将压力向下传导,员工会被这种负面情绪所影响,影响工作效率,反之,领导幽默却能化解这些负面情绪,提升工作效率。 2. 在一次项目讨论会上,因流程分歧导致会议停滞不前,此时领导的一句幽默调侃缓解了尴尬气氛,迅速敲定了项目方案,提升了整个团队的工作效率。 3. 在进行社区拆迁工作时,领导会用一些幽默的话语激励我们,让大家的工作激情和工作效率提高很多
印象操控动机	获取私利	企图通过操控幽默来获得个人私利	1. 我觉得领导表现幽默是为了想让员工为他工作,实现自身利益,以此获取私利。 2. 领导幽默是为了大家感觉好一点,迷惑大家,让大家努力为实现他的目的而工作
		企图通过操控幽默来炫耀自身能力	1. 当我工作出现失误的时候,领导会用自以为幽默的语言和我交流,但这并没有让我觉得他在安慰我,反而是在炫耀他的能力很强。 2. 领导会用一种自以为开玩笑的方式和我们交谈,呈现出一种高高在上、炫耀自己的感觉,也就是常说的"凡尔赛"。 3. 领导帮助新员工解决问题后,却以此作为笑柄,告诉大家不管做多长时间都达不到他的水平
	影响员工	企图通过操控幽默来影响员工	召开人事会时,领导用嘲笑的语气指出平时工作中的一些问题,要求我们重视并改正,然而我们觉得他是在吓唬大家,心里并不接受
		企图通过操控幽默来引起员工的注意	1. 大家很忙的时候就会很长一段时间都不说话,这时主管领导为了打破安静就会开个玩笑,大家根本都没时间去回应,但是作为员工又不得不去回应他。 2. 我们领导打喷嚏的时候会加一些动作,并说一些显得有趣的话语,但我们觉得过于夸张,可能是想引起大家注意
	弱化问题	企图通过操控幽默来敷衍组织里存在的问题	1. 项目初期领导陪同我们去拜访客户,过程中产生的费用都由我们承担,领导却开玩笑说他不仅承担了费用还花费了很多时间,打算以此鼓励大家不要只看到效益,但我们却认为他是想回避费用处理的问题。 2. 由于教室夏天温度高,老师和学生都希望能够安装空调,但领导却开玩笑说:"天将降大任于斯人也,必先苦其心志,劳其筋骨。"搪塞和掩盖办学硬件需要改善的问题
		企图通过操控幽默来敷衍领导者自身的问题	1. 校长在处理一个工作问题时,大家都认为思路可能不太对,最后结果确实不太理想,但他却以开玩笑的方式敷衍过去。 2. 有一次领导带我们做一个相对不是很大的项目,过程中他没有接受大家的意见和建议,最后实施效果不理想,他却开玩笑说做惯大项目反而做不惯小项目了,不承认自己的疏忽,敷衍此事

注:作者根据访谈资料整理所得。

(4)访谈资料梳理过程回顾

为了更全面、客观、科学地探析中国组织情境下的领导幽默动机归因的结构,本研究梳理了领导幽默动机的理论脉络,根据扎根理论研究方法开展组织实践中的深度访谈。本研究按照三个步骤获取和提炼领导幽默动机初始条目(在访谈资料整理及编码部分已做详细说明)。具体来说,第一,条目提取。参考侯烜方等(2014)的做法,本研究邀请2名博士生和3名硕士生严格按照四个原则对访谈记录信息进行条目提取,例如,筛选含义清晰且指向单一的条目,剔除明显偏离领导幽默动机描述的条目等。

此步骤初步获得 176 个条目。第二，合并与精减条目。参考姜定宇等（2003）的做法，按照三个原则对初始条目进行同类项合并。例如，对描述相同和表述一致的重复条目进行合并，对表述内容相近的条目进行二次合并，并邀请 2 名人力资源管理专业教授对表达不够清晰，且与领导幽默动机归因本质联系不够紧密的条目进行剔除。例如，删除"为了实现更高的个人价值"条目。此步骤后剩余 31 个条目，按其属性进行粘合，形成可区分副范畴共计 10 个。第三，主轴分类。参考 Farh 等（2004）的做法，按照三个原则对精减后的条目进行主轴分类命名。例如，重新邀请 3 名对领导幽默归因并不清楚的人力资源管理专业博士生对精减后的条目进行归类。归类结束后，3 名博士生分别报告各类别命名、归类关系及结果，并对归类差异进行讨论。在充分了解各自归类结果和类别差异后，再对归类结果进行思考和调整，最终形成一致的类别命名。最终形成的领导幽默动机归因的 24 个条目，包括 3 个主范畴：关系改进动机、绩效改进动机和印象操控动机。可见，整个过程严格按照质性研究规范步骤实施，最后得到了较有代表性的测量指标。因此，本研究不仅在理论构念和内涵上，还在定性分析过程中，都尽量保证领导幽默动机归因初始条目具有良好效度。

3.3　结构确定与命名

幽默主要是通过影响个体情感和认知过程来实现人际吸引（Cooper，2002a）。幽默表达是否有效取决于幽默接收者对幽默表达的欣赏程度以及有用程度（Cooper，2005）。根据归因理论，个体会对他人行为做出何种反应，主要取决于他对这种行为原因的理解和认知（Rioux，Penner，2001）。作为幽默接收者，他们会依据以下三个标准对领导幽默进行判别：①领导表达幽默时的动机；②领导表达的幽默是否与所处情境相匹配；③领导表达的幽默是否会带来伤害（Cooper，2005）。基于对他人行为动机的识别和判断将显著影响个体的行为反应（Cheung et al.，2014）。根据幽默关系过程模型（relational process model of humor），幽默发挥着"人际关系润滑剂"的重要功能，员工可能会将领导幽默解读为启动或维持高质量关系的"关系提议"信号（Crawford，1994；Cooper，2008）。因此，随着时间推移，幽默可能有助于领导和员工之间形成积极和稳定的关系（Pundt, Herrmann, 2015），显然这是符合关系改进动机归因维度的。同时，根据扎根理论和深度访谈程序，凝练获取的绩效改进动机归因和印象操控动机归因，具有良好的内容效度。考虑到归因维度选择的代表性、全面性以及边界清晰性等约束条件，我们将关系改进动机归因、绩效改进动机归因和印象操控动机归因的具体内涵解释如下。

关系改进动机归因是指在员工看来，领导幽默的目的是与其建立积极关系。这体现出领导对员工的欣赏和好感，传递着一种友谊和认可的信号（Cooper, 2008）。幽默对于职场关系建立和维护的重要作用已得到广泛验证（Bowling, 2000；Pundt, Venz, 2017；Cooper et al., 2018）。Decker 和 Rotondo（2001）强调，幽默是领导和员工良好关系的产物，在员工看来，擅长运用幽默的领导更注重人际关系。在深度访谈过程中，访谈对象提到，"太威严的领导让员工只敢表达表面的工作观点，而幽默的领导能让员工不那么畏惧，能够真实表达自己的工作想法""领导会用幽默的话语鼓励我们，并和我们一起工作，让我们觉得领导在设身处地为我们着想，有助于增强彼此之间的友谊""领导会分享一些有趣的事情，在相互交流中拉近了彼此的距离，让大家对他更有好感"。基于此，在关系改进动机归因情况下，员工认为，领导表现出幽默的目的可能是为了拉近与他们之间的关系，获得好感，促进他们更好地表达观点等。进一步地，由于幽默是一种能够诱发个体情感反应的有效沟通方式，在人际关系中扮演着润滑剂的重要角色（Crawford, 1994），因此，幽默这种形式特殊的沟通方式，能够有效提升领导与员工之间的关系质量，为员工注入工作信心和动力，从而诱发员工的积极情绪。

绩效改进动机归因是指在员工看来，领导幽默是出于成就和绩效考虑，是为了实现更高的组织任务目标。当个体认为他所观察到的领导行为是有益的，如利于组织目标或个人职业发展、薪酬利益等，他们将会更认可这种行为（Owens, Hekman, 2012；Liu et al., 2012）。因此，作为员工，他们将感激这种来自领导层为了绩效的行为表现（Day, Crain, 1992），并通过加强自身努力、增强工作投入等方式来回报。在深度访谈过程中，访谈对象提到，"领导看到我办公桌面凌乱，他就幽默地说道，最近收入是不是不太满意，要兼职摆地摊了""领导幽默地说道，小王，你这个曲线要是做不好，你就慢慢在这里练习，也别太着急，别担心午饭凉了，我们不会让你的午饭浪费的"。基于此，在绩效改进动机归因情况下，员工认为，领导表现出幽默的目的可能是以巧妙方式传递工作要求，或者希望以委婉友善的方式提醒员工的错误或问题，是一种体恤员工的重要体现，这种方式能让员工易于接受，促使员工更加努力工作，超额完成工作任务等。总的来说，当员工将领导幽默动机解读为绩效改进时，他们将认为这种幽默是有利于自身利益和未来职业发展的，进而主动寻求卓越表现，不断增强自身工作投入以实现工作目标。

印象操控动机归因是指在员工看来，领导强调的价值观与实际行为之间存在明显差异，领导幽默是一种表面、虚伪和为了自身利益的自私行为，伴随着言行不一致的工具性行为特征。这是因为，领导为了塑造有利形象、社会声望或获取自身利益，可能会根据情境需要，通过印象操控的方式呈现出公众认可的一面（Lam，Huang，Snape，2007），有所选择和有目的性地表达幽默。然而，这种幽默行为往往会被视作带有操纵、控制和伪装的嫌疑，员工将对领导行为的真实意图产生怀疑（毛江华 等，2017）。在深度访谈过程中，访谈对象提到，"领导在项目实施过程中由于固执己见，最后实施效果不理想，他却开玩笑说做惯大项目反而做不惯小项目了，不承认自己的疏忽，敷衍此事""领导帮助新员工解决问题后，却以此作为笑柄，告诉大家不管做多长时间都达不到他的水平"。基于此，在印象操控动机归因情况下，员工认为，领导表现出幽默的目的可能是为了炫耀自身才能，掩盖自身问题或获取个人私利等。在高印象操控动机归因下，员工将质疑领导言行的真实性和可信度，进而形成关于领导不诚实、不可靠以及爱算计的感知，最终使得领导影响力和形象大打折扣（Yorges，Weiss，Strickland，1999）。

因此，本研究从员工视角出发，基于归因理论，从关系改进动机归因、绩效改进动机归因和印象操控动机归因三个方面，探讨员工对领导幽默背后动机的感知。进一步地，为了便于后续量表开发步骤的实施，本研究对不同条目进行编码，具体内容见表3-4。

表 3-4　领导幽默动机归因的条目分布

维度	问卷条目
关系改进动机	A1. 为了从员工那里得到更多的信息或者反馈
	A2. 为了更好了解员工
	A3. 为了让员工更好表达想法
	A4. 为了加强与员工之间的工作关系
	A5. 为了表达对员工的欣赏
	A6. 为了获得员工的好感
	A7. 为了支持员工的发展
	A8. 为了更好地与员工沟通组织目标和策略
	A9. 为了增进与员工之间的友谊
	A10. 为了关心员工的感受
	A11. 为了营造和谐的工作环境
绩效改进动机	B12. 希望以友善的方式提醒员工的错误或问题
	B13. 希望促使员工更加努力工作
	B14. 希望激励员工实现自己的绩效目标
	B15. 希望提高员工的工作效率
	B16. 希望能够促使员工超额完成任务
	B17. 希望帮助员工提高工作绩效
	B18. 希望促使员工提升工作质量
印象操控动机	C19. 企图通过操控幽默来实施对员工的影响
	C20. 企图通过操控幽默来谋取领导者个人私利
	C21. 企图通过操控幽默来炫耀自身才能
	C22. 企图通过操控幽默来获得认可或其他组织上的奖励
	C23. 企图通过操控幽默来获取潜在组织回报
	C24. 企图通过操控幽默来掩盖领导者自身存在的问题

3.4　本章小结

本研究严格遵循深度访谈等质性研究方法，主要从以下三个方面获取关于领导幽默动机归因的内涵。一是，通过半结构化访谈的方式采访了医生、教师等 32 名代表对象，获取关于领导幽默动机归因的基础资料。二是，对已获取的领导幽默访谈资料进行分类编码和归纳演绎。三是，对领导幽默动机归因内涵进行描述，分为关系改进动机归因、绩效改进动机归因和印象操控动机归因三个方面，初始条目合计 24 条，为下一章量表开发奠定基础。

4 领导幽默动机归因的量表开发

4.1 思路及设计

本研究采用定性和定量分析相结合的方法，严格遵循量表开发标准程序，依次通过初始条目建立、量表预测试、量表条目净化、探索性因子分析和验证性因子分析等步骤完成领导幽默动机归因量表的开发（Hinkin，1998）。具体而言，本研究的量表开发主要包括四个流程：第一，初始量表条目获取，通过半结构式访谈和专家讨论获取可能的测量条目；第二，量表条目净化，借助 T 检验、CITC 检验等手段对初始条目进行净化；第三，探索性因子分析，利用统计方法分析数据间潜在的相关关系；第四，验证性因子分析，检验量表的信度和效度，确定构念的稳定性，如竞争模型检验。量表开发的程序见图 4-1。

4.2 量表条目生成

关于领导幽默动机归因的量表生成主要包括三个步骤：首先，初始条目生成。基于对 32 名员工开展的半结构化访谈，我们对访谈资料进行分析，提炼生成 176 个初始条目。其次，合并与精减条目。经由 2 名博士生和 3 名硕士生反复多次地删除条目、合并条目，对条目进行适当调整后，获得了 46 个条目，然后邀请熟悉本研究领域的 2 名人力资源管理专业教授作为评价专家，从专业的研究视角对 46 个条目进行审阅。审阅的目的包括两方面：其一是分析条目的逻辑性，其二是修订和调整条目的表达，使其与研究情境更相符，且更为精简凝练、通俗易懂。此步骤后剩余 31 个条目，按其属性进行粘合，形成可区分副范畴共计 10 个。最后，主轴分类。参考 Farh 等（2004）的做法，对精减后的条目进行主轴分类命名。重新邀请 3 名对领导幽默归因并不清楚的人力资源管理专业博士生对精减后的条目进行归类，最终形成领导幽默动机归因的 24 个条目，包括 3 个主范畴：关系改进动机、绩效改进动机和印象操控动机。例如，"因为社区拆迁工作面临的人群复杂、任务艰巨，领导会用幽默的话语激励我们，并和我们一起工作，让我们觉得领导在设身处地为我们着想，有助于增强彼此的友谊"符合关系改进动机特征；"年末银行柜台存贷任务重，领导常开玩笑让大家放松心态，员工觉得自己的努力被领导看见、理解，工作会更加积极、更有热情"符合绩效改进动机特征；"项目初期领导陪同我们去拜访客户，过程中产生的费用都由我们承担，领导却开玩笑说他不仅承担了费用还花费了很多时间，打算以此来鼓励大家不要只看到效益，但我们却认为他是想回避费用处理的问题"符合印象操控动机特征。这为之后开展对量表的探索性因子分析等步骤奠定了基础。

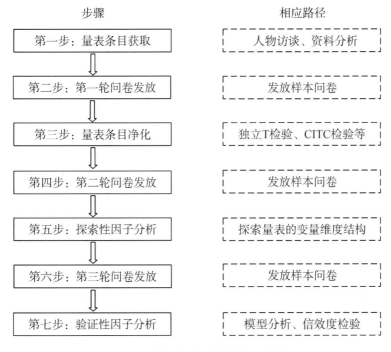

图 4-1　领导幽默动机归因量表开发程序

4.3 初始量表数据获取

在完成了含有 24 个初始条目的领导幽默归因动机量表的编制后，本研究通过发放第一轮问卷来收集数据，以便后续对初始量表条目进行净化。为了更好地分析领导幽默动机归因的因子结构及其测量有效性，本研究选择西南地区某高校 MBA 学员（从事全职工作）作为调研对象。为了确保研究问卷的科学性和准确性，研究者首先向该 MBA 中心负责人讲解了问卷调研目的、方式和流程等内容；其次，在中心负责人的支持与配合下，基于数据可获取程序、问卷保密性和匿名性原则，中心管理处向调研对象发放包含 24 个条目的领导幽默动机归因的问卷；最后，为确保每位学员独立填写问卷，避免代填问卷情况，学员被要求在指定时间内将填答完毕的问卷交回中心联络人处。

量表采用李克特五点计分法（数值 1 为"非常不同意"，数值 5 为"非常同意"），问卷内容详见附录 2。第一轮调研共发放了 250 份问卷，回收了 196 份有效问卷，有效率为 78.4%。表 4-1 为领导幽默动机归因的第一轮问卷调研信息。

表 4-1 领导幽默动机归因的第一轮问卷调研信息

指标	类别	频数	百分比
性别	男	66	33.67%
	女	130	66.33%
年龄	29 岁及以下	109	55.61%
	30~39 岁	83	42.35%
	40 岁及以上	4	2.04%
单位性质	党政事业单位	86	43.88%
	国有企业	43	21.94%
	民营企业	32	16.33%
	外资企业	9	4.59%
	其他	26	13.78%

表4-1(续)

指标	类别	频数	百分比
	5 年及以下	90	45.92%
工作年限	6~10 年	85	43.37%
	11 年及以上	21	10.71%

表 4-1 描述了样本的分布情况，其中女性群体占样本总数的 66.33%，多于男性群体；同时，样本数据中 55.61% 的被调查者年龄在 29 岁及以下，年龄处于 30~39 岁的被调查者有 42.35%，年龄在 40 岁及以上占比为 2.04%；从单位性质来看，在党政事业单位工作的被调查者居多，占比为 43.88%，在国有企业和民营企业工作的被调查者占比分别为 21.94% 和 16.33%，而在外资企业工作的被调查者仅有 4.59%；在工作年限方面，超过一半的被调查者的工龄达到了 6 年及以上，占比为 54.08%，其余 45.92% 的被调查者工作年限在 5 年及以下。

4.4 初始条目的净化

针对第一轮问卷数据，本研究采用 SPSS 26.0 软件对领导幽默动机归因初始条目进行净化，主要包括条目 T 检验、条目相关系数检验、条目信度检验和效度检验四个步骤。

4.4.1 条目 T 检验

在进行领导幽默动机归因初始量表的 T 检验环节之前，我们首先需要进行正态分布检验，以确保被试数据的稳定和可靠（Spegle, Shearer, Srinivasan, 2002）。如表 4-2 所示，被试条目的偏度统计量绝对值均小于 3，峰度统计量绝对值均远小于 10，这表明初始数据呈现正态分布特征，满足实施独立样本 T 检验的先行条件。独立样本 T 检验的实质就是判断两个样本各自条目统计值之间的差异是否显著（$p < 0.05$）（薛薇，2012）。我们参考吴明隆（2010）的研究，首先，对所有数据按照总分数值高低进行排序；其次，找出高低分组 27% 处的分位数——88 和 108，即分数在 108 及以上的受试者为高分组，分数在 88 及以下的受试者为低分组。根据比较结

果的差异值（critical ratio, CR），未达到显著的条目则应当删除（Babbie, 2004）。在 CR 检验中，本研究所有条目均通过检验要求，因此无需删除条目。

表 4-2　领导幽默动机归因各条目数据正态性检测

条目	均值	偏度		峰度		条目	均值	偏度		峰度	
	统计量	统计量	标准差	统计量	标准差		统计量	统计量	标准差	统计量	标准差
A1	4.27	−1.40	.32	3.73	1.03	B13	3.95	−.13	.32	−.79	1.03
A2	3.84	−.53	.32	.51	1.03	B14	4.32	−1.12	.32	1.78	1.03
A3	3.64	−.36	.32	−.71	1.03	B15	4.35	−.97	.32	.96	1.03
A4	4.02	−.79	.32	.25	1.03	B16	4.11	−1.06	.32	1.15	1.03
A5	3.87	−.34	.32	−.07	1.03	B17	4.06	−.95	.32	.67	1.03
A6	3.75	−.48	.32	.53	1.03	B18	3.99	−.88	.32	.35	1.03
A7	3.96	−.67	.32	.06	1.03	C19	3.97	−.89	.32	.42	1.03
A8	4.15	−.97	.32	1.17	1.03	C20	3.86	−.56	.32	−.39	1.03
A9	4.22	−1.22	.32	2.63	1.03	C21	4.10	−.95	.32	.48	1.03
A10	4.23	−1.43	.32	2.26	1.03	C22	3.96	−.73	.32	.05	1.03
A11	3.73	−.69	.32	−.20	1.03	C23	4.12	−1.01	.32	.87	1.03
B12	3.99	−.43	.32	.32	1.03	C24	4.06	−.92	.32	.65	1.03

4.4.2　条目相关系数检验

除了以极端组的 CR 检验作为分析指标外，本研究还采用了同质性检验方法，考察单一条目与总分的相关程度。若某一条目与总分相关程度较低（相关系数小于 0.5），建议删除该条目（翁清雄，胡啸天，陈银龄，2018）。领导幽默动机归因各条目与总分的相关系数见表 4-3。根据表 4-3，条目 A1，A10 与总分的相关系数低于 0.5 这一阈值，未通过相关系数检验，故删除条目 A1，A10。

表 4-3　领导幽默动机归因各条目与总分相关度

条目	领导幽默动机归因总分	条目	领导幽默动机归因总分	条目	领导幽默动机归因总分
A1	.499	A9	.714	B17	.752
A2	.865	A10	.495	B18	.765

表4-3（续）

条目	领导幽默动机归因总分	条目	领导幽默动机归因总分	条目	领导幽默动机归因总分
A3	.746	A11	.700	C19	.819
A4	.649	B12	.795	C20	.689
A5	.829	B13	.861	C21	.789
A6	.813	B14	.646	C22	.794
A7	.609	B15	.652	C23	.801
A8	.554	B16	.640	C24	.859

4.4.3　条目信度检验

作为研究分析中的重要检验指标之一，信度（reliability）能够有效衡量量表的一致性、稳定性和可靠性（温忠麟，叶宝娟，2011）。在实务操作中，信度表现为真实分数与测量总体的方差比例。目前，研究主要以两个标准来进行信度检验，其一是 Cronbach's α 系数。在实际研究过程中，学者对可接受的最低 Cronbach's α 系数值观点略有不同，有学者认为以 0.6 为最低阈值（Devellis，1991），但大多数学者认为选择以 0.7 为最低阈值更为合理（Guielford，1965）。其二是单个条目的信度，即检验条目与总体相关系数（即 CITC）的情况，该系数被要求应不低于 0.5（Churchill，1979）。未删除项目前的 Cronbach's α 为 0.961，根据 Cronbach's α 不低于 0.7、CITC 不低于 0.5 的检验标准，22 个条目均通过了信度检验，具体检验结果见表4-4。

表 4-4　领导幽默动机归因量表的 CITC 分析

条目	删除项目后尺度平均数	修正的项目总相关	删除项目后 Cronbach's α	条目	删除项目后尺度平均数	修正的项目总相关	删除项目后 Cronbach's α
A2	88.418	.852	.956	B14	87.939	.615	.959
A3	88.617	.711	.958	B15	87.908	.620	.959
A4	88.240	.612	.959	B16	88.153	.598	.959
A5	88.393	.810	.957	B17	88.199	.730	.958
A6	88.510	.793	.957	B18	88.270	.741	.957

表4-4(续)

条目	删除项目后尺度平均数	修正的项目总相关	删除项目 Cronbach's α	条目	删除项目后尺度平均数	修正的项目总相关	删除项目 Cronbach's α
A7	88.301	.552	.959	C19	88.286	.802	.957
A8	88.112	.510	.960	C20	88.398	.656	.958
A9	88.041	.687	.958	C21	88.163	.773	.957
A11	88.526	.657	.959	C22	88.301	.777	.957
B12	88.265	.771	.957	C23	88.143	.785	.957
B13	88.306	.849	.957	C24	88.204	.849	.956

4.4.4 条目效度检验

效度（validity）指的是测验结果的有效性，主要考察结果的正确性或可靠性，心理学范畴将效度分为内容效度、结构效度和效标关联效度。其中，由于结构效度（construct validity）主要是通过理论分析和统计检验方法，验证因子与测量项的对应关系是否符合预期情况，因此，其常被视为效度检验的重要指标（吴明隆，2010）。而共同性（communalities）则是同质性检验的另一个测量指标，表示题项能够衡量共同特性的差异程度（吴明隆，2010）。简而言之，当领导幽默动机归因被限定为一个标的物时，条目的共同性数值愈高，表明该条目可测得的领导幽默动机归因水平愈高；反之，共同性水平愈低，则该条目可测得的领导幽默动机归因水平愈低，即题项与共同因素的关系愈不相关。同时，因素负荷量（factor loading）代表了题项与领导幽默动机归因测量物的关系水平。一般来说，根据侯烜方等（2014）的研究，因素负荷量不低于0.45则表明该条目与总量表的关系较为显著。从表4-5中可以看出，A4、A7、A8、B14、B15、B16六个条目的因素负荷量小于0.45（Bryman，Cramer，1997；侯烜方 等，2014），应考虑删除上述条目。经过上述T检验、相关系数检验、信度检验、效度检验等量表净化程序，本研究共删除8个条目。最终，领导幽默动机归因的测量量表包含A2，A3，A5，A6，A9，A11，B12，B13，B17，B18，C19，C20，C21，C22，C23，C24，共计16个条目。

表 4-5　领导幽默动机归因量表因素载荷

条目	初始	提取	条目	初始	提取
A2	1.000	.765	B14	1.000	.416
A3	1.000	.556	B15	1.000	.417
A4	1.000	.412	B16	1.000	.398
A5	1.000	.683	B17	1.000	.580
A6	1.000	.665	B18	1.000	.599
A7	1.000	.333	C19	1.000	.695
A8	1.000	.283	C20	1.000	.484
A9	1.000	.504	C21	1.000	.642
A11	1.000	.475	C22	1.000	.661
B12	1.000	.628	C23	1.000	.669
B13	1.000	.760	C24	1.000	.775

4.5　量表的生成与验证

4.5.1　研究对象与数据采集

为了对领导幽默动机归因量表进行探索性因子分析,本研究针对四川、云南、山东、北京等地多家企业的工作人员进行了问卷调研。首先,为了尽可能提升调研问卷的准确性和严谨性,我们在发放问卷之前,针对调研目的、调研方式等进行了说明,并对每个公司联络员进行了相关培训。其次,基于数据获取程序、问卷保密性和匿名性原则,我们通过电子邮件方式向企业员工发放了包含 16 个条目的领导幽默动机归因的量表。量表采用李克特五点计分法(数值 1 为"非常不同意",数值 5 为"非常同意"),问卷内容详见附录 3。最后,为保证问卷填写质量,本研究除了通过联络人利用私人关系叮嘱被试者认真填写外,还为被试者准备了价值 10元的礼品作为回馈。

第二轮调研共发放了 1 000 份问卷,剔除了作答时间过短或过长、所有条目均选择同一项答案的问卷,最后共回收了 808 份有效问卷,有效率为80.8%。参照量表开发规范程序，我们将获取的808份问卷随机分为两类。其中，第一类301份问卷实施探索性因子分析，第二类507份问卷则用于验证性因子分析（Si，Cullen，1998；Curhan，Elfenbein，Xu，2006）。

4.5.2 探索性因子分析

（1）样本信息

本研究采用探索性因子分析找出最适于测量领导幽默动机归因的条目，并初步检验其结构维度。用于探索性因子分析的问卷样本数据基本信息见表4-6。

表4-6 探索性因子分析的问卷样本数据基本信息

指标	类别	频数	百分比
性别	男	131	43.52%
	女	170	56.48%
年龄	29岁及以下	71	23.59%
	30~39岁	118	39.20%
	40岁及以上	112	37.21%
学历	高中及以下	30	9.97%
	专科	52	17.28%
	本科	150	49.83%
	硕士及以上	69	22.92%
单位性质	党政事业单位	116	38.54%
	国有企业	50	16.61%
	民营企业	65	21.59%
	外资企业	21	6.98%
	其他	49	16.28%
工作年限	5年及以下	70	23.26%
	6~10年	139	46.18%
	11年及以上	92	30.56%

表4-6描述了第二轮用于探索性因子分析的问卷样本信息，问卷调查中，女性被调查者占比为56.48%，略高于男性；同时，年龄在29岁及以

下的被调查者有 23.59%，年龄在 30~39 岁的被调查者有 39.20%，40 岁及以上被调查者有 37.21%，各年龄段样本分布较为均匀；在受教育程度方面，专科及以下学历的被调查者占比为 27.25%，本科学历为 49.83%，硕士及以上为 22.92%；单位性质方面，党政事业单位占比达 38.54%，国有企业和民营企业工作的被调查者占比分别为 16.61% 和 21.59%，而在外资企业工作的被调查者仅有 6.98%；从被调查者的工作年龄来看，工龄在 11 年及以上的被调查者占比为 30.56%，而工作年龄为 6~10 年的被调查者有 46.18%，接近样本总数的一半，其余 23.26% 的被调查者在本单位的工作年限则为 5 年及以下。

（2）结果分析

基于探索性因子分析的问卷样本数据，本研究采用 SPSS 26.0 软件对领导幽默动机归因净化后的 16 个条目开展了探索性因子分析，以期探究领导幽默动机归因的主要维度，同时检验量表维度与条目间的适配性。

首先，根据 Ford 等（1986）和郝旭光等（2021）的做法，在进行探索性因子分析之前，我们可以通过 KMO 值和 Bartlett 检测值对变量之间的相关性进行判断。当 KMO 值大于 0.8，则表明条目间具有共同因素（Dziuban，Shirkey，1974），适合开展探索性因子分析。根据表 4-7 的 KMO 和 Bartlett 检测结果，本研究的 KMO 值为 0.856，巴特利特球形度检验的近似卡方值为 2 557.105，自由度数值为 120，符合实施探索性因子分析的要求。

表 4-7　领导幽默动机归因量表的 KMO 和 Bartlett 检测

	KMO 和 Bartlett 检验	
KMO 取样适切性量数		. 856
Bartlett 球形度检验	近似卡方	2 557. 105
	自由度	120
	显著性	. 000

其次，根据 Devellis（1991）的做法，本研究采用主成分分析-直交旋转-最大变异法，从领导幽默动机归因的 16 个题项中提取出特征值大于 1 的因子，若满足总方差解释率数值大于 50% 的要求，则表明因素结构与理论构思较为符合。根据表 4-8 的数据，我们最终提取出 3 个特征值大于 1 的因子，3 个因子的总方差解释率为 62.382%，表明领导幽默动机归因量

表具有较好的构念效度，本轮问卷样本数据初步佐证了探索性因子分析结果。在此基础上，根据因素载荷数据可知，本研究理论分析得到的三因子结构得到较好的支持。

表 4-8　领导幽默动机归因量表探索性因子分析

成分	初始特征值			提取载荷平方和		旋转载荷平方和		
	特征值	解释方差 %	累计解释方差%	解释方差%	累计解释方差%	特征值	解释方差%	累计解释方差%
1	5.217	32.605	32.605	32.605	32.605	4.361	27.256	27.256
2	2.801	17.507	50.112	17.507	50.112	2.941	18.381	45.637
3	1.963	12.270	62.382	12.270	62.382	2.679	16.745	62.382

注：主成分分析法。

最后，为进一步优化因子结构，应当删除因子负荷低于 0.45 以及多重负荷之间相差不超过 0.35 的条目（Bryman，Cramer，1997；侯烜方 等，2014）。据此，本研究删除了因素载荷分别为 0.751、0.080、0.530 的条目 A2（为了更好了解员工），0.469、0.783、0.021 的条目 C20（牟取个人私利）以及 0.773、0.507、0.016 的条目 C22（获得认可或其他奖励）。

通过探索性因子分析结果发现，基于扎根理论分析开发的领导幽默动机归因量表得到初步验证。经过探索性因子分析获取的 3 个因子，13 个题项的量表的 Cronbach's α 系数为 0.94，因素载荷均较高，表明该量表具有良好的可靠性、稳定性。领导幽默动机归因条目的探索性因子分析结果如表 4-9 所示。

表 4-9　领导幽默动机归因条目探索性因子分析结果表

问卷条目	关系改进动机	绩效改进动机	印象操控动机
A3. 为了让员工更好表达想法	.867		
A5. 为了表达对员工的欣赏	.615		
A6. 为了获得员工的好感	.743		
A9. 为了增进与员工之间的友谊	.760		
A11. 为了营造和谐的工作环境	.844		

表4-9（续）

问卷条目	关系改进动机	绩效改进动机	印象操控动机
B12. 希望以友善的方式提醒员工的错误或问题		.743	
B13. 希望促使员工更加努力工作		.652	
B17. 希望促使员工超额完成任务		.860	
B18. 希望促使员工提升工作质量		.813	
C19. 企图通过操控幽默来实施对员工的影响			.752
C21. 企图通过操控幽默来炫耀自身才能			.695
C23. 企图通过操控幽默来获取潜在组织回报			.814
C24. 企图通过操控幽默来掩盖领导者自身存在的问题			.609
特征根	3.054	2.417	2.110
方差解释量（累计方差解释率为58.315%）	23.496	18.590	16.229

4.5.3 验证性因子分析

为了检验领导幽默动机归因量表的结构效度及其适用性，本研究也采用了验证性因子分析。

（1）样本信息

验证性因子分析的问卷样本数据基本信息见表4-10。

表4-10 验证性因子分析的问卷样本数据基本信息

指标	类别	频数	百分比
性别	男	282	55.62%
	女	225	44.38%
年龄	29 及以下	113	22.29%
	30~39 岁	162	31.95%
	40 岁及以上	232	45.76%

表4-10(续)

指标	类别	频数	百分比
学历	高中及以下	72	14.20%
	专科	142	28.01%
	本科	226	44.58%
	硕士及以上	67	13.21%
单位性质	党政事业单位	102	20.12%
	国有企业	109	21.50%
	民营企业	188	37.08%
	外资企业	35	6.90%
	其他	73	14.40%
工作年限	5年及以下	116	22.88%
	6~10年	95	18.74%
	11年及以上	296	58.38%

表4-10描述的是第二轮问卷中用于验证性因子分析的调查样本特征情况，在507份样本中，男性群体占样本总数的55.62%，略微高于女性群体；从年龄分布情况来看，年龄在29岁及以下的人群占比为22.29%，而年龄在40岁及以上的人群占比为45.76；在受教育程度方面，本科学历人数占样本总数比例最大，占比为44.58%，学历为高中及以下的人群占比为14.20%，而专科和硕士及以上的人数占比分别为28.01%和13.21%；就工作单位性质而言，在民营企业单位的人数占比最多（37.08%），在国有企业工作的人数占比次之（21.50%），而在党政事业单位和外资企业工作的人数占比分别为20.12%和6.90%。从被调查者工龄来看，工龄在11年及以上的被调查者占比为58.38%，同样超过了样本总数的一半，而工作年龄在6至10年之间的人数占比为18.74%，其余22.88%的被调查者在本单位的工作年限则为5年及以下。

（2）因子模型对比

在开发领导幽默动机归因量表的质性研究以及对该量表的探索性因子分析基础上，本研究已初步确定领导幽默动机归因是由3维度、13个题项组成的构念。为了进一步验证领导幽默动机归因的结构效度，本研究用

Mplus 8.3 进行了验证性因子分析。具体而言，通过对不同模型的指标进行分析与对比，进而筛选出最优的竞争模型。本研究共构建了 3 个竞争模型：单因子模型，即将关系改进动机、绩效改进动机、印象操控动机视作一个维度；双因子模型，即将关系改进动机和绩效改进动机视为一个维度，将印象操控动机单独作为一个维度；三因子模型，即将关系改进动机、绩效改进动机和印象操控动机分别视作三个独立维度。

验证性因子分析结果如表 4-11 所示，三因子模型的各指标值均位于可接受的数值范围内，模型拟合效果良好。然而，与三因子模型相比，二因子模型结构和单因子模型结构的各项指标数值均不处于阈值内，模型拟合效果差。总体而言，三因子模型结构（$\chi^2 = 194.07$，$df = 62$，$p < 0.001$，CFI $= 0.97$，TLI $= 0.97$，RMSEA $= 0.07$，SRMR $= 0.05$）拟合良好，其拟合优度显著优于二因子模型结构和单因子模型结构。因此，我们认为三因子模型在理论和统计上更为合适。领导幽默动机归因量表具有良好的结构效度。

表 4-11   验证性因子分析结果

	χ^2	df	$\Delta\chi^2$	χ^2/df	TLI	CFI	SRMR	RMSEA
三因子模型	194.07	62		3.13	.97	.97	.05	.07
二因子模型	1 716.26	64	1 522.19**	26.82	.58	.65	.18	.23
单因子模型	3 176.87	65	2 982.80**	48.87	.22	.35	.25	.31

注：$N = 507$；三因子模型将关系改进动机、绩效改进动机和印象操控动机分别视作三个独立维度（M1）；二因子模型将关系改进动机和绩效改进动机视为一个维度（M2）；单因子模型将领导幽默动机归因视作单维度结构（M3）；所有的 $\Delta\chi^2$ 是与三因子模型对比得出的结果；$^* p < 0.05$，$^{**} p < 0.01$。

经过验证性因子分析，如图 4-2 所示，三因素模型中 13 个条目在其各自对应所属的因素"关系改进动机""绩效改进动机"和"印象操控动机"的标准化因素负荷在 0.81~0.96，表明三因素模型基本适配度理想。

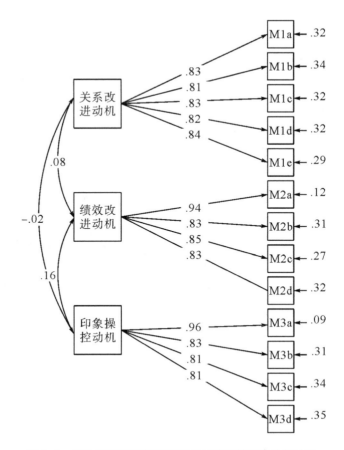

图 4-2　领导幽默动机归因的三因子验证性因素分析结果

（3）信效度检验

在确保本研究构建的三因子模型拟合效果良好的前提下，我们还需要对模型的信度和效度进行检验。测量量表的信度可以通过 Cronbach's α 值进行判断。由表 4-12 可知，关系改进动机的 Cronbach's α = 0.92，绩效改进动机的 Cronbach's α = 0.92，印象操控动机的 Cronbach's α = 0.91，所有变量的 Cronbach's α 均大于 0.9，这表明量表信度较高。效度检验包括聚合效度检验和区分效度检验。其中，聚合效度基于 AVE 值和因子载荷两个指标进行判断的，AVE（平均方差提取量）大于 0.5 则表明量表的聚合效度通过检验，因子载荷大于 0.6 也能说明量表的聚合效度通过检验。区分效度则是通过比较 AVE 平方根和变量间的相关系数来判断。如表 4-13 所示，所有题项的因子载荷均大于 0.8，且 AVE 值大于 0.5 的标准，这表明量表的聚合效度较好。根据表4-14可知，AVE平方根值均大于变量间的相关系数，这说明量表的区分效度较好。

表4-12　三因子模型的信度检验结果

序号	量表	题项数量	Cronbach's α
1	关系改进动机	5	.92
2	绩效改进动机	4	.92
3	印象操控动机	4	.91

注：$N = 507$。

表4-13　三因子模型的聚合效度分析结果

维度	题项代码	因素负荷	平均方差提取量（AVE）
关系改进动机	A3	.83	.68
	A5	.81	
	A6	.83	
	A9	.82	
	A11	.84	
绩效改进动机	B12	.94	.75
	B13	.83	
	B17	.85	
	B18	.83	
印象操控动机	C19	.96	.73
	C21	.83	
	C23	.81	
	C24	.81	

注：$N = 507$。

表4-14　三因子模型的区分效度分析结果

维度	关系改进动机	绩效改进动机	印象操控动机
关系改进动机	（.83）		
绩效改进动机	.08	（.87）	
印象操控动机	-.02	.16	（.85）

注：$N = 507$。

4.6 本章小结

本章旨在解决领导幽默动机归因的测量问题。本研究在半结构化访谈的基础上提取了关键信息，生成了量表的初始条目，并通过相关领域专家的讨论，初步形成了预测试量表。进一步地，本研究通过发放第一轮问卷以收集小样本数据，并对数据进行条目净化，如 T 检验、相关系数检验、同质性检验等。在这些步骤之后，再通过发放第二轮问卷以收集大样本数据，其中一部分数据用于探索性因子分析，初步发现了领导幽默动机归因的三维度结构（关系改进动机、绩效改进动机、印象操纵动机），与前述理论分析的结果相一致。另一部分样本数据用于验证性因子分析，通过竞争模型分析确定了领导幽默动机归因的三维度结构，并对量表的信效度进行了检验。总体而言，本章严格遵循量表开发程序，形成了三因素 13 个条目的领导幽默动机归因测量量表，详见表 4-15，为后续的研究提供了测量工具。

表 4-15　领导幽默动机归因量表

维度	问卷条目
关系改进动机	为了让员工更好表达想法
	为了表达对员工的欣赏
	为了获得员工的好感
	为了增进与员工之间的友谊
	为了营造和谐的工作环境
绩效改进动机	希望以友善的方式提醒员工的错误或问题
	希望促使员工更加努力工作
	希望促使员工超额完成任务
	希望促使员工提升工作质量

表4-15(续)

维度	问卷条目
印象操控动机	企图通过操控幽默来实施对员工的影响
	企图通过操控幽默来炫耀自身才能
	企图通过操控幽默来获取潜在组织回报
	企图通过操控幽默来掩盖领导者自身存在的问题

5 理论模型和研究假设

领导幽默作为一种近年来备受关注的领导行为，扮演着人际关系催化剂的关键角色，发挥着打破人际沟通障碍，促进组织内部信息共享和传递的重要社会性功能（Cooper，2008；Cooper et al.，2018），已逐渐成为领导行为领域中使用频率颇高和研究较深的热点话题。尽管关于领导幽默的研究不断深入，但是以往研究主要是从领导中心论的范式出发，关于员工如何解读领导幽默行为的研究相对匮乏。同时，考虑到创造力对于企业进步的独特贡献（Amabile et al.，1996），以及领导幽默与员工创造力之间的必要联系，因此，本章根据前文对领导幽默动机归因内涵和结构的探索，借助自我决定理论，以和谐工作激情作为中介来阐释领导幽默如何影响员工创造力，以期更好地从员工归因视角分析领导幽默发挥作用的过程和机制。此外，本章还梳理和推导了领导幽默等核心变量间的逻辑关系，提出领导幽默动态影响机制的 11 个研究假设。

5.1 推演理论模型

领导幽默是一种个体的表达选择方式，大多数领导都会依据不同的工作情境或任务特征及时调整自身行为（Schilpzand et al.，2018），因而领导幽默可能会受到日常自身因素波动的影响，如日常睡眠质量、日常休闲活动和家庭与工作冲突。同时，领导幽默本身就是一种动态交互行为（Martin，Ford，2018），这使得员工将会体验到来自同一领导的每日幽默变化。因此，本研究认为每日领导幽默存在个体内的显著变化。而每日领导幽默的个体内波动势必会引发员工个体内的情感变化，这种变化主要是因为员工短暂性信息认知处理的不一致，本质在于他们如何归因领导的幽默动机。

根据已有归因研究（Burton et al., 2014；Oh, Farh, 2017；Liao et al., 2021），员工基于过往互动逐渐形成对领导幽默稳定的因果动机归因倾向；反过来，这些稳定归因将显著影响员工对于后续领导幽默事件的瞬时反应。根据质性研究分析结果，我们认为员工对于领导幽默动机的归因，主要包括关系改进动机、绩效改进动机和印象操控动机归因三种。当这些因果归因倾向一旦形成，其就会对员工如何理解日常领导幽默行为的认知过程产生持久影响（Martinko, Harvey, Douglas, 2007；Oh, Farh, 2017）。之所以间歇性的因果认知会形成稳定的归因倾向，是因为：第一，员工会通过反复观察和理解同一领导在不同情境下的行为变化，进而迭代形成关于特定领导行为的归因（Kelley, 1973；Kelley, Michela, 1980）。通过不断积累关于领导幽默动机的信息线索，员工将对这种行为作出相对稳定的因果解释（Martinko et al., 2007）。第二，由于领导幽默是一种普遍和常见的领导行为，只要组织中的领导与员工关系存在，这种行为就会持续产生影响。因此，员工对于领导幽默行为的理解不可避免地会受到以往幽默事件归因倾向的影响（Oh, Farh, 2017；Liao et al., 2021）。第三，当面对领导幽默时，员工倾向于做出与其总体归因倾向相统一的间歇性判断，借此产生相对可靠的应对反应，从而避免类似事件的潜在不确定性和风险（Oh, Farh, 2017；Liao et al., 2021）。基于此，参考已有归因研究范式（Liu et al., 2012；Liao et al., 2021），本研究将领导幽默动机归因作为个体间变量来探讨。

由于员工缺乏创造力意味着组织失了了不断创新的进取力，企业可能会面临着生存危机或被市场淘汰的风险，这使得员工创造力逐渐成为学术界和企业界重点关注的话题（Shalley et al., 2004）。在这种形势下，组织运转落脚点不仅仅是获取组织绩效，其还要考虑如何最大程度地激发员工创造力，进而创造更大的组织价值。已有广泛研究表明，领导行为与员工创造力关系紧密（Shalley, Gilson, 2004；Zhang, Bartol, 2010）。并且，和谐工作激情代表着个体对自己喜欢和认为重要的工作的强烈意愿（Vallerand et al., 2003）。员工自身感知的因果归因倾向一旦形成，就会对领导幽默行为日常波动的认知过程以及对这种波动的反应产生持久的影响。基于此，为了更好地探究领导幽默对员工创造力的积极影响，本研究采用自我决定理论，构建了以和谐工作激情为中介的领导幽默动态影响机制，以期从员工归因视角全面分析领导幽默如何影响创造力的过程和机制。

领导幽默之所以能够通过和谐工作激情来促进员工创造力，其内在机理在于个体动机的传导。自我决定理论为理解人类动机提供了理论基础，主要用于解释外部环境如何影响个体行为动机（Deci，Ryan，2000）。领导通过分享有趣见闻、愉悦员工的互动方式，传递出开放包容、去等级化以及愿意深层交流的积极信号（Romero，Cruthirds，2006；Cooper et al.，2018），这有利于激发员工强烈的工作意愿，即和谐工作激情。进一步地，和谐工作激情伴随的自主性感知、工作动机以及目标感知，使得员工在面对当下创新挑战时产生自信心和控制感（Vallerand，2015），从而提高创新过程中的适应性和主动性。因此，基于自我决定理论，本研究提出，和谐工作激情在领导幽默与员工创造力之间发挥着重要的中介作用。

那么，员工归因又将如何影响领导幽默有效性呢？个体会对他人行为作出何种反应，主要取决于该个体对这种行为原因的理解（Rioux，Penner，2001）。个体对他人行为背后动机的识别和判断又将显著影响自己的行为反应（Cheung et al.，2014），尤其是来自领导令人感到意外的非常规化行为（如领导幽默行为），这使得员工对领导行为的动机归因显得尤为重要（Martinko et al.，2007；Martinko et al.，2007）。根据自我决定理论，当员工将领导幽默归因于关系改进动机或绩效改进动机时，他们将认为领导的这种行为是为了与其建立积极关系，是利他和友善的，或者是为了实现更高的组织任务目标，是利于组织发展的。因此，无论是关系改进动机归因还是绩效改进动机归因，都能提升员工的和谐工作激情，进而增强其创造力。相反，当员工将领导幽默归因于印象操控动机时，他们将认为这种行为是表面、虚伪和为了自身利益的自私行为，但因受迫于领导威望不得不做出不自主的反应，进而抑制其和谐工作激情，削弱其创造力。基于此，本研究将员工归因视为领导幽默影响创造力的边界条件。

5.2 构建理论模型

本研究涉及的变量：自变量——领导幽默；因变量——创造力；中介变量——和谐工作激情；调节变量——关系改进动机归因、绩效改进动机归因和印象操控动机归因。个体间层面的控制变量：性别、年龄、在当前单位工作年限和受教育程度。个体内层面的控制变量：积极情绪、消极情绪和睡眠质量。

动态研究模型的构建思路：①研究模型分为个体内层面与个体间层面，旨在分析个体间变化对个体内波动的跨层边界作用，以真实反映每日发生的事件对当天工作结果的影响情况；②探讨领导幽默对员工创造力的影响机制；③验证和谐工作激情的中介作用；④探讨员工归因的调节作用。具体理论模型，如图5-1所示。

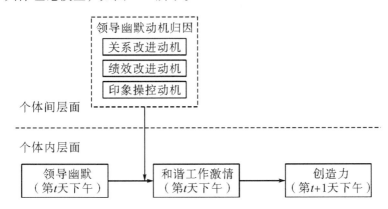

图 5-1　领导幽默对员工创造力的影响机制理论模型

5.3　研究假设

5.3.1　领导幽默的动态性

目前关于领导幽默的定义主要有两类：第一，从特质视角出发，领导幽默是一种较为稳定的个体社交过程倾向和人格特质的外显表现（Martin et al., 2003；Goswami et al., 2016；Yam et al., 2018）。第二，从行为视角出发，幽默是一种人际交流方式，领导者通过分享有趣事件或笑话来取悦员工（Crawford, 1994；Martin, Lefcourt, 1984；Mesmer-Magnus et al., 2012；Cooper et al., 2018）。然而，需要强调的是，当前主流研究是以行为视角出发，将领导幽默看作由领导发出，旨在愉悦员工，并能产生积极感知的一种有益的社交沟通行为（Cooper, 2005；Cooper et al., 2018；王婷，杨付，2019）。近年来，领导幽默作为组织管理的重要工具，逐渐受到理论界和实务界的广泛关注（Yang et al., 2017；Cooper et al., 2018）。尽管如此，已有关于领导幽默的研究主要是以个体间（between-person）的静态视角为主，聚焦于个体间变量的共同差异程度，鲜有研究以个体内（within-person）视角考察领导幽默的动态影响机制。事实上，Dalal 等（2009）指出，心理学和组织行为学的研究问题绝大多数都是现实的个体内问题，个体行为往往会随情境因素的变化而产生变化。Kong 等人（2019）呼吁要加强关于领导幽默个体内差异的研究。

领导幽默作为个体表达的一种选择方式，大多数领导都会依据不同的工作情境或任务特征，及时调整自身行为以适应组织管理需要（Schilpzand et al.，2018）。通过访谈发现，领导幽默无处不在，它不仅萌发于轻松氛围，也来自严肃的会议讨论场景。同时，已有大量实证研究表明，领导行为并非是静态的，而是处于动态变化（Lanaj et al.，2016；McClean et al.，2019；Kelemen，Matthews，Breevaart，2020）。并且，根据已有动态理论和实践研究，领导行为会受到日常自身因素波动的影响，如日常睡眠质量（Barnes et al.，2015）、日常休闲活动（Kim，Park，Headrick，2018）、家庭与工作冲突（Courtright et al.，2016）。

此外，领导采取幽默行为的目的是取悦员工（Cooper et al.，2018），这就意味着这种行为并非个体的独立行为，而是一种动态互动行为（Martin，Ford，2018；Tsakona，Chovanec，2018）。因此，领导幽默本质上就是一种动态行为。值得注意的是，已有研究表明，不同员工会体验到来自同一领导的不同幽默变化，领导的积极幽默将带来个体内的积极情绪积累，领导的消极幽默将导致个体内消极情绪的积累，这就说明，在员工看来，领导幽默并非一成不变的个性特征或始终如一的领导行为（Wijewardena et al.，2017）。

综上所述，在工作场所中，领导幽默的表达方式和表现内容往往与所处情境和个体因素密不可分。这些情境和个体因素会随时间推移发生变化，领导幽默的表达亦会随之变化。基于此，本研究提出：

假设1：每日领导幽默在个体内存在显著变化。

5.3.2 领导幽默与次日员工创造力

创造力是员工针对企业产品、服务和管理流程等提出新颖有用的观点或想法的能力（Amabile et al.，1996）。已有关于创造力的研究表明，开放、轻松的工作环境以及领导的支持行为均能够显著提升员工创造力

（Oldham，Cummings，1996；王端旭，洪雁，2010）。显然，领导幽默是组织中一种重要的非正式沟通形式，领导通过有趣的口头或非口头表达与员工进行人际互动（Martin，2001），将传递出开放、融洽的积极信号，有助于营造轻松、愉悦的工作氛围，这种行为反映出他们对员工的尊重和支持（Cooper et al.，2018）。这种人际互动形式也将大大降低员工的权力距离感知（Cooper，2008；Mallett，Wapshott，2014），促进成员之间重要信息和观点的共享，最终激发员工创新行为（Tang，2008；Pundt，2015）。据此，本研究认为，每日领导幽默对员工的创造力具有显著的促进作用，具体而言：

首先，领导使用幽默诙谐的语言，分享有趣见闻以愉悦员工的沟通方式，将向员工传递出开放和包容的友好信号（Kim et al.，2016），使得员工在与领导的互动过程中体验到快乐和趣味（Robert，Wilbanks，2012），从而促进员工产生良好认知或积极反应（Crawford，1994；Cooper，2008）。换句话说，领导幽默扮演着组织人际关系催化剂的关键角色，能够营造出和谐的人际互动氛围。事实上，在决定是否实施创造性行为时，个体会权衡潜在的风险与可获得的利益（Parker et al.，2010）。在人际关系不佳的情况下，积极创造的风险似乎太大，代价也太高，但可能会引发与他人的冲突和紧张（Janssen，2003），因此员工可能会因为担心人际和谐的风险而不愿在创造性活动中投入精力（Chen et al.，2015）。然而，在领导幽默营造的轻松融洽的氛围中，工作中潜在的矛盾和紧张不易发生，即使出现也更容易得到有效缓解，员工思路活跃心智开放，有助于新奇想法的产生（Cools，Broeck，2007）。他们也将更有动力突破思维定势，创造性地调整工作思路和想法以应对问题和解决问题（Baas，De Dreu，Nijstad，2008），并主动承担创新想法带来的风险（Janssen，van de Vliert，West，2004）。

其次，组织中的规范通常有两种形式，一种是以制度化的形式进行规定，如规章制度，一种是以非正式的方式被员工观察和识别，如领导的示范行为（Morris et al.，2015）。领导以幽默、诙谐的方式构建与员工间的非正式沟通（Mallett，Wapshott，2014），这种方式能够大大弱化领导和员工间的等级差异（Romero，Cruthirds，2006；Cooper，2008），使得员工在这种相对平等的人际互动中观察并识别到领导对违背规则行为的接受程度（Yam et al.，2018），因而更可能在次日工作时提出有别于现有工作方式或产品的新想法。此外，幽默本身就代表着某种认知上的不协调（Martin，

2003），它在一定程度上是违反预期的，但同时又被认为是合理的（Veatch，1998）。由于这种对不协调元素的认知重组过程本身就反映了幽默接收者创造性的思维方式（Holmes，2007），所以员工对领导幽默的欣赏也就体现出一种创新能力。

最后，领导幽默是领导自愿分享自身信息的重要标志，这将给予员工更深层次了解领导的机会（Cooper，2008），也将增强员工与领导交流互动的意愿，从而促进信息在上下级之间的积极流动。在此基础上，组织将形成良好的沟通机制和高质量的沟通渠道，由此拓宽员工次日创造力发挥的路径。事实上，高质量的上下级间的沟通被认为是员工创造力提升的重要方式。具体而言，领导将为员工提供多样化的信息和关键知识的共享，帮助员工开发和拓展技能，这都将促使员工投入更多时间、精力发现问题（Gong et al.，2013；Hu et al.，2018）。上下级间建立起的高度信任以及优质想法的及时有效沟通可以促进员工对于工作中遇到的问题自由地表达想法（Pund，2015），有效激发员工创造力，使其创造性地提出多样化的新颖见解以解决工作中遇到的挑战性任务。基于此，本研究提出：

假设 2：每日领导幽默对次日员工创造力具有显著正向作用。

5.3.3　和谐工作激情的中介作用

自我决定理论是研究人类动机的宏观理论，主要用于解释外部环境对个体行为动机的影响机制（Deci，Ryan，2000，2003）。根据自我决定理论，个体在与社会环境的因果互动作用下，通过追求自主、胜任与关系的需求满足，不断促进自主动机或受控动机的内化，最终得以实现个体职业发展和幸福（Deci，Ryan，1985a，2000；郭功星，程豹，2021）。其中，自主动机代表有意志力的行动和有选择的经历，是个体对于某项活动发自内心的热爱和浓厚兴趣伴随的强烈动机倾向（Deci，Ryan，2000a）。受控动机则代表着外界压力，是一种个体因外部激励而产生的动机倾向（Deci，Ryan，2000a）。也就是说，自主动机是个体可控的，并且个体是可以自行选择的，即自我决定的程度比较高，而受控动机则往往超出了个体可选择的范围，自己较难以控制，即自我决定的程度较低（Deci，Ryan，2008）。本研究所选择的中介变量和谐工作激情，是指个体对喜爱和认为重要的工作具有强烈的动机倾向或意愿，是关于个体工作自主动机质量的积极反映（Vallerand，Houlfort，2003），属于自主动机的作用结果。因此，基于自我决定理论，促成员工自主动机，增强员工和谐工作激情主要取决于外在情境因素是否满足人们自主、胜任和关系这三种基本心理需求。当外在情境因素能够满足个体这三种心理需要时，其就会增强人们的自主动机，增强其对工作意义的认可。

在员工与领导的日常互动过程中，领导幽默作为一种重要的外在情境因素，员工将通过感知领导幽默满足其三种基本需求从而增强员工的工作动机，以及增强其对所从事工作的价值和意义的认可，促使其产生更高水平的和谐工作激情。领导通过分享有趣见闻的方式，在互动中传递出开放包容、去等级化、欣赏和信任员工的信号（Romero，Cruthirds，2006；Cooper et al.，2018），有利于满足和补充员工对于自主、关系和胜任的心理需求（Deci，Ryan，2000），从而激发员工强烈工作的意愿，即和谐工作激情。进一步地，和谐工作激情伴随的自主性感知和工作热情，有助于员工在创造性过程中充分体现适应性和主动性。由此，本研究认为和谐工作激情在领导幽默和员工创造力之间发挥着重要的中介作用，这与自我决定理论的核心观点一致。

具体而言，首先，领导通过幽默策略营造出的轻松工作氛围，能让员工感受到更大程度的工作自主性，这可能会使他们认为领导并不会通过强制手段控制自己；相反，自己可以较为自主地选择发起、调节或维持自身行为（Wu et al.，2020）。同时，McGraw 和 Warren（2010）指出，幽默本身就是一种违背规范的良性冲突。那么，在工作场所中，领导幽默势必会让员工认为，组织在一定程度上是允许违背组织规则行为的（Yam et al.，2018）。显然，这也会在某种意义上强化员工自主性感知，即员工的自主需求得到满足。其次，领导幽默传递出的亲近、认可的信号有利于增强上下级之间的共识，员工对于领导发布的任务或政策信息有更清晰一致的理解（Gkorezis，Petridou，Xanthiakos，2014）。此外，领导幽默营造出的轻松工作氛围也会让员工体验到来自领导对自己的信任，进而可以在一定程度上让员工相信自己可以完成领导分派的工作任务。这些积极的信息能增强其圆满完成工作要求的信心和信念，从而满足其胜任需求（贾建锋，赵雪冬，赵若男，2020）。

最后，领导作为组织的重要决策者，掌控着组织的关键资源，他们原本没有义务和责任以幽默的方式愉悦员工，这使得领导幽默对于员工来说更加难能可贵，这种幽默实施也会更加有效（Cooper，2008）。领导幽默作为支持和关心员工的社会情感信号，发挥着关系润滑剂的重要职能，能够有效降低两者之间的等级差异，拉近彼此的关系和距离（Yang et al.，2017；Cooper et al.，2018）。随着领导在工作场合中幽默投入的增加、互动频率的增强，员工将更有可能感知到来自领导的欣赏和重视，并由此产生工作归属感（Romero，Pescosolido，2008；Cooper et al.，2018），实现关系需求满足。

因此，根据自我决定理论，领导者采用幽默的交流方式能促使员工接受到工作带来的愉悦感和人际价值（Robert，Wilbanks，2012），在实现需求满足的过程中，对工作萌发由衷的喜爱和强烈的工作意愿，进而将工作纳入自我身份的一部分（Wu et al.，2020），最终形成和谐工作激情。基于此，本研究提出：

假设3：每日领导幽默对每日员工和谐工作激情具有显著正向作用。

和谐工作激情是外在活动的自主性内化表现，代表着个体对于意向活动的自主权和选择权（Vallerand et al.，2003）。当个体能够自主选择和接受他认为重要的活动，而没有其他附带条件时，这种内化过程将产生积极情感认知和强烈驱动力，促使个体心甘情愿而非被迫地参与活动（Zigarmi et al.，2009；Philippe et al.，2010），并体验到实现目标时的意志感、认同感和满足感，从而将该项活动视为个人价值和身份认同的重要标志（Cardon et al.，2013；Vallerand，2015；Pollack et al.，2020）。根据自我决定理论，个体的态度和行为是动机的具体表现（Deci，Ryan，2000，2008）。基于此，本研究认为，和谐工作激情作为自主动机的代名词（Vallerand，Houlfort，2003），能够显著提升员工创造力。同时，员工对工作环境产生的认知和情绪具有延续效应，当日的心理状态可以持续影响次日的工作状态（Williams，Alliger，1994；Judge，Ilies，2004）。因此，每日和谐工作激情也将作用于次日，持续影响员工的工作表现（员工次日创造力），具体而言：

一方面，高和谐工作激情的员工处于高能量状态，促使他们为自己设定远大的工作目标，并愿意不断投入时间和精力来实现这些目标（Vellerand et al.，2007），这势必会刺激包括创造力在内的工作表现。并且，当员工在追逐自身目标的过程中体验到高度的自主性时，他们将会以更主动的姿态和更饱满的状态投身到增强工作意义的活动中去（Deci，Ryan，2000；Luu，2019）。例如，将当日的关注点和努力集中到改进产品或工作方法上。同时，员工的和谐工作激情应变反应可能会在一个相对即时的时间范围内呈现，这种积极的工作认知往往伴随着自主性和选择性感知，使得他们在面对艰巨任务时产生自信心和控制感（Philippe et al.，2010；Vallerand，2015），从而使其能够更具适应性和建设性地应对创新挑战（Mageau，Vallerand，2007），如对遇到的问题提出新的解决方法或进行创造性的变革，最终提升每日员工创造力。

另一方面，和谐工作激情带来的积极情感体验有助于提升员工创造力。有学者提出，情感激发是和谐工作激情的本质特征（St-Louis，2015；Schenkel，Farmer，Maslyn，2019）；反过来，积极情感体验又与创造性行为息息相关（Madrid et al.，2013；Kong，Li，2018）。具体而言，每日和谐工作激情能为员工带来愉悦感和兴奋感（Amiot，Vallerand，Blanchard，2006；Rousseau，Vallerand，2008），这有助于开拓员工的心智模式和行为方式，使得他们在不同想法和思路之间构建联系，以此为工作中非预料的突破和创新解决方案奠定基础（Fredrickson，2001；Hao et al.，2018），从而显著改善次日创造力。此外，已有研究也表明，和谐工作激情能够在一定程度上驱动个体创新表现（Liu et al.，2011；Schenkel et al.，2019；秦伟平 等，2016）。综上，每日焕发和积蓄的和谐工作激情能够有效促进员工每日创造力。基于此，本研究提出：

假设4：每日员工和谐工作激情对次日创造力具有显著正向作用。

根据自我决定理论，当外部环境满足个体三种基本心理需求时，自主性动机将显著增强，进而促进和谐工作激情的产生，这将有助于激发随后的建设性工作行为（Vallerand et al.，2003）。领导幽默传递出友善互动、开放包容和去等级化的积极信号（Cooper et al.，2018），能够有效满足员工对于自主、胜任和关系的心理需求，这能驱使他们形成正面的认知评价和良好的情感反馈，从而激发和谐工作激情（Deci，Ryan，2000；Vallerand et al.，2003；Wu et al.，2020）。具体而言，领导幽默具有的"关系催化剂"标志和营造轻松氛围的功能，使得员工在与领导的互动过程中，不仅体验到欣赏和认可，还感受到工作的自主性，自主、胜任和关系这三种心理需求的满足将有效刺激和谐工作激情的萌发（Wu et al.，2020）。继而，高和谐工作激情员工倾向于为自己设立远大且有意义的工作目标，这种强烈动机激励着他们在工作中以浓厚的认同感、积极的进取心和充分的自信面对困难和挑战（Farmer，Tierney，Kung-McIntyre，2003；Vallerand，2015），使他们敢于突破常规处理和勇于创新实践（Mageau，Vallerand，2007），促进员工创造力的实现。同时，每日和谐工作激情带来的积极和饱满的情感状态（Amiot et al.，2006；Rousseau，Vallerand，2008），将激发员工拓展思路，使得他们在短时间内将不同的知识和想法联系起来（Fredrickson，2001；Hao et al.，2018），进而提升其日常工作中的创造力。因此，本研究认为，每日领导幽默会通过每日和谐工作激情对员工次日创造力产生正向影响。基于此，本研究提出：

假设5：每日和谐工作激情在每日领导幽默与次日员工创造力之间的关系中起中介作用。

5.3.4　员工归因的调节作用

根据自我决定理论的观点，个体基于外界环境而得到的心理需要满足程度因人而异，这取决于个体对外部环境的看法和判断（Deci，Ryan，2000，2003）。因此，探讨个体认知对领导幽默发挥作用的边界条件，对于明晰为何不同员工对领导幽默表达会产生差异化反应具有重要意义。个体会对他人行为作出何种反应，主要取决于该个体对这种行为的理解（Rioux，Penner，2001）。对他人行为背后动机的识别和判断将显著影响个体的行为反应（Cheung et al.，2014），尤其是来自领导令人感到意外的非常规化行为（如打破传统上下级关系的领导幽默行为），员工对领导行为的动机归因尤为重要（Martinko et al.，2007）。员工对领导幽默的动机归因是指从员工的角度去判断领导在与他们交流中讲笑话，分享有趣事件，或使用幽默语言的动机。员工会有意识或无意识地对领导的非常规行为作出一定的解释，在认知过程中的因果关系进行推论，这种推论结果可能是积极的，也可能是消极的。因此，员工的动机识别决定了每日领导幽默是否被员工判断为积极的环境信号，随之影响了其在满足每日员工自主、关系和胜任需要上的程度，即调节了员工每日领导幽默对于员工每日和谐工作激情的激发。

具体而言，员工对领导幽默的归因主要分为三类：关系改进动机，绩效改进动机和印象操控动机。关系改进动机归因是员工对领导行为表现的一种常见理解，他们认为领导的特定行为是为了拉近与自己的关系，获得自己的好感，并建立积极关系（Martinko et al.，2007）。当员工对每日领导幽默的动机理解为关系改进时，他们将领导的幽默、诙谐表现理解为对自己的欣赏和好感,传递着一种友谊和认可的信号(Cooper,2008),员工相处中的拘谨、紧张的气氛得以调节。具体而言,在关系改进动机的信号引导下,员工在遇到每日领导幽默的互动时更可能关注到表达尊重、喜爱的语言和线索,因而更愿意增进与领导的沟通交流。这种积极轻松工作氛围中的良性沟通有效增加了员工与领导间的良好关系感知。此外,当员工体验到关系改进归因时,领导幽默营造出的轻松工作氛围更会让员工意识到来自领导对自己的信任和亲近,进而员工在更清晰理解领导意图和要求的同时愈发相信自己可以完成领导分派的工作任务,增强其能够圆满完成工作要求的信心和信念。同时,在这种归因认知下,员工在与领导的每日互动过程中可以感到更充分的主动权,让其感知到的与领导间固有的等级差异会相对缩小,从而在更为平等的交互中由于自我价值感而采取行动,他们在工作中会感到精力充沛、精神振奋。与自我决定理论一致,持关系改进动机归因的员工在感知到领导幽默后更易实现个体关系、胜任和自主心理需求的满足,最终提升其每日和谐工作激情。

反之,如果员工对领导幽默作出较少的关系改进动机归因,他们可能不太会将领导的幽默行为视为积极的人际互动方式。诚然,领导幽默有利于缩小上下级间的等级差异,营造积极轻松的工作氛围,并促进上下级之间的良性沟通。但是,如果员工不将每日领导幽默的动机理解为试图改善上下级间的关系,此时这种由领导主动发起的关系发展过程可能无法良好推进,甚至难以启动。因为关系的改进和发展只有当双方都参与互动时,才会向前推进(Eberly et al.,2017)。因此,如果员工对领导每日的幽默行为作出较少的关系改进动机归因,那么每日领导幽默传递出的降低固有等级差异、增进人际互动和良性沟通的信号将难以被员工接收到,从而弱化了每日领导幽默的积极效应,以及进一步激发每日和谐工作激情的可能性。

综上,关系改进动机归因会显著加强每日领导幽默和每日和谐工作激情之间的关系。基于此,本研究提出:

假设6:员工的关系改进动机归因在每日领导幽默与每日员工和谐工作激情间正向关系中起调节作用:当员工关系改进动机归因较高时,每日领导幽默正向影响每日员工和谐工作激情的作用越强;反之越弱。

绩效改进动机归因是指在员工看来,领导每日进行幽默的沟通互动是出于成就和绩效考虑的,目的在于实现更高的组织任务目标。当个体认为他所观察到的领导幽默是利他的，如利于组织目标、个人职业发展、薪酬利益等，他们将会更认可这种行为（Liu et al., 2012; Owens, Hekman, 2012）。同时，这也增强了员工对于卓越表现的关注和信心（Day, Crain, 1992）。在这种认知的影响下，员工将领导每日表现出的幽默行为理解为巧妙传递工作要求或者委婉提醒员工问题的方式。此时，每日领导幽默被判断为一种鼓励和看好员工的外部环境信号，目的在于让员工更易于接受工作任务，从而帮助员工更出色地完成每日的工作任务等。因此，员工更可能在领导每日的幽默中识别出领导表达对自己工作能力重视、乐观的信息和线索，这既加强了每日员工在关系中被关注和信任的感受，也促进员工对掌握每日工作和目标的信心（Wu et al., 2020）。这与自我决定理论的核心观点一致，在绩效改进动机的引导下，员工可以在工作过程中感受到工作本身积极的意义和价值，在执行工作的同时实现了他们对于自主、关系和胜任需求的满足。在此基础上，他们对每日工作的自主性动机得到进一步激发。

相反，当员工不倾向于将每日领导的幽默表达背后的动机解读为促进绩效时，他们可能无法意识到领导幽默的激励意图。根据自我决定理论（Deci, Ryan, 2000, 2002），员工对于每日领导的幽默会进行识别和判断，只有当外部环境与自身需求一致时才会进一步激发每日自主性的工作动机（和谐工作激情）。在员工观察或感受到每日领导的幽默表现后，较少对领导幽默进行绩效改进归因的员工可能无法精准识别领导每日幽默行为的预期目标，从而会降低其感知到的归因与领导发出幽默行为意图的适配性，进而降低每日领导幽默对激发员工每日工作积极性的有效性。此外，由于改进的绩效可能带来晋升和补偿等益处，以及更大的工作乐趣和成就感（Carmeli, Shalom, Weisberg, 2007），因此若员工无法察觉到每日领导幽默背后促进绩效改进的意图，其将难以预见到领导幽默的激励能带来的潜在的工作收益和意义，从而难以实现进一步的心理需求满足。在这种情况下，每日领导幽默与每日员工和谐工作激情之间的正相关关系可能会由于员工无法将每日领导幽默归因于绩效提升动机所弱化。基于此，本研究提出：

假设 7：员工的绩效改进动机归因在每日领导幽默与每日员工和谐工作激情间正向关系中起调节作用：当员工绩效改进动机归因较高时，每日领导幽默正向影响每日员工和谐工作激情的作用越强；反之越弱。

与关系改进动机和绩效改进动机不同的是，印象操控动机归因会削弱领导幽默的积极效应。印象操控是指根据情境需要通过印象操控的方式呈现出公众认可的一面，已有研究表明，印象操控往往会导致消极的人际互动关系（Lam et al.，2007）。对领导幽默的印象操控动机归因是指在员工看来，领导强调的价值观与其实际行为之间存在明显差异。其中，领导幽默是一种伴随着言行不一致的工具性行为，是领导表现出的一种表面、虚伪和为了自身利益的自私行为。这种幽默的表达是出于满足领导塑造有利形象、提高社会声望或获取自身利益的需要，往往带有选择性和目的性。由于这种幽默行为往往会被视作带有操纵、控制和伪装的嫌疑，员工将对领导行为的真实意图存在质疑（毛江华 等，2017）。同时，被归因为印象操控动机的领导幽默带来的伪装感在人际关系中极受诟病（Anderson，1968），因此印象管理的判定会导致领导的影响力和形象大打折扣，人际吸引力降低（Yorges et al.，1999）。此时，领导幽默难以被员工识别为积极的环境信号。在与领导每日的互动过程中，员工对领导表达友善的关注度会显著降低（Xu，Huang，Robinson，2017），并且不会将领导幽默、诙谐的态度理解为对自己的尊重和喜爱。此外，由于员工更多地关注到领导对于关系的利己性操纵，领导跨越上下级的玩笑和营造的宽松氛围也难以被认定为真实的等级差异降低。当员工内在需求满足的可能性降低时，员工会感受到一种"缺失"或"差距"，导致他们无法对每日所从事的工作产生真正的认同感，最终每日自主动机的激发受到抑制。综上所述，对于持有较高印象操控动机归因的员工，领导幽默对员工内在需要的满足程度会降低，相应地，员工可能较少地激发对于工作的热爱和自发动机，即表现出较低水平的每日和谐工作激情。

　　然而，当员工对领导幽默的动机作出相对较少的印象操控归因时，员工对领导幽默的价值感知和真实性感知更高。员工会倾向于将领导幽默解读为领导非利己的真实情感体现，他们会认为每日领导表达幽默是为了切实与员工拉近距离或调节工作气氛，而非出于个人目标的实现。在这种将每日领导幽默视为非负面环境信号的基础上，员工的感知才能与每日领导幽默表现的真实意图相匹配，即员工才能认为对领导这种主动的示好行为作出积极的反应和反馈是安全的，从而增进与领导间的人际关系。员工在不受领导印象操控动机的干扰下，会关注到每日领导幽默的真实意图，领导幽默诙谐的语言行为以及友好积极的态度也有利于缩小上下级间的等级差异，减少固有的距离和隔阂。在此基础上，他们会更喜欢和信任领导，也会更重视领导幽默的真实意图，甚至希望通过每日努力工作来予以回应（Qin et al.，2020）。在实际的每日工作中他们也会更清晰理解任务需求，并有积极努力的动力和完成任务的信心。员工识别到的真实友好的环境信号会更容易内化并转化为员工每日的自主工作动机，使每日领导幽默对每日员工和谐工作激情的正向影响得到增强。因此，本研究提出以下假设：

假设8：员工的印象操控动机归因在每日领导幽默与每日员工和谐工作激情间正向关系中起调节作用：当员工印象操控动机归因较高时，每日领导幽默正向影响每日员工和谐工作激情的作用越弱；反之越强。

5.3.5　整合模型

综上所述，本研究进一步提出，领导幽默是否能通过激发员工的和谐工作激情来促进其次日创造力，依赖于员工对领导幽默的动机归因。当员工认为领导在互动中采用幽默的方式是为了拉近、优化彼此的关系，或帮助员工改善绩效时，他们将更容易关注到领导在交流中支持、宽容的信号（Xu et al.，2017），故而员工在与领导的互动过程中更容易感知到尊重、喜爱和更大的自由度，他们也更容易理解工作要求并有足够的信心完成任务。因此，员工在领导每日的幽默言语或行为中能够实现更多的自主性、胜任和关系需要，带来积极的工作体验，从而激发其更强烈的每日自主性的工作动机（表现出更高水平的和谐工作激情）。因每日领导幽默而激发的每日和谐工作激情能够支持员工拓展知识和资源的范围，以更高的期待投入更具建设性和意义的工作方向（Vallerand et al.，2003），从而贡献更多新颖的想法或产品。因此，本研究认为，对于关系改进动机归因或绩效改进动机归因的员工，每日和谐工作激情在每日领导幽默与次日员工创造力之间的中介效应更强。

相反，当员工将领导在互动中的幽默表达视为印象操控行为时，他们对于幽默行为本身的关注度会降低。同时，员工更有可能将领导幽默的信号解读为出于自利想法的伪装而非对于自己的善意和关心，不利于上下级关系的良性发展及员工在此基础上的支持和胜任感知（Lam et al.，2007）。因此，员工难以从每日领导幽默中体会到自主性需要、胜任需要和关系需要的满足，故而减弱了领导的每日幽默表达激发强烈的每日自主性工作动机的可能性。在这种条件下，有限的每日和谐工作激情对于员工提高次日创造力所需的广泛资源和积极情绪支持亦不足。因此，本研究认为，对于印象操控动机归因的员工，每日和谐工作激情在每日领导幽默与次日员工创造力之间的中介效应相对较弱。

假设9：每日员工和谐工作激情对每日领导幽默与次日员工创造力之间关系的中介作用受到员工关系改进动机归因的正向调节：当员工关系改进动机归因越高，每日和谐工作激情对每日领导幽默与员工次日创造力之间关系的中介作用就越强；反之越弱。

假设10：每日员工和谐工作激情对每日领导幽默与员工次日创造力之间关系的中介作用受到员工绩效改进动机归因的正向调节：当员工绩效改进动机归因越高，每日和谐工作激情对每日领导幽默与员工次日创造力之间关系的中介作用就越强；反之越弱。

假设11：每日员工和谐工作激情对每日领导幽默与员工次日创造力之间关系的中介作用受到员工印象操控动机归因的负向调节：当员工印象操控动机归因越高，每日和谐工作激情对每日领导幽默与员工次日创造力之间关系的中介作用就越弱；反之越强。

5.4 研究假设汇总

根据理论指引和逻辑推导，本研究对领导幽默动态影响模型中的变量关系进行梳理，如表5-1所示。

表5-1 研究假设汇总

假设序号	研究假设
假设1	领导幽默在个体内存在显著变化
假设2	每日领导幽默对次日员工创造力具有显著正向作用
假设3	每日领导幽默对每日员工和谐工作激情具有显著正向作用
假设4	每日员工和谐工作激情对次日创造力具有显著正向作用
假设5	每日和谐工作激情在每日领导幽默与次日员工创造力之间的关系中起中介作用
假设6	员工的关系改进动机归因在每日领导幽默与每日员工和谐工作激情间正向关系中起调节作用：当员工关系改进动机归因较高时，每日领导幽默正向影响每日员工和谐工作激情的作用越强；反之越弱

表5-1（续）

假设序号	研究假设
假设7	员工的绩效改进动机归因在每日领导幽默与每日员工和谐工作激情间正向关系中起调节作用：当员工绩效改进动机归因较高时，每日领导幽默正向影响每日员工和谐工作激情的作用越强；反之越弱
假设8	员工的印象操控动机归因在每日领导幽默与每日员工和谐工作激情间正向关系中起调节作用：当员工印象操控动机归因较高时，每日领导幽默对每日员工和谐工作激情的正向作用越强；反之越强
假设9	每日员工和谐工作激情对每日领导幽默与次日员工创造力之间关系的中介作用受到员工关系改进动机归因的正向调节：当员工关系改进动机归因越高，每日和谐工作激情对每日领导幽默—员工次日创造力之间关系的中介作用就越强；反之越弱
假设10	每日员工和谐工作激情对每日领导幽默与员工次日创造力之间关系的中介作用受到员工绩效改进动机归因的正向调节：当员工绩效改进动机归因越高，每日和谐工作激情对每日领导幽默—员工次日创造力之间关系的中介作用就越强；反之越弱
假设11	每日员工和谐工作激情对每日领导幽默与员工次日创造力之间关系的中介作用受到员工印象操控动机归因的负向调节：当员工印象操控动机归因越高，每日和谐工作激情对每日领导幽默—员工次日创造力之间关系的中介作用就越弱；反之越强

5.5　本章小结

本章以自我决定理论作为核心理论基础，通过回顾和梳理已有研究文献，构建了领导幽默如何影响员工创造力的理论模型，并针对模型变量关系开展深入推演，更好地从员工归因视角分析了领导幽默发挥作用的过程和机制。基于此，提出11个研究假设，包括如下四个方面：①探讨领导幽默与员工创造力之间的主效应假设；②检验和谐工作激情的中介效应假设；③探讨员工归因的调节效应假设；④整合模型假设。

6　研究设计与数据分析

6.1　测量工具

6.1.1　领导幽默量表

学术界普遍认同，领导幽默主要分为特质与行为两类。第一，特质观下的领导者幽默。这一观点聚焦于个体间的类特质（trait-like）差异，是一种稳定的、与态度和能力相关的个体社交过程倾向（Goswami et al., 2016；Yam et al., 2018）。第二，行为观下的领导幽默。这一观点认为领导幽默是社交沟通过程中的一种有意行为，领导通过分享有趣事件来愉悦员工，从而引发积极认知或情感反应的沟通方式（Crawford, 1994；Cooper, 2005；Cooper et al., 2018）。这种领导幽默行为的目的主要是为了发展良好人际关系、调节组织氛围，甚至给员工留下深刻印象（Pundt, Herrmann, 2015）。两类幽默并不存在实质性冲突，只是因为学者看待幽默的视角不同导致的差异。然而，需要强调的是，当前主流研究主要是从行为视角出发，将领导幽默看作由领导发出，旨在愉悦员工，并能产生积极感知的一种有意的社交沟通行为（Cooper, 2005；Cooper et al., 2018；王婷，杨付，2019）。

根据现有研究，对于幽默的测量有多种有效的工具，主要包括以下几种：第一，幽默应对量表（coping humor scale）。该量表主要包括 7 个条目，用于测量人们在面对压力事件时，运用幽默作为应对策略的程度（Martin, Lefcourt, 1983）。第二，情境幽默反应量表（situational humor response questionnaire）。该量表考察不同情境下被试者的发笑程度，包括"我不会特别开心"到"我会开怀大笑"（Martin, Lefcourt, 1984）。第三，幽默感量表（sense of humor questionnaire）。该量表主要包括三个维度 21

个条目，三个维度分别是对待幽默态度、幽默敏感度和幽默表达。第四，幽默风格量表（humor styles questionnaire）。该量表包括 32 个条目，主要是以领导自评的方式或员工评价领导的方式来测量领导幽默，信效度验证较好，目前得到学者们的广泛认可和运用（Pundt，Herrmann，2015；Kim et al.，2016；Mao et al.，2017）。尽管关于幽默的测量量表较多，但某些用于测量的题项在一定程度上与倦怠感特征相似，测量指向性和准确性有待增强。基于此，Cooper 等人（2018）以员工评价的视角作为切入点，构建了 3 个题项的单维度幽默行为测量量表，内部一致性系数为 0.94。该量表在领导幽默研究中被证实具有良好的信效度，因而得到学术界广泛使用。

本研究在充分考量领导幽默行为实施情境的基础上，采用 Cooper 等人（2018）开发的 3 题项量表，并严格按照 Brislin（1980）建议的"翻译——回译"程序对量表进行处理。本量表采用李克特 5 点计分法（Likert-5）（数值为 1 表示"非常不同意"，数值为 5 表示"非常同意"）。需要强调的是，由于本研究测量的是领导幽默的影响机制，为准确真实反映领导当日情况是否符合领导幽默定义描述，在具体量表条目表述中，还按照 Chan（1998）的参考—移位—组合—逻辑（referent-shift-composition-logic）建议，增加了"在今天的工作中"相关表述，修改后的领导幽默量表，详见表 6-1。

表 6-1 领导幽默测量量表

编号	题项
LH1	在今天的工作中，领导频繁表现出幽默
LH2	在今天的工作中，领导将幽默注入与员工互动的各种情境中
LH3	在今天的工作中，领导跟员工开玩笑

6.1.2 和谐工作激情量表

本研究采用 Vallerand 和 Houlfort（2003）编制的双重工作激情量表，并严格按照 Brislin（1980）建议的"翻译—回译"程序对量表进行处理。其中，和谐工作激情测量条目共计 7 个题项，以员工自评的方式考察其工作激情水平。本量表采用的李克特 5 点计分法（数值为 1 表示"非常不同意"，数值为 5 表示"非常同意"）已被国内外学者广泛使用，具有良好的信效度。需要强调的是，为准确真实反映在当日工作中，员工和谐工作激情的实际情况，在具体量表条目表述中，按照 Chan（1998）的参考—移位—组合—逻辑（referent-shift-composition-logic）建议，增加了"在今天的工作中"相关表述，修改后的和谐工作激情量表，详见表6-2。

表6-2 和谐工作激情量表

编号	题项
HP1	在今天的工作中，我有各种各样的愉快体验
HP2	在今天的工作中，我发现的新事物，让我更加热爱工作
HP3	在今天的工作中，我的工作带给我难忘的经历
HP4	在今天的工作中，我的优势得到体现
HP5	在今天的工作中，我的工作与我生活中的其他活动是很协调的
HP6	在今天的工作中，我能妥当地控制工作激情
HP7	在今天的工作中，我为我的工作着迷

6.1.3 创造力量表

本研究采用 Farmer，Tierney 和 Kung-Mcintyre（2003）根据 Tierney，Farmer 和 Graen（1999）开发的量表而改编的创造力量表，并严格按照 Brislin（1980）建议的"翻译—回译"程序对量表进行处理。其中，创造力量表共计 4 个题项，以员工自评的方式考察其创造力水平。本量表采用李克特 5 点计分法（数值为 1 表示"非常不同意"，数值为 5 表示"非常同意"），已被国内外学者广泛使用，具有良好的信度和效度。需要强调的是，为准确真实反映在当日工作中，员工创造力的实际情况，在具体量表条目表述中，按照 Chan（1998）的参考—移位—组合—逻辑（referent-shift-composition-logic）建议，增加了"在今天的工作中"相关表述，修改后的员工创造力量表，详见表6-3。

表6-3 创造力量表

编号	题项
CR1	在今天的工作中，我会首先尝试新的想法或方法
CR2	在今天的工作中，我会努力寻求新的方法去解决问题
CR3	在今天的工作中，我经常能产生一些开拓性想法
CR4	在今天的工作中，我是团队中的创新榜样

6.1.4 领导幽默动机归因量表

本研究采用第四章验证后的领导幽默动机归因量表，其包含3个维度13个测量条目。其中，关系改进动机归因包括"为了让员工更好表达想法""为了表达对员工的欣赏"等5个测量条目；绩效改进动机归因包括"希望以友善的方式提醒员工的错误或问题""希望促使员工更加努力工作"等4个测量条目；印象操控动机归因包括"企图通过操控幽默来实施对员工的影响""企图通过操控幽默来炫耀自身才能"等4个测量条目。该量表根据经典量表开发思路（Hinkin，1998），依次经过条目获取、条目净化、探索性因子分析、验证性因子分析、效度检验等规范程序检验，证实该量表具有良好的信效度。该量表采用的是李克特5点计分法（数值为1表示"非常不同意"，数值为5表示"非常同意"），领导幽默动机归因量表详见表6-4。

表6-4 领导幽默动机归因量表

维度	编号	问卷条目
关系改进动机	GXEM1	为了让员工更好表达想法
	GXEM2	为了表达对员工的欣赏
	GXEM3	为了获得员工的好感
	GXEM4	为了增进与员工之间的友谊
	GXEM5	为了营造和谐的工作环境
绩效改进动机	PEM1	希望以友善的方式提醒员工的错误或问题
	PEM2	希望促使员工更加努力工作
	PEM3	希望促使员工超额完成任务
	PEM4	希望促使员工提升工作质量
印象操控动机	IMM1	企图通过操控幽默来实施对员工的影响
	IMM2	企图通过操控幽默来炫耀自身才能
	IMM3	企图通过操控幽默来获取潜在组织回报
	IMM4	企图通过操控幽默来掩盖领导者自身存在的问题

6.1.5　控制变量

根据以往研究经验，本研究将性别、年龄、在当前单位工作年限和受教育程度，作为个体间层面的控制变量（Vallerand et al.，2003；Shalley et al.，2004；Liu et al.，2011）。此外，由于睡眠质量、积极情绪、消极情绪等对和谐工作激情以及创造力等会产生影响（Johnson，Lanaj，Barnes，2014；Pundt，Venz，2017），因此，本研究也将睡眠质量、积极情绪和消极情绪作为个体内层面的控制变量。具体如下：

（1）人口统计学变量

由于传统职场的刻板印象主要是以男性化特征为主，因此在角色定位等社会规范压力影响下，女性的工作激情可能会与性别角色之间出现不协调，甚至冲突（Murnieks，Cardon，Haynie，2020）。不同年龄段的人群由于自主性差异，其工作激情程度也有所相同（Curran et al.，2015）。个体会因为长期在某个公司工作而对公司充满感情和表现忠诚，但随着工作时间的增长，他的工作激情可能会有所消退（Ho et al.，2011）。受教育程度反映了任务领域的专业知识和技能水平，这些知识和技能将影响个体创造力（Amabile，1988）。综上所述，参考以往研究做法（Vallerand et al.，2003；Shalley et al.，2004；Liu et al.，2011），本研究将性别、年龄、在当前单位工作年限和受教育程度，作为个体间层面的控制变量。

（2）睡眠质量

睡眠是心理供给和能量恢复的重要调节过程。高质量睡眠能够稳定大脑代谢率，确保大脑前额叶皮质具有足够的资源或能量供应，从而缓冲日常情绪损耗带来的负面影响（Barber et al.，2010；Hofmann，Schmeichel，Baddeley，2012）。已有研究表明，个体睡眠质量与其工作态度和行为息息相关，低睡眠质量将损害个体身心健康，造成不良后果（Kahn et al.，1964；Barnes et al.，2015）。Wagner，Barnes，Lim 和 Ferris（2012）指出，低质量睡眠与工作时间内的网络闲逛（cyberloafing）呈正相关，进而导致低工作效率。相反，高质量睡眠则有利于形成早晨的积极情感，进而提升当日工作敬业度（Mcgrath et al.，2017）。基于上述分析，本研究将睡眠质量作为控制变量，并严格按照 Brislin（1980）建议的"翻译—回译"程序，对 Scott 和 Judge（2006）开发的睡眠质量量表进行处理。本量表采用李克特 5 点计分法（数值为 1 表示"非常不同意"，数值为 5 表示"非常同意"），睡眠质量量表详见表6-5。

表6-5　睡眠质量量表

编号	题项
SQ1	昨晚，我难以入睡
SQ2	今天，我起床太早
SQ4	昨晚，我夜里醒了好几次

（3）积极情绪和消极情绪

关于积极情绪和消极情绪，Watson，Clark 和 Tellegen（1988）强调，积极情绪高的员工更有能量、注意力和愉快地参与工作；反之，消极情绪高的员工则是主观痛苦和不愉快的，包含着各种厌恶、内疚和紧张的情绪状态。由于在工作日中，个体的积极情绪和消极情绪并非恒定不变的，而是一个此消彼长的动态过程，这种情绪的变化能够作为评估个体的组织公民行为的重要指标（Yang et al.，2016）。基于上述研究，我们将积极情绪和消极情绪作为个体内层面的控制变量。根据 Watson，Clark 和 Tellegen（1988）开发的 PANAS 量表，通过一系列描述情感变化的形容词来测量个体的情绪状态。其中，积极情绪的测量词包括，"热情的""快乐的"或"精力充沛的"，消极情绪的测量词包括，"心烦意乱的""生气的"或"忧虑的"（Watson et al.，1988）。本量表采用李克特5点计分法（数值为1表示"非常不同意"，数值为5表示"非常同意"），在具体量表条目表述中，按照 Chan（1998）的参考—移位—组合—逻辑（referent-shift-com-position-logic）建议，增加了"此时此刻"相关表述，修改后的积极情绪和消极情绪量表，详见表6-6。

表6-6　积极情绪和消极情绪量表

类别	编号	题项
积极情绪	PA1	此时此刻，我是充满热情的
	PA2	此时此刻，我是快乐的
	PA3	此时此刻，我是精力充沛的

表6-6(续)

类别	编号	题项
消极情绪	NA1	此时此刻，我是心烦意乱的
	NA2	此时此刻，我是生气的
	NA3	此时此刻，我是忧虑的

（4）前一天的和谐工作激情以及创造力

参考经典文献做法，通过控制前一天（prior-day）的结果变量，我们可以更好地确定核心变量之间因果关系的假定方向（Wang et al., 2013; Liao et al., 2020）。因此，本研究控制了前一天创造力，以检验领导幽默对于创造力变化的滞后影响（lagged manifestation）。

6.2 样本与程序

对于不同行业工作人群的样本分析，有助于提高研究的外部效度（Jia, Liden, 2015）。进一步地，Cooper 等人（2018）研究发现，不同行业的跨领域调研，更有助于全面分析领导幽默行为的普遍性。基于此，考虑到同一单位被测试过多可能影响组织日常事务管理，导致调研数据准确性偏低，尤其是针对领导幽默行为具有的普遍性特征，不同行业调研更能确保样本的丰富性和全面性，从而有效保证研究的外部效度。因此，根据已有研究经验，为了更好提升问卷科学性和调研准确性，本研究选定的调研对象主要来自三个不同区域的组织机构，这些组织代表着不同的业务范围：成都市某高校 MBA（从事全职工作）、德阳市某人民医院和西南地区高校行政管理教师，所有研究对象均有直接领导，并存在每日互动沟通情境。

鉴于网络问卷可能存在填写不认真、回收率低等问题，本研究参照当前主流动态研究做法，采用现场发放问卷的方式来收集数据（周海明，陆欣欣，时勘，2018；康勇军，彭坚，2019）。本研究遵循 Demerouti 和 Rispens（2014）关于大学生在数据收集过程的建议，招募了 12 名在校大学生作为调研人员，协助开展问卷的打印、发放和回收整理工作。为了尽可能提升社会赞许性和降低共同方差影响，真实反映调研实际情况，研究主要分为三个阶段，详见表6-7。

表 6-7　调研数据收集流程

序列	时间	对象	内容
第一阶段	2021年3月31日	企业领导、联络员、拟参与调研被试	问卷宣讲，介绍本研究目的、主题、意义和问卷填写流程要求
第二阶段	2021年4月14日	350名被试	一次性问卷发放和收集，统计学变量、领导幽默动机归因
第三阶段	2021年5月17—5月28日	350名被试	日志问卷发放和收集，开展连续10个工作日的日志问卷调研，员工每日填写积极与消极情绪、睡眠质量、领导幽默、自身和谐工作激情和创造力等变量问卷

第一阶段，问卷宣讲。在与各组织机构主要领导沟通好调研安排事项后，笔者及两名调研助理分别共同前往三个组织，向组织联络人员、拟参与调研被试等介绍本研究目的、主题、意义和问卷填写流程要求等，明确告知被试调研结果的匿名性和保密性。同时，建立三个组织机构对应的调研沟通群，方便调研组联络员及时通知和提醒被试。

第二阶段，一次性问卷发放和收集。针对员工的一次性问卷除了性别、年龄、学历、工作年限等基本问题外，还涉及员工关于领导幽默动机归因的13道题项（为了让员工更好表达想法，为了表达对员工的欣赏，为了获得员工的好感，为了增进与员工之间的友谊，为了营造和谐的工作环境等），参与调研的人数共计350人。其中，MBA为90人，德阳市某人民医院220人，西南地区高校行政管理教师40人。在发放一次性问卷时，调研人员将标有同一编号的信封和问卷发放给被试，再次明确调研的匿名性和自愿性。填写完毕后，被试将问卷及信封直接交回调研人员，确保调研内容的保密性。一次性调查问卷，详见附录5。

第三阶段，日志问卷发放和收集。在一次性问卷收集一个月后，开展连续10个工作日的日志问卷调研，员工每日填写积极与消极情绪、睡眠质量、领导幽默、自身和谐工作激情和创造力等变量问卷。参考Johnson等（2014）学者的做法，在综合考虑各调研单位实际工作情况基础上，本研究设置每日上下午各填写1份不同的追踪问卷，参与调研的人数共计350

人。调研人员将标有同一编号的信封和问卷发放给被试,确保所有被试拿到的信封编号与第二阶段一次性问卷时的编号一致,再次向被试明确调研的匿名性和自愿性。填写完毕后,被试将问卷及信封直接交回调研人员,确保调研内容的保密性。由于积极、消极情绪以及睡眠质量所受外界干扰最低时段为早上,记忆偏差更低。因此,上午问卷主要是考察以上三个控制变量,并要求被试在上午7:30—9:30完成,经验取样法上午调查问卷详见附录6。同时,临近下班时间,员工当日的工作事件、幽默感受、工作表现等已基本确定,故在下午16:30—18:00要求被试填写领导幽默、和谐工作激情和创造力的调查问卷。下午调查问卷详见附录7。需要指出的是,由于MBA人员性质较为特殊,本研究预先将MBA被试对象召集起来,分发接下来连续5个工作日的日志问卷信封,早晚问卷分别为不同的小信封,两个小信封置于已编号的每日问卷大信封中,并于本周测试结束后收齐,再以同样方式发放第二周连续5个工作日的早晚日志问卷。

最终,针对收集的一次性问卷和日志问卷,按照以下三种标准对所有问卷进行筛选剔除:第一,缺少一次性问卷或任一次日志问卷内容的,如某一问卷有三项及以上未填写的;第二,一次性问卷或日志问卷作答出现明显规律性,如全部选择同一数字等;第三,反向题作答与其他题项出现矛盾的。研究人员向350名员工发放调查问卷,共计回收一次性问卷324份和日志问卷5 946份,其中上午3 041份,下午2 905份。通过对两个阶段的数据进行匹配分析发现,最终有259名员工完成了一次性问卷和连续10个工作日每日2次的日志问卷,获得259份个体间有效数据、5 180份个体内有效数据。调研样本人口统计学变量分布情况,详见表6-8。具体组成情况如下:

表6-8 调研样本人口统计学变量分布情况

指标	类别	频数	百分比
性别	男	97	37.45%
	女	162	62.55%
年龄	29 岁及以下	67	25.87%
	30~39 岁	120	46.33%
	40 岁及以上	72	27.80%

表6-8(续)

指标	类别	频数	百分比
学历	高中及以下	38	14.67%
	专科	51	19.69%
	本科	94	36.29%
	硕士及以上	76	29.34%
工作年限	5 年及以下	126	48.65%
	6~10 年	47	18.15%
	11 年及以上	133	51.35%

性别：从员工性别分布来看，在 259 名被试者中，男性员工人数为 97 人，占比为 37.45%；女性员工人数为 162 个，占样本总数的 62.55%。从性别比例角度来看，男性被试者人数相对偏少。

年龄：从员工年龄分布来看，在 259 名被试者中，员工年龄最小的为 20 岁，年龄最大的为 58 岁，平均年龄为 36 岁。其中 29 岁（含）及以下 67 人，占比 25.87%；30（含）~39 岁（含）120 人，占比 46.33%；40 岁（含）及以上 72 人，占比 27.80%。从员工的年龄跨度来看，研究样本包括了员工职业生涯的不同阶段，这表明样本的年龄分布具有较好的代表性。同时，处于职业中期和成熟期的员工较多，研究结果可能相对更加稳定。

受教育程度：从员工受教育水平来看，在 259 名被试者中，高中及以下学历人数为 38 人，占比 14.67%；专科学历人数为 51 人，占比 19.69%；本科学历人数为 94 人，占比 36.29%；硕士学历人数为 76 人，占比 29.34%。从员工学历来看，样本学历分布分散，样本具有较好的代表性。

工作年限：从员工工作年限来看，在 259 名被试者中，工作年限最小不满 1 年，最大为 40 年。其中，工作年限为 5 年（含）及以内的有 126 人，占比 48.65%；6（含）~10 年（含）47 人，占比 18.15%；11 年（含）及以上 133 人，占比 51.35%。从工作年限来看，大部分员工在工作岗位上时间较长，具有丰富工作经历，样本具有较好的代表性。

6.3 分析方法

本研究的数据结构是嵌套数据，即同时收集了反映员工个体水平和工作日水平体验的量表，其中个体工作日水平的变量嵌入个体之内。根据 Edwards 和 Lambert（2007）的建议，本研究采用包含随机截距模型（random intercept models）的多层次路径分析对研究假设进行检验，在验证员工个体内层面的假设时可以将来自个体间层面的因素考虑进去（Schilpzand et al., 2018; Tepper et al., 2018）。同时，根据现有经典研究范式（Enders, Tofighi, 2007），为了尽可能降低预测变量个体间差异干扰，保证分析结果反映的是个体内的差异关系，本研究提前分别对个体内变量进行组中心化处理（group-mean centering），对个体间变量进行总中心化处理（grand-mean centering）。

SPSS 26.0 和 Mplus 8.3 为本研究的主要数据统计及分析的工具。其中 SPSS 26.0 用于对领导幽默、和谐工作激情、创造力、领导幽默动机归因、睡眠质量、积极情绪和消极情绪七个变量量表进行信效度分析、描述性统计分析和相关性检验；Mplus 8.3 用于验证性因子分析（CFA）和假设检验（Muthén et al., 2017）。由于数据结构的嵌套性，本研究通过多水平验证性因子分析（MCFA）来评估理论模型中潜变量的因子结构。本研究通过在 Mplus 8.3 中写入"cluster = individual"和"type = twolevel random"等代码来和嵌套数据结构相匹配。

本研究在进行假设检验时，首先，借助零模型检验对个体内和个体间的方差分量进行估计，确保个体内水平变异具有非随机特征，从而表明采用日志研究法的必要性（Dalal et al., 2009）。其次，通过路径分析的方法对主效应进行检验（Edwards, Lambert, 2007）。再次，为了准确反映多水平模型中，间接检验效应抽样分布的不对称性质。在检验中介效应和有调节的中介效应时，采用蒙特卡洛方法（Monte Carlo）和开源 R 软件（Preacher, Zyphur, Zhang, 2010; Selig, Preacher, Little, 2012）。最后，采用简单斜率检验（simple slope test）方法验证不同领导幽默归因的调节效应，分别计算调节变量"高/低"（均值+/−1 个标准差）时的调节情况，并绘制了不同归因情况下的调节效应图（Aiken, West, 1991）。

6.4 数据处理

6.4.1 描述性统计分析

在假设检验之前，本研究先按照 ID 对样本数据进行分类汇总，将个体内层面的变量聚合到个体间水平后，并通过计算个体内和个体间层面各变量的均值、标准差和变量间相关系数，以检验变量之间的相关性是否符合研究预期。描述性统计和各变量间相关分析结果，详见表 6-9。

由表 6-9 描述性统计结果可知，各变量均值分别为：领导幽默（$M=3.25$），和谐工作激情（$M=3.96$），创造力（t）（$M=3.72$），创造力（$t+1$）（$M=3.72$），积极情绪（$M=4.23$），消极情绪（$M=2.79$），睡眠质量（$M=2.53$），关系改进动机（$M=3.70$），绩效改进动机（$M=3.70$），印象操控动机（$M=3.38$），员工工作年限（$M=9.32$），年龄（$M=35.92$）。

由表 6-9 变量间相关系数结果可知，领导幽默与和谐工作激情呈正相关（$r=0.56$，$p<0.01$）、与创造力（$t+1$）呈正相关（$r=0.30$，$p<0.01$）、与关系改进动机呈正相关（$r=0.27$，$p<0.01$）、与绩效改进动机之间也存在显著正相关关系（$r=0.27$，$p<0.01$），而与印象操控动机之间存在显著负相关关系（$r=-0.23$，$p<0.01$）；和谐工作激情与创造力（$t+1$）存在显著正相关关系（$r=0.55$，$p<0.01$），与关系改进动机呈正相关（$r=0.27$，$p<0.01$）、与绩效改进动机之间也存在显著正相关关系（$r=0.28$，$p<0.01$），而与印象操控动机之间存在显著负相关关系（$r=-0.24$，$p<0.01$）；创造力（$t+1$）与关系改进动机呈正相关（$r=0.18$，$p<0.01$）、与绩效改进动机之间也存在显著正相关关系（$r=0.12$，$p<0.01$），而与印象操控动机之间存在显著负相关关系（$r=-0.24$，$p<0.01$）。上述变量间的相关性结果与理论模型预期是一致的，这为后续假设分析提供了初步证据。

表6-9 描述性统计分析结果

变量	均值	标准差（个体内）	标准差（个体间）	1	2	3	4	5	6	7	8	9	10	11	12	13	14
个体内变量																	
1. 睡眠质量	2.53	.65	.42	(.85)											.04	.02	-.02
2. 积极情绪	4.23	.69	.49	-.18**	(.77)										.19**	.18**	-.15*
3. 消极情绪	2.79	.58	.38	.31**	-.34**	(.70)									-.12**	-.09**	.06**
4. 领导幽默	3.25	.83	.69	.003	.21**	-.09**	(.91)								.33**	.33**	-.27**
5. 和谐工作激情	3.96	.63	.51	-.09**	.36**	-.19**	.56**	(.91)							.33**	.34**	-.30**
6. 创造力（t）	3.72	.60	.42	-.08**	0.28**	-.15**	.23**	0.40**	(.91)						.21**	.14*	-.16*
7. 创造力（t+1）	3.72	.60	.47	-.11**	.30**	-.18**	.30**	.55**	.97**	(.91)					.22**	.15*	-.17*
个体间变量																	
8. 性别	.37	.48	.48	.04	.10**	-.03	.03	.11**	.12	.10**	—				-.02	-.003	-.01
9. 年龄	35.92	9.40	9.40	-.05*	.19**	-.14**	.06*	.14**	.18**	.15**	.28**	—			.02	.02	.04
10. 学历	2.80	1.02	1.02	-.06**	-.14**	.05*	-.04	-.04*	-.02	-.01	.10**	-.13**	—		-.17**	-.14**	.07*
11. 工作年限	9.32	10.21	10.21	.04	.11**	-.04**	-.03	-.01	.06	.05*	.24**	.56**	-.02	—	-.06	-.05	.05
12. 关系改进动机	3.70	.65	.65	.02	.14**	-.08**	.27**	.27**	.21**	.18**	-.02	.02	-.17**	-.06**	(.90)	.89**	-.78**
13. 绩效改进动机	3.70	.66	.66	.01	.13**	-.06*	.27**	.28**	.14*	.12**	.003	.02	-.14**	-.05*	.89**	(.82)	-.80**
14. 印象操控动机	3.38	.70	.70	-.01	-.10**	.04	-.23**	-.24**	-.16*	-.13**	-.01	.04	.07*	.05*	-.78**	-.80**	(.82)

注：N（个体内层面）=2 072，N（个体间层面）=259。显著性水平，* 表示 $p<0.05$，** 表示 $p<0.01$；对角线括号内的数据为各变量的总平均内部一致性系数；个体内变量与个体间变量之间变量聚合到个体内水平后计算得到的相关系数。

6.4.2　信度和效度检验

为了更好了解本研究理论模型中变量的稳定性情况，我们需要对研究模型涉及变量进行信度和效度分析，包括领导幽默、和谐工作激情、创造力、关系改进动机、绩效改进动机、印象操控动机、睡眠质量、积极情绪和消极情绪九个变量。

1. 信度检验

信度是用来评估测量结果稳定性、可靠性和一致性的指标，反映测量结果免受误差影响的程度，一般用 Cronbach's α 数值反映，数值越高，代表系统误差越小（温忠麟，叶宝娟，2011）。若 Cronbach's α 为 0.60~0.70，表明结果尚可；数值范围为 0.70~0.80 表明结果良好；数值范围在 0.80 及以上则表明结果高度可信（德威利斯，2010）。

在信度分析方面，本研究采用经验取样法共收集了连续 10 个工作日的数据，求出各变量每一天的信度，并进一步得出各量表的 10 日总平均信度。由表 6-10 各量表信度检验结果可知，所有变量的单日和总平均 Cronbach's α 值均大于 0.7，代表整体量表信度水平较高。尤其领导幽默、和谐工作激情、创造力、关系改进动机量表，信度水平均在 0.9 及以上，表明量表的信度水平较为理想。基于此，各主要变量量表的内部一致性良好。

表 6-10　量表的信度检验情况

变量	条目数	1	2	3	4	5	6	7	8	9	10	总平均
领导幽默	3	.83	.88	.89	.90	.90	.92	.94	.94	.94	.93	.91
和谐工作激情	7	.88	.89	.91	.91	.91	.92	.93	.91	.92	.91	.91
创造力	4	.91	.91	.89	.91	.90	.91	.91	.93	.90	.93	.91
睡眠质量	3	.86	.84	.84	.86	.86	.86	.87	.85	.85	.87	.86
积极情绪	3	.75	.79	.71	.79	.72	.82	.76	.79	.74	.79	.76
消极情绪	3	.73	.70	.65	.69	.69	.75	.69	.72	.67	.76	.70
关系改进动机	5	.90	.90	.90	.90	.90	.90	.90	.90	.90	.90	.90
绩效改进动机	4	.82	.82	.82	.82	.82	.82	.82	.82	.82	.82	.82
印象操控动机	4	.82	.82	.82	.82	.82	.82	.82	.82	.82	.82	.82

注：N（个体内层面）= 2 072，N（个体间层面）= 259。

2. 效度检验

效度主要用于评估测量的有效性，反映测试的准确性和有用性。本研究采用探索性因子分析方法，首先根据10个工作日多次测量的数值计算出被试者10天的均值，对个体内变量（领导幽默、和谐工作激情、创造力、睡眠质量、积极情绪、消极情绪）进行组中心化处理，对个体间变量（领导幽默归因）进行总中心化处理，进而使用SPSS26.0软件通过KMO球形检验和Bartlett球形来检验各量表的效度情况。Dulac等（2008）给出了常用的KMO度量标准：0.9以上即为"非常适合"，0.8~0.9即为"很适合"，0.7~0.8即为"合适"，0.6~0.7即为"尚可"，0.5以下即为不合适，同时累计解释方差应当超过50%。Bartlett球形检验判断标准是当p值<0.05时，代表变量因子分析有效；反之，变量间不具有相关性，因子分析无效（Dulac et al., 2008）。本研究主要变量的效度分析结果详见表6-11。

由表6-11可以得出，除了睡眠质量与消极情绪的KMO值为0.67，其他变量的KMO值都大于0.7，均满足KMO值大于0.5的标准，且所有变量的Bartlett球形检验p值均为0.00。以上检验结果代表各个变量间的共同因子较多，变量间的相关性较高，适合做因子分析。

表6-11　各量表的效度检验结果

变量	题项数	KMO	Bartlett球形检验值	累计解释方差/%
领导幽默	3	.73	.00	84.53
和谐工作激情	7	.93	.00	64.65
创造力	4	.85	.00	79.77
睡眠质量	3	.67	.00	77.70
积极情绪	3	.70	.00	68.34
消极情绪	3	.67	.00	62.57
关系改进动机	5	.88	.00	71.35
绩效改进动机	4	.78	.00	65.91
印象操控动机	4	.76	.00	65.49

注：N（个体内层面）= 2 072，N（个体间层面）= 259。

6.4.3　区分效度检验

本研究运用验证性因子分析（CFA）检验领导幽默、和谐工作激情、创造力、关系改进动机、绩效改进动机、印象操控动机、睡眠质量、积极情绪和消极情绪的区分效度，以确保研究模型中各变量得以区分。本研究使用 Mplus8.3 软件检验以下指标：近似误差均方根（RMSEA）、标准化残差均方根（SRMR）、比较拟合指数（CFI）、非规范拟合指数（TLI）、卡方统计量（χ^2）、自由度（df），具体的拟合参考值标准如表6-12所示。

表6-12　拟合指数及其参考值标准

拟合指数	拟合标准值或临界值
RMSEA	小于 0.1 表示可以接受；小于 0.05 表示拟合较好（Steiger, 1990）
SRMR	取值范围 0~1，大于 0.08 表示模型拟合情况不好（Hu, Bentler, 1999）
CFI	大于 0.95，模型可以接受（Hu, Bentler, 1999）
TLI	大于 0.9，模型可以接受，接近 1 最好（Tucker, Lewis, 1973）
χ^2/df	大于1且小于5，越小表示拟合越理想（Marsh, Hocevar, 1985）

注：根据文献整理所得。

由于研究数据以日志法收集，分为个体内和个体间两个层面，因而在报告 SRMR 拟合结果时，分为个体内和个体间两种报告值。同时，考虑到个体内层面和个体间层面的变量因子不能跨层合并，因而本研究的区分效度检验模型中不纳入单因子模型。变量间区分效度验证性因子分析结果，详见表6-13所示。

根据拟合参考值标准表 6-12 所示，当 χ^2/df 介于 1~5，RMSEA < 0.05，SRMR<0.08，CFI>0.90，TLI>0.90 时，表明因子模型的拟合指标值较为理想，拟合适配度良好。根据表 6-13 的结果可知，九因子模型的各类拟合指数为：$\chi^2 = 696.32$，df = 277，$\chi^2/df = 2.51$，RMSEA = 0.03，CFI = 0.98，TLI = 0.98，$SRMR_{个体内} = 0.03$，$SRMR_{个体间} = 0.04$，符合参考值标准表 6-12 要求。同时，依次将九因子模型拟合指标与其他八因子模型（M2-M19）的拟合指标对比后发现，九因子模型拟合效果是最优的，其包含的领导幽默、和谐工作激情、创造力、关系改进动机、绩效改进动机、印象操控动机、睡眠质量、积极情绪以及消极情绪这九个变量的区分效度最高。由此可知，九因子模型（M1）的各个变量可以被准确清晰地区别开来。

表 6-13 变量间区分效度的验证性因子分析（CFA）

模型	χ^2	df	χ^2/df	$\Delta\chi^2$/Δdf	RMSEA	CFI	TLI	SRMR 个体内	SRMR 个体间
M1	696.32	277	2.51	–	.03	.98	.98	.03	.04
M2	2 971.62	282	10.54	455.06**	.07	.87	.85	.05	.04
M3	4 237.72	282	15.03	708.28**	.08	.81	.77	.09	.04
M4	3 407.21	282	12.08	542.18**	.07	.85	.82	.09	.04
M5	2 168.28	282	7.69	294.39**	.06	.91	.89	.08	.04
M6	1 877.40	282	6.66	236.22**	.05	.92	.91	.08	.04
M7	3 566.74	282	12.65	574.08**	.08	.84	.81	.06	.04
M8	3 389.69	282	12.02	538.67**	.07	.85	.82	.08	.04
M9	1 843.37	282	6.54	229.41**	.05	.92	.91	.06	.04
M10	1 777.70	282	6.30	216.28**	.05	.93	.91	.07	.04
M11	3 373.54	282	11.96	535.44**	.07	.85	.82	.08	.04
M12	1 983.29	282	7.03	257.40**	.06	.92	.90	.08	.04
M13	1 780.65	282	6.31	216.87**	.05	.93	.91	.07	.04
M14	2 270.98	282	8.05	314.93**	.06	.90	.89	.10	.04
M15	1 562.44	282	5.54	173.22**	.05	.94	.93	.06	.04
M16	1 387.15	282	4.92	138.17**	.04	.95	.94	.05	.04
M17	763.28	279	2.74	33.48**	.03	.98	.97	.03	.05
M18	823.20	279	2.95	63.44**	.03	.97	.97	.03	.06
M19	731.90	279	2.62	17.79**	.03	.98	.97	.03	.04

注：N（个体内层面）= 2 072，N（个体间层面）= 259。所有的 $\Delta\chi^2$/Δdf 都是与九因子模型对比得出的结果，其中 M1 为九因子模型，将领导幽默、和谐工作激情、创造力、关系改进动机、绩效改进动机、印象操控动机、积极情绪、消极情绪和睡眠质量分别视作九个独立维度；M2~M19 均为八因子模型，其中：M2 将领导幽默和和谐工作激情视为一个维度，M3 将领导幽默和创造力视为一个维度，M4 将领导幽默和睡眠质量视为一个维度，M5 将领导幽默和积极情绪视为一个维度，M6 将领导幽默和消极情绪视为一个维度，M7 将和谐工作激情和创造力视为一个维度，M8 将和谐工作激情和睡眠质量视为一个维度，M9 将和谐工作激情和积极情绪视为一个维度，M10 将和谐工作激情和消极情绪视为一个维度，M11 将创造力和睡眠质量视为一个维度，M12 将创造力和积极情绪视为一个维度，M13 将创造力和消极情绪视为一个维度，M14 将睡眠质量和积极情绪视为一个维度，M15 将睡眠质量和消极情绪视为一个维度，M16 将积极情绪和消极情绪视为一个维度，M17 将关系改进动机和绩效改进动机视为一个维度，M18 将关系改进动机和印象操控动机视为一个维度，M19 将绩效改进动机和印象操控动机视为一个维度。显著性水平，* 表示 $p<0.05$，** 表示 $p<0.01$（双尾）。

6.4.4 共同方法偏差检验

共同方法偏差是因为使用的测量工具或方法存在而问题引起的，从而使得研究结论与实际情况不符（周浩，龙立荣，2004；Spector et al.，2019）。为了检验共同方法偏差问题，根据 Podsakoff 等（2003）建议，当采用未旋转的主成分分析方法得到的第一个因子方差低于 40% 时，则表明不存在明显的共同方法偏差（Common Method Variance）。在此基础上，本研究使用 Harman 单因素检验方法来对研究中的共同方法偏差进行检验。针对领导幽默、和谐工作激情、创造力、睡眠质量、积极情绪、消极情绪、关系改进动机、绩效改进动机和印象操控动机九个变量，本研究运用主成分分析法，进行特征值因子提取，具体见表 6-14。其中，第一个因子解释的因子方差为 26.27%，小于 40%。由此可见，模型中九个变量受到共同方法偏差的影响较小。

表 6-14　被解释的总方差水平

成分	初始特征值			提取平方和载入值		
	总计	方差的%	累积%	总计	方差的%	累积%
1	9.46	26.27	26.27	9.46	26.27	26.27
2	5.43	15.08	41.35	5.43	15.08	41.35
3	2.86	7.94	49.29	2.86	7.94	49.29
4	2.01	5.57	54.86	2.01	5.57	54.86
5	1.68	4.65	59.51	1.68	4.65	59.51
6	1.31	3.64	63.14	1.31	3.64	63.14
7	1.22	3.39	66.53	1.22	3.39	66.53
8	1.05	2.93	69.46	1.05	2.93	69.46

注：N（个体内层面）= 2 072，N（个体间层面）= 259；提取方法为主成分分析法。

6.4.5 多重共线性检验

多重共线性是线性回归模型中的自变量间存在的高度相关关系的问题（Everitt，Dunn，2001）。严重的多重共线性，会导致模型估计失真或难以准确估计，引起回归系数与实际情况不一致，甚至导致研究结论背道而驰的问题。多重共线性的检验标准为：如果容差小于 0.1，方差膨胀因子大于 10，则表明自变量间存在多重共线性问题；如果容差大于 0.1，方差膨胀因子小于 10，则表明不存在多重共线性问题（Everitt，Dunn，2001）。基于此，本研究采用方差膨胀因子检验法，以创造力作为因变量进行多重共线性检验。由表 6-15 的多重共线性检验结果可以看出，自变量的容差介于 0.18 与 0.91 之间，且方差膨胀因子介于 1.11 与 5.46 之间，表明自变量间不存在显著的多重共线性问题。

表 6-15 多重共线性检验的情况

变量	未标准化系数		标准系数	t	Sig.	共线性统计量	
	系数	标准误差				容差	VIF
（常量）	1.60	.23		6.90	.00		
性别	.03	.02	.02	1.04	.30	.88	1.14
年龄	.003	.001	.05	2.30	.02	.62	1.62
学历	.02	.01	.04	2.11	.04	.91	1.11
工作年限	.001	.001	.01	.47	.64	.67	1.50
睡眠质量	-.04	.02	-.04	-2.00	.05	.87	1.15
积极情绪	.09	.02	.10	4.90	.00	.76	1.31
消极情绪	-.02	.02	-.02	-1.21	.23	.81	1.24
领导幽默	-.01	.02	-.01	-.56	.58	.67	1.50
和谐工作激情	.47	.02	.50	21.61	.00	.60	1.67
关系改进动机	.25	.04	.27	6.67	.00	.19	5.23
绩效改进动机	-.27	.04	-.30	-7.05	.00	.18	5.46
印象操控动机	-.03	.03	-.03	-1.04	.30	.33	3.02

注：因变量为第 $t+1$ 天的创造力。

6.5 假设检验

本研究运用 SPSS26.0、Mplus8.3 和 R 软件对数据进行零模型检验及研究假设检验，进而得出假设检验的结果，并对检验结果展开针对性的讨论和分析。

6.5.1 零模型检验

本研究构建的理论模型中既有个体内层面的变量，如领导幽默、和谐工作激情、创造力、睡眠质量、积极情绪、消极情绪，也有个体间层面的变量，如关系改进动机、绩效改进动机和印象操控动机，因而需要建立多层次模型来检验和分析研究假设。需要强调的是，在构建多层次模型之前还需要构建一个零模型（null model），此模型设置为斜率为 0 且仅包含截距项，不包含自变量。零模型意味着被解释变量 Y 在各个水平（个体内层面、个体间层面）上的总体变异程度，能够有效表明 Y 在不同水平上的变异量。

具体而言，将理论模型中的主要变量作为结果变量分别进行零模型检验，各变量具体的变异情况如表 6-16 所示。ICC 不仅反映个体间变异也反映个体内变异水平。当 ICC 小于 0.059 时，属于小的组内相关；介于 0.059 和 0.138 之间，属于中等的组内相关；高于 0.138，则属于高度的组内相关。因此，当 ICC 大于 0.059 时，就需要使用多水平模型进行分析。由表 6-16 的结果可知，领导幽默存在 36.19% 的个体内水平变异，和谐工作激情存在 39.65% 的个体内水平变异，创造力在 t 时间点和 $t+1$ 时间点分别存在 57.06% 和 43.73% 的个体内水平变异，而睡眠质量的个体内水平变异为 67.77%，积极情绪的个体内水平变异为 57.23%，消极情绪的个体内水平变异为 66.19%。结果表明，各主要变量均存在着非随机并且无法忽略的个体内水平变异，这从数理统计的角度证明了本研究采用日志研究法进行分析的必要性。并且，领导幽默这一主变量在个体内的变异水平为 36.19%，表明领导幽默在个体内存在显著变化，假设 1 得到验证。

表 6-16 零模型检验的情况

编号	变量	个体内方差	个体间方差	个体内方差占总方差的比率 ICC
1	领导幽默（t）	.25	.44	36.19%
2	和谐工作激情（t）	.16	.24	39.65%
3	创造力（t）	.20	.15	57.06%
4	创造力（$t+1$）	.16	.20	43.73%
5	睡眠质量（t）	.29	.14	67.77%

表6-16（续）

编号	变量	个体内方差	个体间方差	个体内方差占总方差的比率 ICC
6	积极情绪（t）	.27	.20	57.23%
7	消极情绪（t）	.23	.12	66.19%

注：N（个体内层面）= 2 072，N（个体间层面）= 259。

6.5.2 主效应检验

由表6-17中模型2的结果可知，每日领导幽默的回归系数显著（模型2，$\beta = 0.14$，$p < 0.001$），这说明每日领导幽默对员工 $t+1$ 天创造力具有显著的正向影响。换句话说，假设2提出的每日领导幽默会增加员工 $t+1$ 天创造力得到验证。由表6-17中模型1的结果可知，每日领导幽默对员工每日和谐工作激情具有显著的正向影响（模型1，$\beta = 0.31$，$p < 0.001$），即每日领导幽默会显著提高员工每日和谐工作激情，故假设3成立。模型3表明，员工每日和谐工作激情正向影响员工 $t+1$ 天创造力（模型3，$\beta = 0.26$，$p < 0.001$），当员工每日和谐工作激情增强时，其 $t+1$ 天创造力也将得到提升，故假设4成立。

表 6-17　领导幽默、和谐工作激情与员工的创造力之间的关系

变量	和谐工作激情 模型1		第 $t+1$ 天创造力 模型2		第 $t+1$ 天创造力 模型3		第 $t+1$ 天创造力 模型4	
	系数	标准误	系数	标准误	系数	标准误	系数	标准误
截距项	3.92 ***	.04	3.69 ***	.04	2.67 ***	.17	2.80 ***	.15
层1变量								
1. 领导幽默	.31 ***	.03	.14 ***	.03			.03	.03
2. 和谐工作激情					.26 ***	.04	.22 ***	.04
3. 睡眠质量	-.01	.02	-.02	.02	-.02	.02	-.02	.02
4. 积极情绪	.06 ***	.02	.02	.02	.01	.02	.01	.02
5. 消极情绪	-.02	.02	-.001	.02	-.01	.02	.002	.02
6. 第 t 天创造力			.02	.03	.04	.03	.02	.03
层2变量								
1. 性别	.10	.07	.10	.06	.01	.05	.08	.05
2. 年龄	.01 ***	.003	.01 ***	.003	.003	.002	.01 ***	.002
3. 学历	-.01	.03	.003	.03	.02	.02	-.01	.02

表6-17(续)

变量	和谐工作激情		第 $t+1$ 天创造力		第 $t+1$ 天创造力		第 $t+1$ 天创造力	
	模型 1		模型 2		模型 3		模型 4	
	系数	标准误	系数	标准误	系数	标准误	系数	标准误
4. 工作年限	-. 01**	. 003	-. 004	. 003	. 001	. 002	-. 004	. 002
层 1 伪 R^2	. 44	. 19	. 11	. 44				
层 2 伪 R^2	. 35	. 05	. 03	. 43				

注：N（个体内层面）= 2 072，N（个体间层面）= 259；Pseudo-R2 的计算方法参考 Rauden-bush 和 Bryk（2002）的做法，伪 R2 是伪可决系数，虽不完全等于 R2，但大致可以说明回归直线对观测值的拟合程度，即（以下同）：伪 R2 = 1 -（$\hat{\sigma}^2 + \tau$）/ Var（yij）；$^* p < 0.05$，$^{**} p < 0.01$，$^{***} p < 0.001$。

6.5.3 中介效应检验

本研究的假设 5 是考察和谐工作激情在领导幽默与创造力之间的中介效应。根据 Baron，Kenny（1986）的研究建议，首先，检验自变量领导幽默与中介变量和谐工作激情间的关系。模型 1 的结果显示，领导幽默对和谐工作激情有显著的正向影响（$\beta = 0.31$，$p < 0.001$）。其次，模型 3 的结果显示，和谐工作激情对员工第 $t+1$ 天创造力有显著的正向影响（$\beta = 0.26$，$p < 0.001$）。最后，当把领导幽默与和谐工作激情同时放入回归方程后（模型 4），领导幽默对员工第 $t+1$ 天创造力的影响显著减弱（$\beta = 0.03$，$n. s.$），而和谐工作激情对员工第 $t+1$ 天创造力有显著的正向影响（$\beta = 0.22$，$p < 0.001$），因此中介效应得以验证。为进一步验证该中介效应的显著性，本研究根据 Selig 等人（2012）的做法，通过在线 R 软件对假设 5 使用蒙特卡洛法进行跨层次中介效应分析。由分析结果可知，和谐工作激情在领导幽默与创造力之间所起的中介效应值为 0.11，95% 的置信区间为 [0.07，0.14]，不包括 0，表明和谐工作激情在领导幽默与创造力之间所起的中介效应显著。因此，假设 5 成立。

6.5.4 调节效应检验

（1）关系改进动机归因的调节效应分析

本研究的假设 6 是探索关系改进动机归因在领导幽默与和谐工作激情之间的正向调节作用。为更好地检验该调节效应的显著性，本研究使用 Mplus 8.3 对假设 6 进行了调节效应分析，分析结果如表 6-18 所示。

表 6-18　关系改进动机的调节效应检验

变量	和谐工作激情		第 $t+1$ 天创造力	
	系数	标准误	系数	标准误
截距项	3.92***	.04	3.69***	.04
层 1 变量				
1. 领导幽默	.31***	.03	.06**	.03
2. 和谐工作激情			.29***	.04
3. 睡眠质量	-.01	.02	-.02	.02
4. 积极情绪	.06***	.02	.003	.02
5. 消极情绪	-.02	.02	-.01	.02
6. 第 t 天创造力			.03	.03
层 2 变量				
1. 关系改进动机	.26***	.05		
2. 性别	.12*	.06	.08	.06
3. 年龄	.01***	.004	.01***	.003
4. 学历	.01	.03	.03	.03
5. 工作年限	-.01**	.003	-.002	.002
6. 领导幽默×关系改进动机	.13***	.05		
层 1 伪 R^2	.33		.12	
层 2 伪 R^2	.17		.05	

注: N（个体内层面）= 2 072，N（个体间层面）= 259；* $p<0.05$，** $p<0.01$，*** $p<0.001$。

由分析结果可以看出，领导幽默与关系改进动机交互项的回归系数显著（$\beta = 0.13$，$p < 0.01$），表明关系改进动机在领导幽默与和谐工作激情之间起正向调节作用，假设 6 得到支持。为了进一步清晰地呈现领导幽默与关系改进动机归因的交互项是如何影响员工和谐工作激情的，根据Aiken 和 West（1991）的建议，绘制出不同程度的关系改进动机归因情况下领导幽默和员工和谐工作激情之间的关系（见图 6-1）。由图 6-1 可知，当员工的关系改进动机归因较高时，领导幽默对和谐工作激情的正向影响更强。简单斜率分析的结果表明，当关系改进动机归因较高（均值+1 个标准差）时，领导幽默对和谐工作激情具有显著的正向影响（$\beta = 0.39$，

$p<0.001$）。当关系改进动机归因较低（均值−1个标准差）时，领导幽默对和谐工作激情的正向影响有所削弱（$\beta = 0.23$, $p < 0.001$），并且两组差异显著（$\beta = 0.16$, $p < 0.001$）。

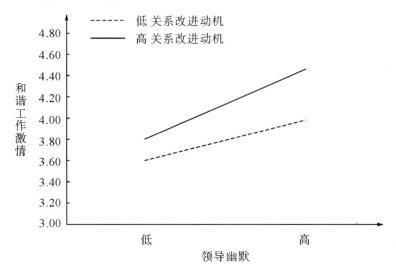

图 6-1　关系改进动机归因的调节效应

（2）绩效改进动机归因的调节效应分析

本研究的假设 7 是探索绩效改进动机归因在领导幽默与和谐工作激情之间的正向调节作用。为更好地检验该调节效应的显著性，本研究使用 Mplus 8.3 软件对假设 7 进行了调节效应分析，分析结果如表 6-19 所示。

表 6-19　绩效改进动机的调节效应检验

变量	和谐工作激情		第 t +1 天创造力	
	系数	标准误	系数	标准误
截距项	3.92 ***	.04	3.69 ***	.04
层 1 变量				
1. 领导幽默	.31 ***	.03	.06 **	.03
2. 和谐工作激情			.29 ***	.04
3. 睡眠质量	−.01	.02	−.02	.02
4. 积极情绪	.06 ***	.02	.003	.02
5. 消极情绪	−.02 *	.02	−.01	.02

表6-19(续)

变量	和谐工作激情		第 $t+1$ 天创造力	
	系数	标准误	系数	标准误
6. 第 t 天创造力			. 03	. 03
层2变量				
1. 绩效改进动机	. 26 ***	. 05		
2. 性别	. 11 *	. 06	. 08	. 06
3. 年龄	. 01 ***	. 004	. 01 ***	. 003
4. 学历	. 01	. 03	. 02	. 03
5. 工作年限	-. 01 **	. 003	-. 003	. 002
6. 领导幽默×绩效改进动机	. 16 ***	. 04		
层1伪 R^2	. 33	. 12		
层2伪 R^2	. 18	. 09		

注：N（个体内层面）= 2 072，N（个体间层面）= 259；* $p<0.05$，** $p<0.01$，*** $p<0.001$。

由分析结果可以看出，领导幽默与绩效改进动机交互项的回归系数显著（$\beta = 0.16$，$p < 0.001$），表明绩效改进动机在领导幽默与和谐工作激情之间起到正向调节作用，假设7得到支持。为了更清晰地呈现领导幽默与绩效改进动机归因的交互项是如何影响员工和谐工作激情的，本研究根据 Aiken 和 West（1991）的建议，绘制出不同程度的绩效改进动机归因情况下，领导幽默和员工和谐工作激情之间的关系（见图6-2）。由图6-2可知，当员工有较高的绩效改进动机归因时，领导幽默对和谐工作激情有更强的正向影响。简单斜率分析的结果表明，当绩效改进动机归因较高（均值+1个标准差）时，领导幽默对和谐工作激情有显著正向影响（$\beta = 0.41$，$p < 0.001$）。当绩效改进动机归因较低（均值−1个标准差）时，领导幽默对和谐工作激情的正向影响有所削弱（$\beta = 0.21$，$p < 0.001$），并且两组差异显著（$\beta = 0.20$，$p < 0.001$）。

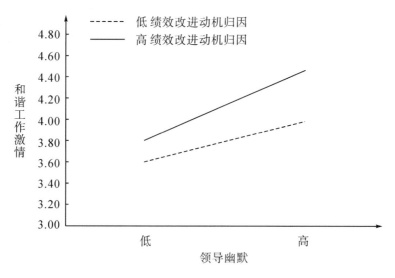

图 6-2 绩效改进动机归因的调节效应

（3）印象操控动机归因的调节效应分析

本研究的假设 8 是探索印象操控动机归因在领导幽默与和谐工作激情之间的负向调节作用。为更好地检验该调节效应的显著性，本研究使用Mplus8.3 软件对假设 8 进行了调节效应分析，分析结果如表 6-20 所示。

表 6-20　印象操控动机的调节效应检验

变量	和谐工作激情		第 $t+1$ 天创造力	
	系数	标准误	系数	标准误
截距项	3.92***	.04	3.70***	.04
层 1 变量				
1. 领导幽默	.30***	.03	.06**	.03
2. 和谐工作激情			.29***	.04
3. 睡眠质量	-.01	.02	-.02	.02
4. 积极情绪	.06***	.02	.003	.02
5. 消极情绪	-.02*	.02	-.01	.02
6. 第 t 天创造力			.03	.03
层 2 变量				

表6-20(续)

变量	和谐工作激情		第 $t+1$ 天创造力	
	系数	标准误	系数	标准误
1. 印象操控动机	-.22***	.04		
2. 性别	.11*	.06	-.07	.06
3. 年龄	.01	.004	.01***	.003
4. 学历	-.01	.03	.01	.03
5. 工作年限	-.01**	.003	-.003	.003
6. 领导幽默×印象操控动机	-.13***	.04		
层1伪 R^2	.33	.12		
层2伪 R^2	.16	.06		

注：N（个体内层面）= 2 072，N（个体间层面）= 259；* $p<0.05$, ** $p<0.01$, *** $p<0.001$。

由分析结果可以看出，领导幽默与印象操控动机交互项的回归系数显著（$\beta = -0.13$, $p < 0.001$），表明印象操控动机在领导幽默与和谐工作激情之间起负向调节作用，假设8得到支持。为了进一步清晰呈现领导幽默与印象操控动机归因的交互项是如何影响员工和谐工作激情的，本研究根据 Aiken 和 West（1991）的建议，绘制出不同程度的印象操控动机归因情况下，领导幽默和员工和谐工作激情之间的关系（见图6-3）。由图6-3可知，当员工的印象操控动机归因较高时，领导幽默对和谐工作激情的正向影响越弱。简单斜率分析的结果表明，当印象操控动机归因较高（均值+1个标准差）时，领导幽默对和谐工作激情的正向影响有所削弱（$\beta = 0.22$, $p < 0.001$）。当印象操控动机归因较低（均值-1个标准差）时，领导幽默对和谐工作激情的正向影响有所增强（$\beta = 0.40$, $p < 0.001$），并且两组差异显著（$\beta = -0.18$, $p < 0.001$）。

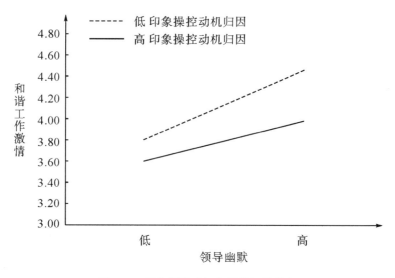

图6-3　印象操控动机归因的调节效应

6.5.5　被调节的中介效应检验

本研究的假设9：和谐工作激情对领导幽默与员工创造力之间关系的中介作用受到关系改进动机归因的正向调节：关系改进动机归因越高，和谐工作激情对领导幽默—员工创造力之间关系的中介作用就越强；反之越弱。进一步地，本研究通过在线R软件使用蒙特卡洛法对假设9进行检验，以更好地验证该被调节的中介效应。分析结果如表6-21所示。

由表6-21可知，当关系改进动机归因水平较高时，领导幽默通过和谐工作激情对员工创造力的间接效应为0.11，蒙特卡罗95%的置信区间为[0.08，0.17]，不包括0，表明领导幽默对员工创造力的间接效应显著；当关系改进动机归因水平较低时，领导幽默通过和谐工作激情对员工创造力的间接效应为0.07，蒙特卡罗95%的置信区间为[0.04，0.09]，不包括0，表明领导幽默对员工创造力的间接效应显著；员工在不同的关系改进动机归因水平下，间接效应差值的蒙特卡罗95%的置信区间为[0.03，0.10]，不包括0，表明领导幽默对待对员工创造力的间接效应的差值也达到显著水平。因此，假设9得到支持。

本研究的假设10：和谐工作激情对领导幽默与员工创造力之间关系的中介作用受到绩效改进动机归因的正向调节：绩效改进动机归因越高，和谐工作激情对领导幽默—员工创造力之间关系的中介作用就越强；反之越弱。进一步地，本研究通过在线 R 软件使用蒙特卡洛法对假设 10 进行检验，以更好地验证该被调节的中介效应。分析结果如表 6-21 所示。

由表 6-21 可知，当绩效改进动机归因水平较高时，领导幽默通过和谐工作激情对员工创造力的间接效应为 0.12，蒙特卡罗 95% 的置信区间为 [0.08, 0.17]，不包括 0，表明领导幽默对员工创造力的间接效应显著；当绩效改进机归因水平较低时，领导幽默通过和谐工作激情对员工创造力的间接效应为 0.06，蒙特卡洛 95% 的置信区间为 [0.04, 0.09]，不包括 0，表明领导幽默对员工创造力的间接效应显著；在不同的绩效改进动机归因水平下，间接效应差值的蒙特卡洛 95% 的置信区间为 [0.03, 0.10]，不包括 0，表明领导幽默对员工创造力的间接效应的差值也达到显著水平。因此，假设 10 得到支持。

本研究的假设 11：和谐工作激情对领导幽默与员工创造力之间关系的中介作用受到印象操控动机归因的负向调节：印象操控动机归因越高，和谐工作激情对领导幽默—员工创造力之间关系的中介作用就弱；反之越强。进一步地，本研究通过在线 R 软件使用蒙特卡洛法对假设 11 进行检验，以更好地验证该被调节的中介效应。分析结果如表 6-21 所示。

由表 6-21 可知，当印象操控动机归因水平较高时，领导幽默通过和谐工作激情对员工创造力的间接效应为 0.06，蒙特卡罗 95% 的置信区间为 [0.04, 0.09]，不包括 0，表明领导幽默对员工创造力的间接效应显著；当印象操控动机归因水平较低时，领导幽默通过和谐工作激情对员工创造力的间接效应为 0.12，蒙特卡罗 95% 的置信区间为 [0.08, 0.16]，不包括 0，表明领导幽默对员工创造力的间接效应显著；员工在不同的印象操控动机归因水平下，间接效应差值的蒙特卡罗 95% 的置信区间为 [-0.10, -0.02]，不包括 0，表明领导幽默对待对员工创造力的间接效应的差值也达到显著水平。因此，假设 11 得到支持。

表 6-21　被调节的中介效应检验

中介路径	间接效应	
	估计值	95% 置信区间
关系改进动机归因		
高于均值一个标准差	.11***	[.08, .17]

表6-21(续)

中介路径	间接效应	
	估计值	95%置信区间
低于均值一个标准差	.07***	[.04,.09]
差异	.05***	[.03,.10]
绩效改进动机归因		
高于均值一个标准差	.12***	[.08,.17]
低于均值一个标准差	.06***	[.04,.09]
差异	.06***	[.03,.10]
印象操控动机归因		
高于均值一个标准差	.06***	[.04,.09]
低于均值一个标准差	.12***	[.08,.16]
差异	-.05***	[-.10, -.02]

注：N（个体内层面）= 2 072，N（个体间层面）= 259；$^*p < 0.05$，$^{**}p < 0.01$，$^{***}p < 0.001$。

6.5.6 研究假设检验结果汇总

本书研究假设检验汇总，如表6-22所示。

表6-22 研究假设检验结果汇总

假设序号	研究假设	检验结果
假设1	领导幽默在个体内存在显著变化	成立
假设2	每日领导幽默对次日员工创造力具有显著正向作用	成立
假设3	每日领导幽默对每日员工和谐工作激情具有显著正向作用	成立
假设4	每日员工和谐工作激情对次日创造力具有显著正向作用	成立
假设5	每日和谐工作激情在每日领导幽默与次日员工创造力之间的关系中起中介作用	成立

表6-22（续）

假设序号	研究假设	检验结果
假设6	员工的关系改进动机归因在每日领导幽默与每日员工和谐工作激情间正向关系中起调节作用：当员工关系改进动机归因较高时，每日领导幽默正向影响每日员工和谐工作激情的作用越强；反之越弱	成立
假设7	员工的绩效改进动机归因在每日领导幽默与每日员工和谐工作激情间正向关系中起调节作用：当员工绩效改进动机归因较高时，每日领导幽默正向影响每日员工和谐工作激情的作用越强；反之越弱	成立
假设8	员工的印象操控动机归因在每日领导幽默与每日员工和谐工作激情间正向关系中起调节作用：当员工印象操控动机归因较高时，每日领导幽默对每日员工和谐工作激情的正向作用越弱；反之越强	成立
假设9	每日员工和谐工作激情对每日领导幽默与次日员工创造力之间关系的中介作用受到员工关系改进动机归因的正向调节：当员工关系改进动机归因越高，每日和谐工作激情对每日领导幽默—员工次日创造力之间关系的中介作用就越强；反之越弱	成立
假设10	每日员工和谐工作激情对每日领导幽默与员工次日创造力之间关系的中介作用受到员工绩效改进动机归因的正向调节：当员工绩效改进动机归因越高，每日和谐工作激情对每日领导幽默—员工次日创造力之间关系的中介作用就越强；反之越弱	成立
假设11	每日员工和谐工作激情对每日领导幽默与员工次日创造力之间关系的中介作用受到员工印象操控动机归因的负向调节：当员工印象操控动机归因越高，每日和谐工作激情对每日领导幽默—员工次日创造力之间关系的中介作用就越弱；反之越强	成立

6.6 本章小结

本研究旨在探索领导幽默对员工创造力的影响机理，以及和谐工作激情在上述关系中的中介传导作用，并进一步探索关系改进动机、绩效改进动机、印象操控动机的边界作用。本章通过对有效样本数据的处理，描述性统计和相关性分析、信效度检验、多层次验证性因子分析、假设检验，进一步厘清和明确了本研究模型变量之间的逻辑关系，实现了研究目标。

7 研究结论与展望

7.1 研究结论

本书主要通过两个方面研究，探讨和解决领导幽默动机归因的内涵结构、测量工具和领导幽默对员工创造力的动态影响机制问题。具体而言，一方面，本研究的第三章依次通过半结构式访谈、分类编码、归纳演绎和内涵描述等程序厘清领导幽默动机归因的概念内涵，最终将领导幽默动机归因分为 3 个维度：关系改进动机、绩效改进动机和印象操控动机。在此基础上，第四章采用定性和定量分析相结合的方法，严格遵循量表开发程序，依次通过初试条目建立、量表条目净化、探索性因子分析和验证性因子分析等步骤获取领导幽默动机归因项目池，最终开发出领导幽默动机归因的三因素结构，共含 13 个测量条目。另一方面，基于自我决定理论，本研究的第五章和第六章提出了领导幽默通过和谐工作激情的中介作用和领导幽默动机归因的调节作用对员工创造力的动态影响的理论模型，并通过日志研究实证检验模型假设。研究对 259 名员工开展连续 10 个工作日的早晚高频率、重复性追踪问卷调查，通过一系列数据分析处理（如信效度检验、多重共线性检验和描述性统计分析、相关分析、回归分析等）验证理论模型假设，进而得出研究结论。本研究主要得到以下几个结论：

（1）领导幽默动机归因的概念内涵和测量量表

本研究根据质性研究范式，从员工归因视角入手，通过半结构式访谈、分类编码、内涵描述等程序，探索和论证了领导幽默动机归因的概念内涵，将领导幽默动机归因分为三个范畴。其中，关系改进动机体现出领导对员工的欣赏和好感，表明领导幽默是为了与其建立积极关系；绩效改进动机代表着，领导幽默是出于成就和绩效考虑的，是为了实现更高的组织任务目标；印象操控动机代表着，领导幽默是一种表面、虚伪和为了自身利益的自私行为，伴随着言行不一致的工具性行为特征。在此基础上，参考经典量表开发的程序和实例，在量表开发过程中，共发放了两轮调查问卷，第一轮 250 份用于初始量表条目净化，第二轮 1 000 份用于探索性因子分析和验证性因子分析，最终确保三因素 13 个条目的领导幽默动机归因量表的稳定性。

（2）领导幽默能够显著提升员工次日创造力

本研究证实了每日领导幽默对次日员工创造力具有显著正向作用。领导通过分享有趣见闻、开玩笑等方式传递出开放包容、和谐融洽的积极信号，以拉近与员工之间的距离，促进工作环境中的积极互动，从而达到与员工形成友好关系的目的（Cooper et al., 2018；王婷，杨付，2019）。这种人际互动形式将有效促进成员之间重要信息和观点的共享，也将大大降低员工的权力距离感知（Cooper, 2008；Mallett, Wapshott, 2014），使得员工在这种相对平等的人际互动中观察并识别到领导对违背规则行为的接受程度（Yam et al., 2018）。基于此，员工更可能在第二天工作时提出优于现有工作方式或产品的新想法，从而使创造力得到显著提升。

（3）和谐工作激情的中介作用

本研究证实了和谐工作激情在领导幽默与员工创造力之间发挥着中介作用。根据自我决定理论，个体会对自身所处的环境进行评估，当外界环境能够满足个体基本心理需求时，自主性动机或受控动机的内化过程将得到促进，进而提升工作表现（Deci, Ryan, 2000, 2002）。领导幽默能够让员工感受到轻松的工作氛围、低等级差异和近距离互动，感知到更大程度的工作自主性和来自组织的关心与尊重（Cooper et al., 2018），从而满足他们的自主和关系两种基本心理需求。根据自我决定理论，基本需求的满足将有助于激发员工对工作的喜爱和强烈意愿（和谐工作激情）。而在这种积极工作状态影响下，员工将具备更高能量和更多资源直面困难和挑战，提出新的解决方法或创造性变革，最终表现出高水平的创造力。

（4）领导幽默动机归因的调节作用

本研究发现三种类型的领导幽默动机归因（关系改进动机、绩效改进动机和印象操控动机）在领导幽默与和谐工作激情之间发挥着不同的调节作用，以及其在领导幽默通过和谐工作激情间接影响次日员工创造力过程中起着调节作用。领导幽默是否有效的标准在于，员工如何解释领导通过幽默方式所表达的积极关系意图和动机（Pundt，Venz，2017）。本研究验证了，当员工认为领导幽默是出于关系改进或绩效改进时，他们会感受到自身被欣赏和认可，进而其完成工作和实现目标的信心会显著增强，此时领导幽默对员工和谐工作激情的正向影响得以加强。然而，当员工将领导幽默动机归因于印象操控时，他们可能会认为这种幽默行为带有操纵、控制和伪装的嫌疑，此时领导幽默对员工和谐工作激情的正向影响将大大削弱。同时，本研究还构建了有调节的中介模型，进一步验证了领导幽默动机归因调节和谐工作激情对领导幽默—员工创造力的中介作用。当员工将领导幽默动机归因于关系改进或绩效改进时，和谐工作激情对领导幽默—员工创造力的中介作用越强；反之越弱。

总体而言，本研究通过探讨领导幽默的动态影响机制阐述了这样一个事实：领导幽默不仅有助于正向直接影响次日员工创造力，还能够通过影响和谐工作激情的间接方式来促进其次日创造力提升。而在这个影响过程中，员工对于领导幽默的归因发挥着重要的干预作用。只有当员工将领导幽默动机归因于关系改进或绩效改进时，这个影响过程的正向作用才得以加强，反之则被削弱。

7.2 理论贡献

（1）解读领导幽默动机归因的内涵结构并开发测量工具，深化了领导幽默研究的理论基础

根据归因理论，个体由于认知和理解不同，从而导致其对他人行为的因果解释存在差异（Weiner，1985）。*Academy of Management Journal*、*Journal of Applied Psychology* 和 *Journal of Organizational Behavior* 等国际顶尖期刊已发表较多关于不同类型领导动机归因的研究成果，例如辱虐型领导（Liu et al.，2012；Burton et al.，2014）、谦逊型领导（Qin et al.，2020）以及服务型领导（Sun et al.，2019）等，这对于进一步理解组织行为很有帮助。然而，需要指出的是，针对逐渐受到广泛关注的领导幽默领域而言，目前国内外关于领导幽默的探讨主要是以领导中心论范式出发（Yung-Tai，2008；Sullivan，2013；Pundt，2015；Goswami et al.，2016），尚未有研究根据幽默接收者视角探讨领导幽默动机归因的差异化影响。事实上，个

体对他人行为背后动机的识别情况将显著影响自身行为和评价（Cheung et al., 2014；Carson, 2019）。同时，由于已有关于领导力归因的研究成果无法直接应用于领导幽默动机归因，这使得探究领导幽默动机归因的概念内涵和量表问题势在必行。例如，Sun 等（2019）针对服务型领导提出了关系归因（relational attributions），发现当员工对服务型领导的关系归因更低时，他将更感激自己的领导。

基于此，本研究创新提出领导幽默动机归因的构念，并对其内涵结构进行了深入研究，进一步丰富了领导幽默研究的理论基础。本研究发现，在中国组织情境下，领导幽默动机归因不仅仅是"好归因"，如关系改进动机归因和绩效改进动机归因；还有"坏归因"，如印象操控动机归因。在凝练内涵结构的基础上，本研究通过探索性因子分析和验证性因子分析等方法检验领导幽默动机归因的三维度结构，确保幽默动机归因量表具有良好的信效度，最终得到三因素 13 个题项的幽默动机归因量表，以此为后续领导幽默研究提供理论依据和可靠工具。

（2）突出和谐工作激情的传导作用，揭示了领导幽默影响员工创造力的作用黑箱

领导幽默作为一种管理策略对于发挥员工创造力起着重要作用（Pundt, 2015）。然而，以往研究主要探讨了情感承诺（Hu, Luo, 2020）、心理安全感（姜平 等，2020）、关系能量（Yang, Yang, Ding, 2021）等变量在两者之间的传导作用，尚未有动态研究探讨和谐工作激情的中介作用。近年来，无论是学术研究还是媒体报道，都普遍认同激情具有的积极功效，呼吁组织通过提升员工工作激情来改善其幸福感和成功价值（Baum et al., 2001；Vallerand, Houlfort, 2019）。显然，工作激情的丰富内涵将带来持久、强烈的工作动机和动力（Zigarmi et al., 2009），促使个体在追逐目标的过程中，体验到快乐、兴奋的情绪状态（Ho et al., 2011），进而开拓员工的心智模式和行为方式，激发创造力。此外，以往研究主要采用的是组织行为学领域典型理论视角，如资源保存理论、社会交换理论和社会信息加工理论等。而自我决定理论突出了动机与行为之间的密切联系（Deci, Ryan, 2000, 2002）。因此，根据自我决定理论，结合日志研究方法，验证了和谐工作激情在领导幽默与员工创造力之间的独特传导效应，这对于全面理解领导幽默的影响机制具有启发意义。

在中国组织情境下，本研究以员工和谐工作激情视角为切入点，构建

并验证了领导幽默对次日员工创造力的作用机制，证实了员工和谐工作激情在领导幽默与次日员工创造力关系中起到的中介作用。本研究发现，当员工因领导幽默带来的需求满足而增强自身和谐工作激情时，他们将更有意愿和精力通过提高创造力来反馈组织。本研究结论有效回应了 Pundt（2015）的研究倡议，不仅探究了领导幽默动态影响机制，丰富了领导幽默作用机制的理论视角，更有助于找到领导幽默激发员工创造力的"黑箱"钥匙。

（3）聚焦员工归因视角，明晰了领导幽默影响机制的独特边界条件

鉴于领导幽默可能会因情境差异而存在不同的影响结果，这使得探究诱导有利工作结果的边界条件显得尤为重要（Mesmer-Magnus et al.，2012）。以往关于领导幽默边界条件的研究主要是围绕工作特征、个体特征以及领导与员工关系等方面，如上下级共事时间（Robert et al.，2016）、员工传统性（刘云 等，2020）、领导-成员关系（Mao et al.，2017）的调节效应。尽管关于领导幽默边界条件的研究成果颇丰，启示意义显著，但其却忽略了员工如何看待领导幽默这一独特视角，以致未能有效挖掘归因视角的边界作用。

作为幽默接收者，员工会依据领导表达幽默时的动机、幽默与情境的匹配程度以及幽默是否会带来伤害三个方面来理解和判断领导幽默（Cooper，2005）。基于此，本研究从员工归因视角出发，在"领导幽默—员工和谐工作激情—员工创造力"作用路径上，首次引入了领导幽默动机归因这一调节变量，突破了已有领导幽默发挥作用的边界范围。本研究发现在不同归因情况下，领导幽默对员工行为具有截然不同的影响效果。此研究结论揭示了，组织中领导幽默的作用并不一定都是正向的，其主要取决于员工如何对领导幽默进行归因。当员工将领导幽默动机归因于关系改进动机或绩效改进动机时，领导幽默会产生更强的正向影响；而当员工认为领导幽默行为的动机是印象操控时，他们将认为领导幽默行为是一种表面的、自私的、虚伪敷衍的行为，此时领导幽默的正向影响会被削弱。本研究丰富了自我决定理论的应用情境，在一定程度上突破了已有领导幽默的边界研究，为深入理解领导幽默对员工创造力的影响机制和边界条件提供了一个有价值的理论框架，这对于继续开拓和深化领导幽默的研究具有较好的启示。

（4）借助日志研究方法，剖析了领导幽默的动态变化

已有大量实证研究表明，领导行为是动态变化的（Lanaj et al., 2016；McClean et al., 2019；Kelemen et al., 2020）。然而，目前关于领导幽默行为的实证研究多采用单时点测量，以个体间的静态视角为主，聚焦于个体间变量的共同差异程度（Goswami et al., 2016；Kim et al., 2016；石冠峰 等，2017；高洁 等，2019）。事实上，领导幽默行为不仅受到日常自身因素波动的影响，如日常睡眠质量（Barnes et al., 2015）、日常休闲活动（Kim et al., 2018）、家庭与工作冲突（Courtright et al., 2016），还会依据每日工作的实际情况（组织情境、团队氛围、工作特征等）而变化，因此单一时点测量很难准确评估领导幽默的效果。

为了回应 Kong 等人（2019）关于领导幽默个体内差异研究的呼吁，更好地模拟事件发生时个体的瞬时感受，有效捕捉个体在短时间内关于经历事件的即时反应和瞬时状态，深入考察个体内情绪、想法和行为的波动变化，增强研究结果的普适性和真实性（Bolger, Laurenceau, 2013），本研究采用了一种高频问卷追踪调查方法—经验取样法，针对 259 名员工开展连续 10 个工作日的早晚重复性追踪调研，检验了领导幽默的动态影响机制，力求精确捕捉领导幽默、和谐工作激情、创造力的即时状态、变异规律和动态作用过程。这不仅能够有效减少回溯带来的误差，也能通过控制一般水平的个人倾向，真实反映每日发生的事件对当天工作结果的影响（Xanthopoulou et al., 2012；陆欣欣，涂乙冬，2015）。因此，本研究为丰富领导幽默理论研究方法提供了新的思路，为开展领导幽默培训以提升员工工作激情及创造力提供了有力建议。

7.3 管理启示

进入知识经济新时代，创造力是企业进步的源动力，员工缺乏创造力就意味着组织失去了不断创新的进取力，企业可能会面临着生存危机或被市场淘汰的风险（Shalley et al., 2004）。尤其是突如其来的新冠病毒感染疫情，给很多企业带来了严峻挑战，企业是否具有创新能力，决定了它们能否在公共危机背景下生存与发展（Hughes et al., 2018）。习近平总书记强调，人才是创新的根基，创新驱动实质上是人才驱动，谁拥有一流的创

新人才，谁就拥有了科技创新的优势和主导权①。人才是组织最稀缺、最重要的战略性资源，人才管理对于企业发展至关重要，尤其是我国正处于建设社会主义现代化国家的新征程，可以说比历史上任何时期都更渴求人才②。2021年9月，习近平总书记强调，单位要履行好主体责任，为人才松绑，做到人才为本、尊重人才、包容人才③。显然，组织运转落脚点不仅仅是为了获取组织绩效，还要考虑如何最大程度地激发员工创造力，进而创造更大的组织价值。本研究对领导幽默和员工创造力影响机制和影响边界的研究，有助于推动企业管理者用幽默的言谈举止和行为方式表达对人才的信任、尊重、友善和包容，进一步促进他们创造力的提升，对实现优化企业管理有重要的启示作用。

（1）突出领导幽默重要性，努力培养和提升领导者幽默表达能力

在复杂激烈的商业竞争环境中，愉快的工作氛围和愉悦的工作状态已成为企业最大的生产力，而这种快乐的来源并非单纯依靠物质报酬，往往看似免费的领导幽默实则能给员工带来比物质奖励更显著的刺激（Cooper et al.，2018）。事实上，领导幽默作为组织管理中非常重要的人际关系催化剂，能够有效降低人际沟通障碍，增强组织内部信息的共享和传递，从而实现员工有效管理和提升员工创造力的重要职能。例如，在某些情况下，领导采取幽默表达和风趣应答能够显著化解尴尬。还有在需要对员工进行批评教育时，领导运用幽默策略既达到批评目的，又不至于伤员工自尊，还可以融洽双方关系，起到事半功倍的效果。此外，领导幽默对于缓解压力，活跃气氛，润滑工作关系，拉近员工距离，获得员工信任和爱戴都有着积极作用（Goswami et al.，2016；Kim et al.，2016）。

鉴于领导幽默对于组织管理的重要作用，结合前期实地调研访谈的启发，本研究提出了关于培养和提升领导幽默的一些具体措施，以期更大程度发挥领导幽默的积极作用。第一，对于企业管理者而言，他们可以在和员工交流过程中使用更多诙谐言语和幽默行为，比如以恰当的幽默方式批评指正，在这种互动过程中，让员工体验到友好和快乐（Cooper，2008），感受到

① 中国新闻网. 习近平：人才是创新的第一资源［EB/OL］.（2016-03-03）［2021-11-15］.ht-tps：//www.chinanews.com.cn/gn/2016/03-03/7782297. shtml.

② 中国青年报：向第二个百年奋斗目标进军的行动指南［EB/OL］.（2020-11-04）［2021-11-15］.https：//baijiahao.baidu.com/s？id=1682411091949939288&wfr=spider&for=pc.

③ 光明网：为人才发展"放权、松绑"这场高规格会议直击问题靶心［EB/OL］.（2021-10-13）［2021-11-15］.https：//m.gmw.cn/baijia/2021-10/13/35228098. html.

较少的限制，让员工感受到领导对他们的信任、尊重、友善和包容，甚至留下深刻的好印象。这有助于降低员工与领导沟通时的心理负担，形成良好的沟通机制和高质量的沟通渠道，由此拓宽员工创造力发挥的道路。第二，对于企业而言，考虑到领导幽默对于员工创造力的积极作用，建议人力资源部门注重招聘过程中关于候选人幽默表达能力的考察和甄别，尤其是创新型公司。与此同时，企业应加强管理者的幽默培养。一方面，企业可以从市场上引进幽默课程。例如，在美国芝加哥，就有一个专门开展幽默培训的机构，其已经为超过 12 000 家美国公司提供了"幽默"培训服务，号召企业管理者无论再忙也应当抽空学习幽默管理。因为当管理者让员工们开心起来，跟手下的员工打成一片时，公司的生产效率将会大大提高。另一方面，人力资源管理部门应努力营造开放包容的组织氛围，科学地为领导和员工设计有针对性的幽默诊断工具和幽默培训课程。这样不仅能准确识别组织成员的幽默水平，以便有效提升其幽默表达，还能促进双方之间的沟通默契，进而促进员工的积极情绪，最终显著提升员工创造力。

（2）立足领导幽默的"真表达"，避免"印象操控"的"假幽默"

尽管领导幽默行为大多数情况下能够有效提升员工绩效和组织绩效，但并不意味着所有的领导幽默都是有益的。值得注意的是，领导幽默的角色定位和行为特点体现出两种截然不同的社会特性，不仅包括领导的权威性和严肃性构成的层级地位属性，还有偏离层级规范的幽默表达属性（Cooper et al., 2018），这两种属性的叠加实施，势必会引起员工对于领导幽默表达动机归因的理解差异。从本质上讲，员工对领导幽默动机的归因决定了他们如何评价领导行为。

"路遥知马力，日久见人心"。事实上，从访谈过程来看，工作中员工对于领导幽默动机的判断也是基本准确的。领导幽默操控动机在员工刚入职阶段可能会有一定效果，但当领导与员工共事交往时间增加，员工一般都能较好区分领导幽默背后的真实动机。本研究发现，当员工将领导幽默动机归因为关系改进动机或者绩效改进动机时，领导幽默通过和谐工作激情对员工创造力的正向影响才会加强；而当员工将领导幽默动机归因于印象操控动机时，领导幽默通过和谐工作激情对员工创造力的正向影响会被削弱，甚至还会造成对领导本人的负面评价。换句话说，尽管领导可能是为了积极结果而向员工表达幽默，但当结果与期望不符时，领导应该反思他们表达是否真诚，只有真心为了促进人际关系或者提升工作绩效表现的幽默，才更容易被员工所接纳和认可。

因此，领导应根据不同工作环境和自身特点实施恰当的幽默行为，努力发挥幽默的"真表达"，将幽默表达毫无痕迹地融入工作实际，而不是做表面工作或者为了印象操控的"假幽默"，否则领导幽默行为也可能会带来负面效应。

（3）注重员工和谐工作激情，不断激发员工创造力

领导通过分享有趣事情或采取幽默语调的方式，能够营造轻松友善的工作氛围，使员工并不认为他们在领导控制之下，从而自主性感知增强（Wu et al., 2020）。这种自主需要的满足有利于员工对工作产生较强的拥有感，将工作纳入自我认知的一部分，最终产生自发的强烈工作意愿。与此同时，在这种积极工作氛围下和强烈工作意愿的驱动下，工作中潜在的矛盾和紧张不易发生，他们将更有动力突破思维定势，创造性地调整工作思路和想法以应对问题和解决问题（Baas et al., 2008）。本研究证实，和谐工作激情在领导幽默—员工创造力之间发挥着中介作用，领导幽默将通过和谐工作激情对员工创造力产生积极影响。

员工创造力不仅是员工绩效的重要标志，还是组织快速发展的核心竞争力，创造力的提升往往就意味着组织绩效的提升。显然，企业应当及时关注员工的心理状态，尽力调动他们的和谐工作激情，避免他们因消极心理状态导致其和谐工作激情下降，进而阻碍员工创造力提升（秦伟平，赵曙明，2015）。因此，对于企业来说，正确认识员工和谐工作激情的重要性和实际效应，并提供行之有效的干预措施显得尤为重要。

具体而言，第一，企业在选人用人时不仅要考虑员工能力与岗位要求的匹配程度，重点考察那些契合组织文化和价值观、高主动性的员工，还要兼顾员工自身兴趣特点，从而最大程度地激发员工工作激情。第二，企业应注重营造支持性的组织氛围，呼吁员工参加团队协作和社交活动，畅通员工自由表达渠道，给予员工充分的人文关怀和有效反馈。同时，开发合理的培训体系以满足不同阶段员工的技能需求和岗位认知需求，使得他们能够感受自身重要性和存在价值，尽可能地通过外在培训、领导沟通、氛围营造等方式，满足员工内心需求来不断提升工作激情。第三，根据情绪传染理论，高工作激情员工凭借有意识的互动感染方式，通过高能量的积极情绪显著影响同事间的激情感知，从而促进工作激情的有效传导。因此，企业还应当树立工作激情典范，在帮助新员工积极融入团队的过程

中，通过领导幽默等方式加强关于工作激情期望的引导，以保障高水平的团队激情状态，最终促进团队创造力效能和团队绩效提升。第四，组织通过设立制度规范，鼓励员工发挥创造优势。组织应加强关于创新行为的激励和约束机制，将创新成就纳入绩效考核体系；鼓励那些在尽职尽责完成本职工作基础上，还能为组织发展贡献创新力量的员工；处罚那些懒散保守、不思进取的员工，确保创新成为组织发展的新风尚。

（4）引导员工积极看待领导幽默，强化幽默表达的协同效应

"人无完人，金无足赤"。若领导通过幽默方式所传递的信息或表达的想法与员工观点存在分歧或领导幽默带来不适，这可能是员工本身确实存在一些问题，也可能是领导幽默表达存在一定偏差。无论是哪种情况，领导和员工都勿盲目下结论，而要反思改进。

通过前期访谈和实证研究，我们认为，首先，作为员工应当意识到，领导幽默是具有可塑性的，工作中领导的欣赏和认可主要还是取决于自身表现。在社会交往过程中获得帮助和支持的个体，通常会以互惠的方式回报对方（Blau，1964）。由于具有和谐工作激情的员工往往能给领导提供更多辅助和支持，那么作为领导者则会以"投之以桃，报之以李"方式回馈员工。因此，员工要学会理解领导幽默的真实含义，从自身做起，以实际行动逐渐积累赢得领导积极幽默主动权的信心。其次，情感事件性质决定了个体在工作中的情感体验是积极还是消极，这种情感体验反过来将直接影响他们的行为和态度（Weiss，Cropanzano，1996）。显然，领导幽默作为一种典型的情感事件，将显著影响员工的情感反应，进而影响他们的认知和行为。因此，领导应重视幽默的功效，在工作中持续使用积极幽默，不要因为员工没有及时反馈幽默表达而怀疑幽默的效果。我们有理由相信，再小的石子扔进水里都会荡起涟漪。最后，知觉偏差、刻板印象和误解可能会影响员工对领导的评价（Spector，Jex，1991）。如果员工错误地将领导出于真正想改进关系或改进绩效的幽默，归因于印象操控动机时，并且两者间缺乏建设性的沟通交流，那么这种情况下的幽默效果很有可能"南辕北辙"，"坏归因"将大大削弱领导幽默带来的积极功效。因此，组织结构应当更加扁平化，以便于组织成员间的彼此了解和沟通，组织应加强领导和员工层面的沟通技巧培训，促进他们之间的相互理解，注重引导员工对领导幽默的积极归因，以达成更好的"协同效应"。

7.4　研究局限与展望

本研究开发了领导幽默动机归因的测量工具，然后基于自我决定理论，构建不同领导幽默动机归因条件下领导幽默对员工创造力动态影响的理论模型。具体而言，首先，本研究严格遵循量表开发标准程序，依次通过初始量表条目建立、量表条目净化、探索性因子分析和验证性因子分析等步骤，开发出领导幽默动机归因量表。其次，本研究基于自我决定理论，以员工和谐工作激情为中介变量、领导幽默动机归因为调节变量，构建领导幽默影响员工创造力的理论模型。虽然本研究在理论模型建构、数据搜集（经验取样法）及假设验证等方面力求科学、严谨、准确，但仍不可避免地存在一些不足。

（1）评估对象主要为员工，未来研究应进一步拓宽。本研究采用自我报告的数据可能会因为"社会称许性"和"共同方法偏差"而导致结果存在一定的偏差。本研究虽然采用了日志研究设计，有助于捕捉到员工情感和行为的即时性变化，使研究结果更为准确，但调研周期、样本数量与样本代表性等方面的局限亦会对研究结论带来一定影响。首先，本研究中的所有研究关键变量都是通过被试的自我报告来测量的，这些数据都是由员工本人填写，可能存在"社会称许效应"，继而导致研究结果的不准确（Kouchaki，Gino，2016；Yam et al.，2018）。同时，自我报告还可能会引起共同方法偏差（程豹，周星，郭功星，2021）。因此，未来研究可以考虑从不同的来源收集数据，例如：在测量员工创造力时，可以请其领导或同事来进行评估，以确保研究结果的准确性。

（2）调研行业不够丰富，未来研究应注重考察创造力要求高的领域。尽管调研已力求更全面覆盖不同行业，但受时间、精力、资源等因素的限制，特别是日志研究需要被试的连续配合，本研究主要选取了医疗、教育行业作为被试对象，研究结果在其他行业领域和人员性质的适用性方面有待进一步探讨。因此，未来研究可以拓宽样本的覆盖面，尽可能全面地搜集各个行业领域的数据，多领域考察不同员工对领导幽默动机的归因情况，尤其是对员工创造力要求较高的行业，例如广告传媒、技术研发等，从而增加研究数据分析结果的普适性。

（3）着眼于行为观下的领导幽默，未来研究应进一步厘清领导幽默类型差异。本研究检验了领导幽默行为作为一个整体对员工的影响，却没有区分领导幽默行为的类型，可能忽略了不同类型的领导幽默行为产生的影响有所不同。对员工来说，恰如其分的幽默表达可以有效拉近领导与员工之间的心理距离，增进领导与员工之间的关系，继而使员工以较为轻松、愉悦的心情投入到工作当中（提升其和谐工作激情），促使员工表现出更高水平的创造力。但是，某些不恰当的幽默，比如领导自贬型幽默，即领导通过贬低自我的方式来取悦员工，虽然有可能会缓解人际关系紧张，但同时也有可能损害领导自身的形象，进而影响员工对领导的信服力（Heintz，Ruch，2018）。因此，未来研究可以进一步辩证地探讨不同类型的领导幽默对员工职场行为的差异化影响。

（4）传导机制仅为和谐工作激情，未来研究应加强关于其他中介变量的探究。本研究仅分析了和谐工作激情怎样在领导幽默—员工创造力两者之间发挥传导功能，而未探究其他的中介机制。本研究结果显示，和谐工作激情在领导幽默与员工创造力之间发挥着部分中介作用，这说明还可能存在其他的中介机制。未来研究可以基于其他理论视角（如社会信息加工理论、情感事件理论和资源保存理论等），进一步探究领导幽默与员工创造力之间的传导机制（如关系能量、自我损耗和关系亲密性等），从而进一步丰富两者作用关系的研究文献。

（5）立足于员工归因的边界效应，未来研究应拓展团队层面的边界研究。本研究仅探究了领导幽默动机归因（关系改进动机、绩效改进动机和印象操控动机）在领导幽默影响效应中的边界作用，其实领导幽默动机归因本身也可能还存在其他的边界条件。例如，是否有员工并不会去分析领导幽默的动机，而只是单纯接受？不同性格特征或不同成长需求的员工对领导幽默动机的归因是否有不同？未来研究可以进一步对领导幽默动机归因的作用进行检验，也可以探究团队或者组织层面的情境因素在领导幽默与员工和谐工作激情之间的作用，比如团队层面的团队氛围、组织层面的组织支持等。

（6）着重于领导幽默的影响机制，未来研究应突出影响因素的重要作用。本研究仅探究了领导幽默的影响效果，未来应加强关于领导幽默影响因素的探讨，这对于全面理解领导幽默的来龙去脉具有重要意义。领导特质理论强调，领导者个人特质与领导行为息息相关，而人格则是个人特质中稳定性最强的（Hogan，Kaiser，2005）。由于领导幽默突出了领导者与员工的互动状态，因此，未来研究可以从领导人格特质（外倾性和宜人性）、组织氛围等多方面探究领导幽默的影响因素，进一步丰富领导幽默影响因素的研究基础。

参考文献

[1] 白杨, 刘新梅, 韩骁, 2014. 市场导向与组织创造力: 技术知识、市场知识的获取路径分析 [J]. 科学学与科学技术管理, 35 (4): 87-95.

[2] 曾恺, 段锦云, 田晓明, 等, 2019. 新生代农民工教育水平与创造力: 核心自我评价的作用 [J]. 应用心理学, 25 (1): 69-79.

[3] 陈国海, 陈少博, 2001. 幽默领导 [M]. 北京: 清华大学出版社.

[4] 陈艳虹, 2019. 谦逊型领导对员工主动行为的影响机制研究 [D]. 哈尔滨: 哈尔滨工业大学出版社.

[5] 程豹, 周星, 郭功星, 2021. 资质过剩感知对员工情绪劳动的影响: 一个有调节的中介模型 [J]. 南开管理评论, 24 (01): 192-202.

[6] 程康妮, 孙泽厚, 2019. 领导幽默对下属工作投入的影响机制研究 [J]. 武汉理工大学学报 (信息与管理工程版): 41 (05): 537-542.

[7] 崔智淞, 王弘钰, 赵迪, 2018. 化平淡为风趣: 幽默型领导的概念, 测量及作用机制 [J]. 中国人力资源开发, 35 (12): 55-67.

[8] 樊景立, 郑伯埙, 2000. 华人组织的家长式领导: 一项文化观点的分析 [J]. 本土心理学研究, (13): 126-180.

[9] 高洁, 温忠麟, 王阳, 等, 2019. 领导幽默风格对团队内部学习的影响 [J]. 心理科学, 42 (04): 913-919.

[10] 贡喆, 刘昌, 沈汪兵, 2016. 有关创造力测量的一些思考 [J]. 心理科学进展, 24 (1): 31-45.

[11] 顾远东, 彭纪生, 2010. 组织创新氛围对员工创新行为的影响: 创新自我效能感的中介作用 [J]. 南开管理评论, 13 (1): 30-41.

[12] 郭功星, 程豹, 2021. 顾客授权行为对员工职业成长的影响: 自我决定理论视角 [J]. 心理学报, 2: 215-228.

[13] 郭桂梅, 段兴民, 2008. 变革型领导行为与创造性: 内在动机和创造性工作氛围的中介作用: 针对中国企业管理实践的分析 [J]. 科学学

与科学技术管理, 29 (3): 189-196.

[14] 蒿坡, 龙立荣, 贺伟, 2015. 共享型领导如何影响团队产出? 信息交换、激情氛围与环境不确定性的作用 [J]. 心理学报, 47 (10): 1288-1299.

[15] 郝宁, 汤梦颖, 2017. 动机对创造力的作用: 研究现状与展望 [J]. 华东师范大学学报 (教育科学版): 35 (4): 107-114.

[16] 郝旭光, 张嘉祺, 雷卓群, 等, 2021. 平台型领导: 多维度结构、测量与创新行为影响验证 [J]. 管理世界, 37 (1): 186-199.

[17] 何宜铮, 黄鸿程, 陈学志, 等, 2010. 国中生幽默风格与自尊及情绪智力之相关研究 [J]. 中华心理卫生学刊, 23 (2): 271-304.

[18] 侯烜方, 李燕萍, 涂乙冬, 2014. 新生代工作价值观结构、测量及对绩效影响 [J]. 心理学报, 46 (6): 823-840.

[19] 贾建锋, 赵雪冬, 赵若男, 2020. 人力资源管理强度如何影响员工的主动行为: 基于自我决定理论 [J]. 中国人力资源开发, 37 (03): 6-17.

[20] 江静, 杨百寅, 2014. 领导-成员交换、内部动机与员工创造力: 工作多样性的调节作用 [J]. 科学学与科学技术管理, 35 (1): 165-172.

[21] 姜平, 杨付, 张丽华, 2020. 领导幽默如何激发员工创新: 一个双中介模型的检验 [J]. 科学学与科学技术管理, 41 (04): 98-112.

[22] 蒋琬, 顾琴轩, 2015. 仁慈型领导如何激发员工创造力: 社会认同与社会交换整合视角 [J]. 北京理工大学学报: 社会科学版, 17 (1): 70-77.

[23] 景保峰, 周霞, 2019. 领导幽默研究述评与展望 [J]. 外国经济与管理, 41 (03): 70-84.

[24] 景保峰, 2015. 包容型领导对员工创造力的影响: 基于内在动机和心理可得性的双重中介效应 [J]. 技术经济, 34 (3): 27-32.

[25] 康勇军, 彭坚, 2019. 累并快乐着: 服务型领导的收益与代价: 基于工作-家庭资源模型视角 [J]. 心理学报, 51 (2): 227-237.

[26] 李景理, 韩志勇, 张陶然, 等, 2021. 新生代员工人格与创造力关系研究 [J]. 科学学与科学技术管理, 42 (5): 156-173.

[27] 李朋波, 孙雨晴, 雷铭, 2019. 权力何以授予: 目标理论视角下领导授权行为的形成机制 [J]. 心理科学进展, 27 (7): 1167-1182.

[28] 李锐, 凌文辁, 2007. 工作投入研究的现状 [J]. 心理科学进展,

25（2）：366-372

[29] 李阳，白新文，2015. 善心点亮创造力：内部动机和亲社会动机对创造力的影响 [J]. 心理科学进展，23（2）：175-181.

[30] 刘保平，张维春，陈世格，等，2020. 领导幽默影响员工工作繁荣的双路径模型：积极情绪和组织自尊的作用 [J]. 南华大学学报（社会科学版）：21（3）：78-86.

[31] 刘靖东，钟伯光，姒刚彦，2013. 自我决定理论在中国人人群的应用 [J]. 心理科学进展，21（10）：1803-1813.

[32] 刘云，杨东涛，安彦蓉，2020. 领导幽默对员工创新行为的影响：有调节的双中介模型 [J]. 软科学，34（9）：103-108.

[33] 陆欣欣，涂乙冬，2015. 工作投入的短期波动 [J]. 心理科学进展，23（2）：268-279

[34] 罗伯特·F·德威利斯，2010. 量表编制：理论与应用 [M]. 魏勇刚，等译. 重庆：重庆大学出版社.

[35] 罗杰，戴晓阳，2015. 中文形容词大五人格量表的初步编制 I：理论框架与测验信度 [J]. 中国临床心理学杂志，23（3）：381-385.

[36] 罗萍，施俊琦，朱燕妮 等，2020. 个性化工作协议对员工主动性职业行为和创造力的影响 [J]. 心理学报，52（1）：92-103.

[37] 毛江华，廖建桥，韩翼，等，2017. 谦逊领导的影响机制和效应：一个人际关系视角 [J]. 心理学报，49（9）：1219-1233.

[38] 彭伟，马越，陈奎庆，2020. 辱虐型领导对团队创造力的影响机制研究：一个有调节的中介模型 [J]. 管理评论，32（11）：208-219.

[39] 秦伟平，赵曙明，周路路，等，2016. 真我型领导与员工创造力：中介性调节机制 [J]. 管理科学学报，19（12）：83-94.

[40] 秦伟平，赵曙明，2015. 真我型领导与员工创造力：基于工作激情的中介作用 [J]. 软科学，29（5）：82-86.

[41] 沈伊默，马晨露，白新文，等，2019. 辱虐管理与员工创造力：心理契约破坏和中庸思维的不同作用 [J]. 心理学报，51（2）：238-247.

[42] 石冠峰，毛舒婷，王坤，2017. 幽默型领导对员工创造力的作用机制研究：基于社会交换理论的视角 [J]. 中国人力资源开发，34（11）：17-31.

[43] 宋晓辉，施建农，2005. 创造力测量手段：同感评估技术（CAT）

简介 [J]. 心理科学进展, 13 (6): 739-744.

[44] 宋亚辉, 2015. 企业员工的工作激情与工作绩效的关系 [D]. 北京: 北京科技大学东凌经济管理学院.

[45] 宋志刚, 顾琴轩, 2015. 创造性人格与员工创造力: 一个被调节的中介模型研究 [J]. 心理科学, 38 (3): 700-707.

[46] 孙晓娥, 2012. 深度访谈研究方法的实证论析 [J]. 西安交通大学学报 (社会科学版): 32 (3): 101-106.

[47] 孙永磊, 雷培莉, 2018. 领导风格, 组织氛围与组织创造力 [J]. 华东经济管理, 32 (3): 112-118.

[48] 孙永磊, 宋晶, 陈劲, 2016. 差异化变革型领导, 心理授权与组织创造力 [J]. 科学学与科学技术管理, 37 (4): 137-146.

[49] 王博韬, 魏萍, 2021. 道德情绪: 探寻道德与创造力关系的新视角 [J]. 心理科学进展, 29 (2): 268-275.

[50] 王端旭, 2010. 领导支持行为促进员工创造力的机理研究 [J]. 南开管理评论, 13 (4): 109-114.

[51] 王婷, 杨付, 2019. 领导幽默的影响效果及其理论解释 [J]. 心理科学进展, 27 (9): 1631-1642.

[52] 王晓钧, 雷晓鸣, 连少贤, 2012. 归因取向理论建构及实证 [J]. 心理学报, 44 (4): 511-523.

[53] 王艳平, 赵文丽, 2018. 人格特质对员工创造力的影响研究 [J]. 软科学, 32 (3): 93-96.

[54] 王永跃, 张玲, 2018. 心理弹性如何影响员工创造力: 心理安全感与创造力自我效能感的作用 [J]. 心理科学, 41 (1): 118-124.

[55] 王震, 孙健敏, 赵一君, 2012. 中国组织情境下的领导有效性: 对变革型领导, 领导-部属交换和破坏型领导的元分析 [J]. 心理科学进展, 20 (02): 174-190.

[56] 温忠麟, 叶宝娟, 2011. 测验信度估计: 从 α 系数到内部一致性信度 [J]. 心理学报, 43 (7): 821-829.

[57] 翁清雄, 胡啸天, 陈银龄, 2018. 职业妥协研究: 量表开发及对职业承诺与工作倦怠的预测作用 [J]. 管理世界, 34 (4): 113-126.

[58] 吴论文, 杨付, 田蕙欣, 等, 2021. 工作嵌入的影响结果及其理论解释 [J]. 心理科学进展, 29 (5): 906-920.

［59］吴明隆，2010. 问卷统计分析实务：SPSS 操作与应用［M］. 重庆：重庆大学出版社.

［60］萧飒，王文钦，徐智策，1991. 幽默心理学［M］. 台湾：智慧大学出版社.

［61］徐希铮，张景焕，刘桂荣，等，2012. 奖励对创造力的影响及其机制［J］. 心理科学进展，20（9）：1419-1425.

［62］薛贵，董奇，周龙飞，等，2001. 内部动机，外部动机与创造力的关系研究［J］. 心理发展与教育，17（1）：6-11.

［63］薛薇，2012. 基于 SPSS 的数据分析［M］. 北京：中国人民大学出版社.

［64］杨陈，杨付，景熠，等，2018. 谦卑型领导如何改善员工绩效：心理需求满足的中介作用和工作单位结构的调节作用［J］. 南开管理评论，21（2）：121-134.

［65］杨春江，刘丹，毛承成，2019. 中国情境下的工作嵌入：构念内涵，维度和量表开发［J］. 管理工程学报，33（1）：122-133.

［66］杨付，王桢，张丽华，2012. 员工职业发展过程中的"边界困境"：是机制的原因，还是人的原因？［J］. 管理世界，（11）：89-109.

［67］杨红，彭灿，杜刚，等，2021. 双元领导风格，团队差序氛围与研发团队创造力［J］. 科学学研究，39（7）：1248-1256.

［68］杨红，彭灿，李瑞雪，等，2021. 变革型领导，知识共享与研发团队创造力：团队成员异质性的倒 U 型调节作用［J］. 运筹与管理，30（1）：217-224.

［69］杨静，王重鸣，2013. 女性创业型领导：多维度结构与多水平影响效应［J］. 管理世界，（9）：102-117.

［70］尹奎，陈乐妮，王震，等，2018. 领导行为与人力资源管理实践的关系：因果，联合，替代还是强化？［J］. 心理科学进展，26（1）：144-155.

［71］袁小彩，陈加洲，2021. 组织差序氛围下员工创造力的形成机制［J］. 技术与创新管理，42（3）：326-333.

［72］詹小慧，杨东涛，栾贞增，等，2018. 主动性人格对员工创造力的影响：自我学习和工作投入的中介作用［J］. 软科学，32（4）：82-85.

［73］张建卫，李海红，刘玉新，等，2018. 家长式领导对多层面创造

力的作用机制 [J]. 心理科学进展, 26 (7)：1319-1330.

[74] 张剑, 张建兵, 李跃, 等, 2010. 促进工作动机的有效路径：自我决定理论的观点 [J]. 心理科学进展, 18 (5)：752-759.

[75] 张文勤, 石金涛, 刘云, 2010. 团队成员创新行为的两层影响因素：个人目标取向与团队创新气氛 [J]. 南开管理评论, 13 (5)：22-30.

[76] 张勇, 龙立荣, 2013. 绩效薪酬对雇员创造力的影响：人-工作匹配和创造力自我效能的作用 [J]. 心理学报, 45 (3)：363-376.

[77] 赵斌, 韩盼盼, 2016. 人-工作匹配, 辱虐管理对创新行为的影响：基本心理需求的中介作用 [J]. 软科学, 30 (4)：74-79.

[78] 赵娟, 张炜, 2015. 团队社会网络对团队创造力的影响：团队学习的中介效应 [J]. 科学学与科学技术管理, 36 (9)：148-157.

[79] 仲理峰, 周霓裳, 董翔, 等, 2009. 领导-部属交换对领导和部属工作结果的双向影响机制 [J]. 心理科学进展, 17 (5)：1041-1050.

[80] 周海明, 陆欣欣, 时勘, 2018. 时间压力何时增加工作专注：工作特征的调节作用 [J]. 南开管理评论, 21 (4)：158-168.

[81] 周浩, 龙立荣, 2004. 共同方法偏差的统计检验与控制方法 [J]. 心理科学进展, 12 (6)：942-950.

[82] 周浩, 龙立荣, 2011. 工作不安全感、创造力自我效能对员工创造力的影响 [J]. 心理学报, 43 (8)：929-940.

[83] 朱雪春, 陈万明, 唐朝永, 2015. 研发团队创造力影响因素实证分析 [J]. 系统工程, 33 (4)：46-52.

[84] AIKEN L S, WEST S G, RENO R R, 1991. Multiple regression：testing and interpreting interactions [M]. London：Sage.

[85] AMABILE T M, 1983. The social psychology of creativity：a componential conceptualization [J]. Journal of Personality and Social Psychology, 45 (2)：357-376.

[86] AMABILE T M, 1988. A model of creativity and innovation in organizations [J]. Research in Organizational Behavior, 10 (1)：123-167.

[87] AMABILE T M, MUELLER J S, 2008. Studying creativity, its processes, and its antecedents：an exploration of the componential theory of creativity [M] // Handbook of Organizational Creativity.

[88] AMABILE T M, PILLEMER J, 2012. Perspectives on the social psy-

chology of creativity [J]. The Journal of Creative Behavior, 46 (1): 3-15.

[89] AMABILE T M, CONTI R, COON H, et al., 1996. Assessing the work environment for creativity [J]. The Academy of Management Journal, 39 (5): 1154-1184.

[90] AMIOT C E, VALLERAND RJ, BLANCHARD C, 2006. Passion and psychological adjustment: A test of the person-environment fit hypothesis [J]. Personality and Social Psychology Bulletin, 32 (2): 220-229.

[91] ANDERSON N H, 1968. Likableness ratings of 555 personality-trait words [J]. Journal of Personality and Social Psychology, 9 (3): 272-279.

[92] ASTAKHOVA M N, 2015. The curvilinear relationship between work passion and organizational citizenship behavior [J]. Journal of Business Ethics, 130 (2): 361-374.

[93] AVOLIO B J, HOWELL J M, SOSIK J J, 1999. A funny thing happened on the way to the bottom line: humor as a moderator of leadership style effects [J]. Academy of Management Journal, 42 (2): 219-227.

[94] BAAS M, DE DREU C K W, NIJSTAD B A, 2008. A meta-analysis of 25 years of mood-creativity research: hedonic tone, activation, or regulatory focus? [J]. Psychological Bulletin, 134 (6): 779-806.

[95] BABBIE E R, 2004. The practice of social research [M]. Belmont, CA: Thomson/ Wadsworth.

[96] BALON S, LECOQ J, RIMÉ B, 2013. Passion and personality: is passionate behavior a function of personality? european journal of applied psychology [J]. European Review of Applied Psychology, 63 (1): 59-65.

[97] BANDURA A, 1977. Self-efficacy: toward a unifying theory of behavioral change [J]. Psychological Review, 84 (2): 191-215.

[98] BARBER LK, MUNZ D C, BAGSBY P G, et al., 2010. Sleep consistency and sufficiency: are both necessary for less psychological strain? [J]. Stress and Health, 26 (3): 186-193.

[99] BARNES C M, LUCIANETTI L BHAVE D P, 2015. "You wouldn't like me when I'm sleepy": Leaders' sleep, daily abusive supervision, and work unit engagement [J]. Academy of Management Journal, 58 (5): 1419-1437.

[100] BARON R M, KENNY D A, 1986. The moderator-mediator varia-

ble distinction in social psychological research: conceptual, strategic, and statistical consideration [J]. Journal of Personality and Social Psychology, 51 (6): 1173-1182.

[101] BARRON F, HARRINGTON D M, 1981. Creativity, intelligence, and personality [J]. Annual Review of Psychology, 32 (1): 439-476.

[102] BARSOUX J L, 1996. Why organisations need humour [J]. European Management Journal, 14 (5): 500-508.

[103] BASS B M, 1999. Two decades of research and development in transformational leadership [J]. European Journal of Work & Organizational Psychology, 8 (1): 9-32.

[104] BATEY M, FURNHAM A, 2008. The relationship between measures of creativity and schizotypy [J]. Personality and Individual Differences, 45 (8): 816-821.

[105] BATTISTELLI A, GALLETTA M, PORTOGHESE I, et al., 2013. Mindsets of commitment and motivation: interrelationships and contribution to work outcomes [J]. The Journal of Psychology, 147 (1): 17-48.

[106] BAUM J R, LOCKE E A, 2004. The relationship of entrepreneurial traits, skill, and motivation to subsequent venture growth [J]. Journal of Applied Psychology, 89 (4): 587-598.

[107] BAUM J R, LOCKE E A, SMITH K G, 2001. A multi-dimensional model of venture growth [J]. Academy of Management, 44 (2): 292-303.

[108] BAUMEISTER R F, LEARY M R, 1995. The need to belong: desire for interpersonal attachments as a fundamental human motivation [J]. Psychological Bulletin, 117 (3): 497-529.

[109] BEARD A, 2014. Leading with humor [J]. Harvard Business Review, 92 (5):

[110] BEERMANN U, RUCH W, 2009. How virtuous is humor? what we can learn from current instruments [J]. Journal of Positive Psychology, 4 (6): 528-539.

[111] BÉLANGER J J, LAFRENIÈRE M A K, VALLERAND R J, et al., 2013. Driven by fear: the effect of success and failure information on passionate individuals' performance [J]. Journal of Personality & Social Psychology, 104

（1）：180-195.

［112］BÉLANGER J J, PIERRO A, KRUGLANSKI A W, et al., 2014. On feeling good at work: the role of regulatory mode and passion in psychological adjustment ［J］. Journal of Applied Social Psychology, 45 （6）：319-329.

［113］BHATTI W A, LARIMO J, CARRASCO I, 2016. Strategy's effect on knowledge sharing in host country networks ［J］. Journal of Business Research, 69 （11）：4769-4774.

［114］BIRKELAND I K, NERSTAD C, 2015. Incivility is （not） the very essence of love: passion for work and incivility instigation ［J］. Journal of Occupational Health Psychology, 21 （1）：77-90.

［115］BLAU P M, 1964. Exchange and power in social life ［M］. New York, NY: Wiley.

［116］BOLGER N, LAURENCEAU J P, 2013. Intensive longitudinal methods: an introduction to diary and experience sampling research ［M］. New York: Guilford Press.

［117］BOLINO M C, 1999. Citizenship and impression management: good soldiers or good actors? ［J］. Academy of Management Review, 24 （1）：82-98.

［118］BOWLING A, 2000. Joy in the workplace: maintaining relationships with humor ［J］. Rural Telecommunications, 19 （5）：40-51.

［119］BOYATZIS R, MCKEE A, GOLEMAN D, 2002. Reawakening your passion for work-response ［J］. Harvard Business Review, 80 （7）：120-121.

［120］BRISLIN R W, 1980. Translation and content analysis of oral and written materials ［J］. Methodology, 389-444.

［121］BRITTON P C, VAN ORDEN K A, HIRSCH J K, et al., 2014. Basic psychological needs, suicidal ideation, and risk for suicidal behavior in young adults ［J］. Suicide and Life-Threatening Behavior, 44 （4）：362-371.

［122］BRYMAN A, CRAMER D, 1997. Quantitative data analysis with SPSS for windows: a guide for social scientists ［M］. London: Routledge,

［123］BURKE R J, ASTAKHOVA M N, HANG H, 2015. Work passion through the lens of culture: harmonious work passion, obsessive work passion, and work outcomes in Russia and China [J]. Journal of Business & Psychology, 30 (3): 457-471.

[124] BURTON J P, TAYLOR S G, BARBER L K, 2014. Understanding internal, external, and relational attributions for abusive supervision [J]. Journal of Organizational Behavior, 35 (6): 871-891.

[125] BYRON K, KHAZANCHI S, 2012. Rewards and creative performance: a meta-analytic test of theoretically derived hypotheses [J]. Psychological Bulletin, 138 (4): 809-830.

[126] CAMPBELL D J, 1988. Task complexity: a review and analysis [J]. The Academy of Management Review, 13 (1): 40-52.

[127] CARDON M, GREGOIRE D, STEVENS C, 2013. Measuring entrepreneurial passion conceptual foundations and scale validation [J]. Journal of Business Venturing, 28 (3): 373-396.

[128] CARDON M, WINCENT J, DMNOVSEK M, 2009. The nature and experience of entrepreneurial passion [J]. Academy of Management Review, 34 (3): 511-532.

[129] CARMELI A, MCKAY A S, KAUFMAN J C, 2013. Emotional intelligence and creativity: the mediating role of generosity and vigor [J]. The Journal of Creative Behavior, 48 (4): 290-309.

[130] CARMELI A, SHALOM R, WEISBERG J, 2007. Considerations in organizational career advancement: what really matters [J]. Personnel Review, 36 (1-2): 190-205.

[131] CARPENTIER J, MAGEAU G A, VALLERAND R J, 2012. Ruminations and flow: why do people with a more harmonious passion experience higher well-being? [J]. Journal of Happiness Studies, 13 (3): 501-518.

[132] CARSON J E, 2019. External relational attributions: attributing cause to others' relationships [J]. Journal of Organizational Behavior, 40 (5): 541-553.

[133] CARSON S H, PETERSON J B, HIGGINS D M, 2005. Reliability, validity, and factor structure of the creative achievement questionnaire [J]. Creativity Research Journal, 17 (1): 37-50.

[134] CHAN D, 1998. The conceptualization and analysis of change over

time: an integrative approach incorporating longitudinal mean and covariance structures analysis (LMACS) and multiple indicatorlatent growth modeling (MLGM) [J]. Organizational Research Methods, 1 (4): 421-483.

[135] CHEN B W, VANSTEENKISTE M, BEYERS W, et al., 2015. Basic psychological need satisfaction, need frustration, and need strength across four cultures [J]. Motivation and Emotion, 39 (2): 216-236.

[136] CHEN C Y, CHEN C H V, LI C I, 2013. The influence of leader's spiritual values of servant leadership on employee motivational autonomy and eudaemonic well-being [J]. Journal of Religion & Health, 52 (2): 418-438.

[137] CHEN G H, BAO J G, HUANG S S, 2014. Developing a scale to measure backpackers' personal development [J]. Journal of Travel Research, 53 (4): 522-536.

[138] CHEN T T, LEUNG K, LI F L, et al., 2015. Interpersonal harmony and creativity in China [J]. Journal of Organizational Behavior, 36 (5): 648-672.

[139] CHEN X P, EBERLY M B, CHIANG T J, et al., 2014. Affective trust in Chinese leaders: linking paternalistic leadership to employee performance [J]. Journal of Management, 40 (3): 796-819.

[140] CHEN X P, YAO X, KOTHA S, 2009. Entrepreneur passion and preparedness in business plan presentations: a persuasion analysis of venture capitalists' funding decisions [J]. Academy of Management Journal, 52 (1): 199-214

[141] CHEUNG M, PENG K Z, WONG C S, 2014. Supervisor attribution of subordinates' organizational citizenship behavior motives [J]. Journal of Managerial Psychology, 29 (8): 922-937.

[142] CHIANG-HANISKO L, ADAMLE K, CHIANG L, 2009. Cultural differences in therapeutic humor in nursing education [J]. Journal of Nursing Research, 17 (1): 52-60.

[143] CHIU C Y C, OWENS B P, TESLUK P E, 2016. Initiating and utilizing shared leadership in teams: the role of leader humility, team proactive personality, and team performance capability [J]. Journal of Applied Psychology, 101 (12): 1705-1720.

［144］CHROBOT-MASON D, ARAMOVICH N P, 2013. The psychological benefits of creating an affirming climate for workplace diversity ［J］. Group Organization Management, 38 （6）: 659-689.

［145］CHURCHILL JR G A, 1979. A paradigm for developing better measures of marketing constructs ［J］. Journal of marketing research, 16 （1）: 64-73.

［146］COHEN J, 2013. Statistical power analysis for the behavioral sciences ［M］. London: Routledge.

［147］COLLINS M N, AMABILE T M, 1999. Motivation and creativity ［M］ // STEINBERG R J. Handbook of Creativity. New York: Cambridge University Press.

［148］CONCHIE S M, 2013. Transformational leadership, intrinsic motivation, and trust: a moderated-mediated model of workplace safety ［J］. Journal of Occupational Health Psychology, 18 （2）: 198-210.

［149］COOLS E, BROECK V D, 2007. Development and validation of the cognitivestyle indicator ［J］. The Journal of Psychology: Interdisciplinary and Applied, 141 （4）: 359-387.

［150］COOPER C D, 2002. No laughing matter: The impact of supervisor humor on leader-member exchange quality ［D］. Los Angeles: University of Southern California.

［151］COOPER C D, 2005. Just joking around? employee humor expression as an ingratiatory ［J］. Academy of Management Review, 30 （4）: 765-776.

［152］COOPER C D, 2008. Elucidating the bonds of workplace humor: a relational process model ［J］. Human relations, 61 （8）: 1087-1115.

［153］COOPER C D, KONG D T, CROSSLEY C D, 2018. Leader humor as an interpersonal resource: integrating three theoretical perspectives ［J］. Academy of Management Journal, 61 （2）: 769-796.

［154］COURTRIGHT S H, GARDNER R G, SMITH T A, et al., 2016. My family made me do it: a cross-domain, self-regulatory perspective on antecedents to abusive supervision ［J］. Academy of Management Journal, 59 （5）: 1630-1652.

［155］ CRAWFORD C B, 1994. Theory and implications regarding the utilization of strategic humor by leaders ［J］. Journal of Leadership Organizational Studies, 1（4）: 53-68.

［156］ CUIEFORD J P, 1965. Fundamental statistics in psychology and education (4th edition) ［M］. New York: McGraw Hill.

［157］ CURHAN J R, ELFENBEIN H A, XU H, 2006. What do people value when they negotiate? mapping the domain of subjective value in negotiation ［J］. Journal of Personality and Social Psychology, 91（3）: 493-512.

［158］ CURRAN T, HILL A P, APPLETON P R, et al., 2015. The psychology of passion: a meta-analytical review of a decade of research on intrapersonal outcomes ［J］. Motivation and Emotion, 39（5）: 631-655.

［159］ DACEY J S, LENNON K H, 1998. Understanding creativity: the interplay of biological, psychological, and social factors ［M］. San Francisco: Jossey-Bass.

［160］ DALAL R S, 2009. A within-person approach to work behavior and performance: concurrent and lagged citizenship-counterproductivity associations, and dynamic relationships with affect and overall job performance ［J］. Academy of Management Journal, 52（5）: 1051-1066.

［161］ DAMPIER P, WALTON A, 2013. White house wit, wisdom, and wisecracks: the greatest presidential quotes ［J］. Barzipan Publishing.

［162］ DAY D V, CRAIN E C, 1992. The role of affect and ability in initial exchange quality perceptions ［J］. Group and Organization Management, 17（4）: 380-397.

［163］ DE CREMER D, 2006. Affectiveand motivational consequences of leader self-sacrifice: the moderating effect of autocratic leadership ［J］. The Leadership Quarterly, 17（1）: 79-93.

［164］ DE DREU C K, NIJSTAD B A, BAAS M, 2011. Group creativity and innovation: a motivated information processingperspective ［J］. Psychology of Aesthetics Creativity the Arts, 5（1）: 81-89.

［165］ DE DREU C K, WEINGART L R, KWON S, 2000. Influence of social motives on integrative negotiation: a meta-analytic review and test of two theories ［J］. Journal of Personality and Social Psychology, 78（5）: 889-905.

[166] DECHARMS R, 1968. Personal causation: the internal affective determinants of behaviour [M]. New York: Academic Press.

[167] DECI E L, RYAN R M, 1980. The empirical exploration of intrinsic motivational processes [J]. Advances in Experimental Social Psychology, 13: 39-80.

[168] DECI E L, RYAN R M, 1985. Intrinsic motivation and self-determination in human behavior [M]. New York: Plenum.

[169] DECI E L, RYAN R M, 2000. The "what" and "why" of goal pursuits: human needs and the self-determination of behavior [J]. Psychological Inquiry, 11 (4): 227-268.

[170] DECI E L, RYAN R M, 2002. Self-determination research: reflections and future directions [M] // Handbook of Self-Determination Research: 431-441.

[171] DECI E L, RYAN R M, 2008. Self-determination theory: a macro theory of human motivation, development, and health [J]. Canadian Psychology-Psychologie Canadienne, 49 (3): 182-185.

[172] DECI E L, CONNELL J P, RYAN R M, 1989. Self-determination in a work organization [J]. Journal of Applied Psychology, 74 (4): 580-590.

[173] DECI E L, RYAN R M, KOESTNER R, 1999. A meta-analytic review of experiments examining the effects of extrinsic rewards on intrinsic motivation [J]. Psychological Bulletin, 125 (6): 627-668.

[174] DECKER W H, 1987. Managerial humor and subordinate satisfaction [J]. Social Behavior and Personality: An International Journal, 15 (2): 225-232.

[175] DECKER W H, ROTONDO D M, 2001. Relationships among gender, type of humor, perceived leader effectiveness [J]. Journal of Management Issues, 13 (4): 450-465.

[176] DECKER W H, YAO H, CALO T J, 2011. Humor, gender, and perceived leader effectiveness in China [J]. Society for the advancement of management, 76 (1): 43-55.

[177] DEDAHANOV A T, LEE D H, RHEE J, et al., 2016. Entrepreneur's paternalistic leadership style and creativity: the mediating role of

employee voice [J]. Management Decision, 54 (9): 2310-2324.

[178] DEMEROUTI E, RISPENS S, 2014. Improving the image of student-recruited samples: a commentary [J]. Journal of Occupational and Organizational Psychology, 87 (1): 34-41.

[179] DEVELLIS R F, 1991. Scale development: theory and applications (applied social research methods series) [M]. Newbury Park: Sage.

[180] DONG YUE X, 2010. Exploration of Chinese humor: historical review, empirical findings, and critical reflections [J]. International Journal of Humor Research, 23 (3): 403-420.

[181] DUBINSKY A J, YAMMARINO F J, JOLSON M A, 1995. An examination of linkages between personality characteristics and dimensions of transformational leadership [J]. Journal of Business and Psychology, 9 (3): 315-335.

[182] DULAC T, COYLE-SHAPIRO J A M, HENDERSON D J, et al., 2008. not all responses to breach are the same: the interconnection of social exchange and psychological contract processes in organizations [J]. Academy of Management Journal, 51 (6): 1079-1098.

[183] DWORKIN G, 1988. The theory and practice of autonomy [M]. New York: Cambridge University Press.

[184] DWYER T, 1991. Humor, power, and change in organizations [J]. Human Relations, 44 (1): 1-19.

[185] DZIUBAN C D, SHIRKEY E C, 1974. When is a correlation matrix appropriate for factor analysis? some decision rules [J]. Psychological Bulletin, 81 (6): 358-361.

[186] EAKMAN A M, 2014. A prospective longitudinal study testing relationships between meaningful activities, basic psychological needs fulfillment, and meaning in life [J]. OTJR: Occupation, Participation and Health, 34 (2): 93-105.

[187] EBERLY M B, HOLLEY E C, JOHNSON M D, et al., 2017. It's not me, it's not you, it's us! an empirical examination of relational attributions [J]. Journal of Applied Psychology, 102 (5): 711-731.

[188] EDWARDS J R, LAMBERT L S, 2007. Methods for integrating

moderation and mediation: a general analytical framework using moderated path analysis [J]. Psychological methods, 12 (1): 1–22.

[189] EGAN R, ZIGARMI D, RICHARDSON A, 2019. Leadership behavior: a partial test of the employee work passionmodel [J]. Human Resource Development Quarterly, 30 (3): 311–341.

[190] EISENBERGER R, SHANOCK L, 2003. Rewards intrinsic motivation, and creativity: a case study of conceptual and methodological isolation [J]. Creativity Research Journal, 15 (2–3): 121–130.

[191] ENDERS C K, TOFIGHI D, 2007. Centering predictor variables in cross-sectional multilevel models: a new look at an old issue [J]. Psychological methods, 12 (2): 121–138.

[192] ERDOGAN B, ENDERS J, 2007. Support from the top: supervisors' perceived organizational support as a moderator of leader-member exchange to satisfaction and performance relationships [J]. Journal of applied psychology, 92 (2): 321–330.

[193] ETTLIE J E, OKEEFE R D, 1982. Innovative attitudes, values, and intentions in organizations [J]. Journal of Management Studies, 19 (2): 163–182.

[194] EVERITT B S, DUNN G, 2001. Applied multivariate data analysis [M]. London: Arnold.

[195] FARH J L, LIANG J, CHOU L F, et al., 2008. Paternalistic leadership in Chinese organizations: research progress and future research directions [M] // CHEN C C, Y, LEE Y T. Leadership and management in China: Philosophies, theories, and practices. London: Cambridge University Press: 171–205.

[196] FARH J L, ZHONG C B, ORGAN D W, 2004. Organizational citizenship behavior in the people's republic of China [J]. Organization Science, 15 (2): 241–253.

[197] FARMER S M, TIERNEY P, KUNG-MCINTYRE K, 2003. Employee creativity in Taiwan: an application of role identity theory [J]. Academy of Management Journal, 46 (5): 618–630.

[198] FERNET C, AUSTIN S, VALLERAND R J, 2012. The effects of

work motivation on employee exhaustion and commitment: an extension of the JD-R model [J]. Work Stress, 26 (3): 213-229.

[199] FERNET C, LAVIGNE G L, VALLERAND R J, et al., 2014. Fired up with passion: investigating how job autonomy and passion predict burnout at career start in teachers [J]. Work and Stress, 28 (3): 270-288.

[200] FERNET C, TRÉPANIER S G, AUSTIN S, et al., 2015. Transformational leadership and optimal functioning at work: on the mediating role of employees' perceived job characteristics and motivation [J]. Work Stress, 29 (1): 11-31.

[201] FERRAND C, MARTINENT G, CHARRY A, 2015. Satisfaction des besoins psychologiques fondamentaux, symptoms dépressifs et apathie chez des personnes âgées hospitalisées [J]. Canadian Journal of Behavioural Science, 47 (1): 59-67.

[202] FINDLAY C S, LUMSDEN C J, 1988. The creative mind: toward an evolutionary theory of discovery and innovation [J]. Journal of Social Biological Structures, 11 (1): 3-55.

[203] FORD J K, MACCALLUM R C, TAIT M, 1986. The application of exploratory factor analysis in applied psychology: a critical review and analysis [J]. Personnel Psychology, 39 (2): 291-314.

[204] FOREST J, MAGEAU G A, SARRAZIN C, et al., 2010. "Work is my passion": the different affective, behavioral, and cognitive consequences of harmonious and obsessive passion toward work [J]. Canadian Journal of Administrative Sciences, 28 (1): 27-40.

[205] FORGEARD M J C, MECKLENBURG A C, 2013. The two dimensions of motivation and a reciprocal model of the creative process [J]. Review of General Psychology, 17 (3): 255-266.

[206] FREDRICKSON B L, 2001. The role of positive emotions in positive psychology: the broaden and build theory of positive emotions [J]. American Psychologist, 56 (3): 218-226.

[207] FREUD S, 1960. Jokes and their relation to the unconscious [M]. New York: W. W. Norton.

[208] FRIJDA N H, MESQUITA B, SONNEMANSK J, et al., 1991. The

duration of affective phenomena or emotions, sentiments and passions [M] // STRONGMAN K T. International review of studies on emotion. New York: Wiley: 187-225.

[209] GAGNÉ M, DECI E L, 2005. Self-determination theory and work motivation [J]. Journal of Organizational Behavior, 26 (4): 331-362.

[210] GARDNER W L, COGLISER C C, DAVIS K M, et al., 2011. Authentic leadership: a review of the literature and research agenda [J]. The Leadership Quarterly, 22 (6): 1120-1145.

[211] GEORGE J M, ZHOU J, 2002. Understanding when bad moods foster creativity and good ones don't: the role of context and clarity of feelings [J]. Journal of Applied Psychology, 87 (4): 687-697.

[212] GILBERT S L, KELLOWAY E K, 2014. The oxford handbook of workengagement, motivation, and self-determination theory [M]. New York: Oxford University Press.

[213] GILLET N, FOUQUEREAU E, LAFRENIÈRE M A K, et al., 2016. Examining the roles of work autonomous and controlled motivations on satisfaction and anxiety as a function of role ambiguity [J]. Journal of Psychology, 150 (5): 644-665.

[214] GKOREZIS P, BELLOU V, 2016. The relationship between leader self-deprecating humor and perceived effectiveness: trust in leader as a mediator [J]. Leadership and Organization Development Journal, 37 (7): 882-898.

[215] GKOREZIS P, HATZITHOMAS L, PETRIDOU E, 2011. The impact of leader's humor on employees' psychological empowerment: the moderating role of tenure [J]. Journal of Managerial Issues, 23 (1): 83-95.

[216] GKOREZIS P, PETRIDOU E, XANTHIAKOS P, 2014. Leader positive humor and organizational cynicism: LMX as a mediator [J]. Leadership Organization Development Journal, 35 (4): 305-315.

[217] GLASER B G, 1978. Theoretical sensitivity: advances in the methodology of grounded theory [M]. Mill Valley, CA: Sociology Press,

[218] GLASSER W, 1976. Positive addiction [M]. New York: Harper Row.

[219] GONG Y P, KIM T Y, LEE D R, et al., 2013. A multilevel model

of team goal orientation, information exchange, and creativity [J]. Academy of Management Journal, 56 (3): 827-851.

[220] GONG Y, HUANG J C, FARH J L, 2009. Employee learning orientation, transformational leadership, and employee creativity: the mediating role of employee creative self-efficacy [J]. Academy of Management Journal, 52 (4): 765-778.

[221] GOSWAMI A, NAIR P, BEEHR T, et al., 2016. The relationship of leaders' humor and employees' work engagement mediated by positive emotions: moderating effect of leaders' transformational leadership style [J]. Leadership Organization Development Journal, 37 (8): 1083-1099.

[222] GOTTFREDSON R K, AGUINIS H, 2017. Leadership behaviors and follower performance: deductive and inductive examination of theoretical rationales and underlying mechanisms [J]. Journal of organizational behavior, 38 (4): 558-591.

[223] GOUGH H G, 1979. A creative personality scale for theadjective check list [J]. Journal of Personality and Social Psychology, 37 (8): 1398-1405.

[224] GRANT A M, BERRY J W, 2011. The necessity of others is the mother of invention: intrinsic and prosocial motivations, perspective taking, and creativity [J]. Academy of Management Journal, 54 (1): 73-96.

[225] GROLNICK W S, RYAN R M, 1989. Parent styles associated with children's self-regulation and competence in school [J]. Journal of Educational Psychology, 81 (2): 143-154.

[226] GU Q X, TANG T L P, JIANG W, 2015. Does moral leadership enhance employee creativity? employee identification with leader and leader-member exchange (LMX) in the Chinese context [J]. Journal of Business Ethics, 126 (3): 513-529.

[227] GUILFORD J P, 1950. Creativity [J]. American Psychologist, 5 (9): 444-454

[228] HACKMAN J R, OLDHAM G R, 1980. Work redesign and motivation [J]. Professional Psychology, 11 (3): 445-455.

[229] HACKMAN R J, 1980. Work redesign and motivation [M]. San

Francisco: Addison Wesley.

[230] HAO P, HE W, LONG L R, 2017. Why and when empowering leadership has different effects on employee work performance: the pivotal roles of passion for work and role breadth self-efficacy [J]. Journal of Leadership Organizational Studies, 25 (1): 85-100.

[231] HEINTZ S, RUCH W, 2018. Can self-defeating humor make you happy? cognitive interviews reveal the adaptive side of the self-defeating humor style [J]. Humor, 31 (3): 451-472.

[232] HENNESSEY B A, 2003. The social psychology of creativity [J]. Scandinavian Journal of Educational Research, 47 (3): 253-271.

[233] HENNESSEY B A, AMABILE T M, 1998. Reality, intrinsic motivation, and creativity [J]. American Psychologist, 53 (6): 674-675.

[234] HINKIN T R, 1995. A review of scale development practices in the study of organizations [J]. Journal of Management, 21 (5): 967-988.

[235] HINKIN T R, 1998. A brief tutorial onthe development of measures for use in survey questionnaires [J]. Organizational research methods, 1 (1): 104-121.

[236] HIRST G, VAN KNIPPENBERG D, ZHOU J, et al., 2015. Heard it through the grapevine: indirect networks and employee creativity [J]. Journal of Applied Psychology, 100 (2): 567-574.

[237] HO V T, WONG S S, LEE C H, 2011. A tale of passion: linking job passion and cognitive engagement to employee work performance [J]. Journal of Management Studies, 48 (1): 26-47.

[238] HOCH J E, 2013. Shared leadership and innovation: the role of vertical leadership and employee integrity [J]. Journal of Business and Psychology, 28 (2): 159-174.

[239] HODSON G, MACINNIS C C, RUSH J, 2010. Prejudice-relevant correlates of humor temperaments and humor styles [J]. Personality and Individual Differences, 49 (5): 546-549.

[240] HOEGL M, GEMUENDEN H G, 2001. Teamwork quality and the success of innovative projects: a theoretical concept and empirical evidence [J]. Organization Science, 12 (4): 435-449.

[241] HOFMANN W, SCHMEICHEL B J, BADDELEY A D, 2012. Executive functions and self-regulation [J]. Trends in cognitive sciences, 16 (3): 174-180.

[242] HOGAN R, KAISER R B, 2005. What we know about leadership [J]. Review of General Psychology, 9 (2): 169-180.

[243] HOLMES J, 2007. Making humour work: creativity on the job [J]. Applied Linguistics, 28 (4): 518-537.

[244] HOPTION A, HERRMANN F, 2015. Affiliative and aggressive humour in leadership and their relationship to leader-member exchange [J]. Journal of Occupational Organizational Psychology, 88 (1): 108-125.

[245] HOPTION C, BARLING J, TURNER N, 2013. "It's not you, it's me": transformational leadership and self-deprecating humor [J]. Leadership Organization Development Journal, 34 (1): 4-19.

[246] HOUSE R J, ADITYA R N, 1997. The social scientific study of leadership: Quo vadis? [J]. Journal of Management, 23 (3): 409-473.

[247] HU J, LIDEN R C, 2015. Making a difference in the teamwork: linking team prosocial motivation to team processes and effectiveness [J]. Academy of Management Journal, 58 (4): 1102-1127.

[248] HU J, ERDOGAN B, JIANG K F, et al., 2018. Leader humility and team creativity: the role of team information sharing, psychological safety, and power distance [J]. Journal of Applied Psychology, 103 (3): 313-323.

[249] HU L, BENTLER P M, 1999. Cutoff criteria for fit indexes in covariance structure analysis: conventional criteria versus new alternatives [J]. Structural equation modeling: a multidisciplinary journal, 6 (1): 1-55.

[250] HU W, LUO J, 2020. Leader humor and employee creativity: a model integrating pragmatic and affective roles [J]. Asian Business & Management: 1-20.

[251] HUGHES D J, LEE A, TIAN A W, et al., 2018. Leadership, creativity, and innovation: a critical review and practical recommendations [J]. Leadership Quarterly, 29 (5): 549-569.

[252] HUO Y Y, LAM W, CHEN Z G, 2012. Am I the only one this supervisor is laughing at? effects of aggressive humor on employee strain and addic-

tive behaviors [J]. Personnel Psychology, 65 (4): 859-885.

[253] IBM, 2010. Capitalizing on complexity: insights from the global chief executive officer study [M]. Somers: IBM Global Business Services.

[254] ILIES R, NAHRGANG J D, MORGESON F P, 2007. Leader-member exchange and citizenship behaviors: a meta-analysis [J]. Journal of applied psychology, 92 (1): 269-277.

[255] JANG-HOE K, AHN D, 2015. The relationship among family environment, basic psychological needs, and school engagement of upper elementary school students in Korea [J]. Korean Journal of Youth Studies, 22 (11): 21-44.

[256] JANSSEN O, 2003. Innovative behaviour and job involvement at the price of conflict and less satisfactory relations with co-workers [J]. Journal of Occupational and Organizational Psychology, 76 (3): 347-364.

[257] JANSSEN O, VAN DE VLIERT W M, 2004. The bright and dark sides of individual and group innovation: a special issue introduction [J]. Journal of Organizational Behavior, 25 (2): 129-145.

[258] JIA H LIDEN R C, 2014. Making a difference in the teamwork: linking team prosocial motivation to team processes and effectiveness [J]. Academy of Management Journal, 58 (4): 1102-1127.

[259] JOHNSON R E, LANAJ K, BARNES C M, 2014. The good and bad of being fair: effects of procedural and interpersonal justice behaviors on regulatory resources [J]. Journal of Applied Psychology, 99 (4): 635-650.

[260] JUDGE T A, ILIES R, 2004. Affect and job satisfaction: a study of their relationship at work and at home [J]. Journal of Applied Psychology, 89 (4): 661-673.

[261] KAHN R L, WOLFE D M, QUINN R P, et al., 1964. Organizational stress: studies in role conflict and ambiguity [M]. New York: Wiley.

[262] KAI C Y, CHRISTIAN M S, WEI W, et al., 2018. The mixed blessing of leader sense of humor: examining costs and benefits [J]. Academy of Management Journal, 61 (1): 348-369.

[263] KALIMO R, TENKANEN L, HÄRMÄ M, et al., 2000. Job stress and sleep disorders: findings from the Helsinki heart study [J]. Stress and

Health, 16 (2): 65-75.

[264] KELEMEN T K, MATTHEWS S H, BREEVAART K C, 2020. Leading day-to-day: a review of the daily causes and consequences of leadership behaviors [J]. Leadership Quarterly, 31 (1): 101-344

[265] KELLEY H H, 1973. The processes of causal attribution [J]. American Psychologist, 28 (2): 107-128.

[266] KELLEY H H, MICHELA J L, 1980. Attribution theory and research [J]. Annual Review of Psychology, 31 (1): 457-501.

[267] KELMAN H C, 1958. Compliance, identification and internalization, three processes of attitude change [J]. Journal of Conflict Resolution, 2 (1): 51-60.

[268] KHAZANCHI S, MASTERSON S S, 2011. Who and what is fair matters: a multi-foci social exchange model of creativity [J]. Journal of Organizational behavior, 32 (1): 86-106.

[269] KIM A, NAIR P, BEEHR T, et al., 2016. The relationship of leaders' humor and employees' work engagement mediated by positive emotions: moderating effect of leaders' transformational leadership style [J]. Leadership & Organization Development Journal, 37 (8): 1083-1099.

[270] KIM S, PARK Y, HEADRICK L, 2018. Daily micro-breaks and job performance: general work engagement as a cross-level moderator [J]. Journal of Applied Psychology, 103 (7): 772-786.

[271] KIM T Y, LEE DR, WONG N Y S, 2016. Supervisor humor and employee outcomes: the role of social distance and affective trust in supervisor [J]. Journal of Business and Psychology, 31 (1): 125-139.

[272] KONG D T, COOPER C D, SOSIK J J, 2019. The state of research on leader humor [J]. Organizational psychology review, 9 (1): 3-40.

[273] KONG Y, LI M, 2018. Proactive personality and innovative behavior: the mediating roles of job-related affect and work engagement [J]. Social Behavior and Personality: an international journal, 46 (3): 431-446.

[274] KOUCHAKI M, GINO F, 2016. Memories of unethical actions become obfuscated over time [J]. Proceedings of the National Academy of Sciences, 113 (22): 6166-6171.

[275] LAFRENIÈRE M A K, BÉLANGER J J, SEDIKIDES C, et al., 2011. Self-esteem and passion for activities [J]. Personality and Individual Differences, 51 (4): 541-544.

[276] LAM W, HUANG X, SNAPE E D, 2007. Feedback-seeking behavior and leader-member exchange: do supervisor-attributed motives matter? [J]. Academy of Management Journal, 50 (2): 348-363

[277] LANAJ K, JOHNSON R E, LEE S M, 2016. Benefits of transformational behaviors for leaders: a daily investigation of leader behaviors and need fulfillment [J]. Journal of Applied Psychology, 101 (2): 237-251.

[278] LAVIGNE G L, FOREST J, CREVIER-BRAUD L, 2012. Passion at work and burnout: a two-study test of the mediating role of flow experiences [J]. European Journal of Work and Organizational Psychology, 21 (4): 518-546.

[279] LAWLER E E, HALL D T, 1970. Relationship of job characteristics to job involvement, satisfaction, and intrinsic motivation [J]. Journal of Applied psychology, 54 (4): 305-312.

[280] LEE D, 2015. The impact of leader's humor on employees' creativity: the moderating role of trust in leader [J]. Seoul Journal of Business, 21 (1): 59-86.

[281] LEPPER M R, 1983. Social control processes and the internalization of social values: an attributional perspective [J]. Social Cognition and Social Development: 294-330.

[282] LI J, ZHANG J, YANG Z, 2017. Associations between a leader's work passion and an employee's work passion: a moderated mediation model [J]. Frontiers in Psychology, 8: 1-12.

[283] LIANG B, VAN KNIPPENBERG D, GU Q, 2021. A cross-level model of shared leadership, meaning, and individual creativity [J]. Journal of Organizational Behavior, 42 (1): 68-83.

[284] LIAO C, 2003. Humor versus huaji [J]. Journal of Language and Linguistics, 2 (1): 25-52.

[285] LIAO C, LEE H W, JOHNSON R E, et al., 2021. Serving you depletes me? a leader-centric examination of servant leadership behaviors [J].

Journal of Management, 47 (5): 1185-1218.

[286] LIN Z, 2016. The influence of perceived leader humor on subordinate's voice behavior: a study under Chinese background [J]. Open Journal of Social Sciences, 4 (4): 174-178.

[287] LIU D, CHEN X P, YAO X, 2011. From autonomy to creativity: a multilevel investigation of the mediating role of harmonious passion [J]. Journal of Applied Psychology, 96 (2): 294-309.

[288] LIU D, LIAO H, LOI R, 2012. The dark side of leadership: a three-level investigation of the cascading effect of abusive supervision on employee creativity [J]. Academy of management journal, 55 (5): 1187-1212.

[289] LOPES S CHAMBEL M J, 2017. Temporary agency workers' motivations and well-being at work: a two-wave study [J]. International Journal of Stress Management, 24 (4): 321-346.

[290] LÓPEZ-WALLE J, BALAGUER I, CASTILLO I, et al., 2012. Autonomy support, basic psychological needs and well-being in mexican athletes [J]. The Spanish journal of psychology, 15 (3): 1283-1292.

[291] LUNDBERG C, 1969. Person-focused joking: pattern and function [J]. Human Organization, 28 (1): 22-28.

[292] LUTHANS F, 2002. The need for and meaning of positive organizational behavior [J]. Journal of Organizational Behavior: TheInternational Journal of Industrial, Occupational and Organizational Psychology and Behavior, 23 (6): 695-706.

[293] LUU T T, 2019. Can diversity climate shape service innovative behavior in Vietnamese and Brazilian tour companies? the role of work passion [J]. Tourism Management, 72: 326-339.

[294] MADJAR N, GREENBERG E, CHEN Z, 2011. Factors for radical creativity, incremental creativity, and routine, noncreative performance [J]. Journal of applied psychology, 96 (4): 730-743.

[295] MADJAR N, OLDHAM G R, PRATT M G, 2002. There's no place like home? the contributions of work and nonwork creativity support to employees' creative performance [J]. Academy of Management journal, 45 (4): 757-767.

[296] MADRID H P, PATTERSON M G, BIRDI K S, et al., 2014. The

role of weekly high-activated positive mood, context, and personality in innovative work behavior: a multilevel and interactional model [J]. Journal of Organizational Behavior, 35 (2): 234-256.

[297] MAGEAU G A, VALLERAND R J, 2007. The moderating effect of passion on the relation between activity engagement and positive affect [J]. Motivation and Emotion, 31 (4): 312-321.

[298] MAGEAU G A, VALLERAND R J, CHAREST J, et al., 2009. On the development of harmonious and obsessive passion: the role of autonomy support, activity valuation, and identity processes [J]. Journal of Personality, 77 (3): 601-645.

[299] MALLETT O, WAPSHOTT R, 2014. Informality and employment relationships in small firms: humour, ambiguity and straight-talking [J]. British Journal of Management, 25 (1): 118-132.

[300] MAO J Y, CHIANG J T J, ZHANG Y, et al., 2017. Humor as a relationship lubricant: the implications of leader humor on transformational leadership perceptions and team performance [J]. Journal of Leadership Organizational Studies, 24 (4): 494-506.

[301] MARQUES J F, 2007. Leadership: emotional intelligence, passion and··· what else? [J]. Journal of Management Development, 26 (7): 644-651.

[302] MARSH H W, HOCEVAR D, 1985. Application of confirmatory factor analysis to the study of self-concept: first-and higher order factor models and their invariance across groups [J]. Psychological bulletin, 97 (3): 562.

[303] MARTIN A J, DOWSON M, 2009. Interpersonal relationships, motivation, engagement, and achievement: yields for theory, current issues, and educational practice [J]. Review of educational research, 79 (1): 327-365.

[304] MARTIN R A, 2001. Humor, laughter, and physical health: methodological issues and research findings [J]. Psychological bulletin, 127 (4): 504-519.

[305] MARTIN R A, 2003. Sense of humor [M] // LOPEZ S J, SNYDER C R. Handbook of positive psychological assessment. Washington, DC: American Psychological Association.

[306] MARTIN R A, FORD T, 2018. The psychology of humor: an integrative approach [M]. United Kingdom: Academic Press.

[307] MARTIN R A, LEFCOURT H M, 1983. Sense of humor as a moderator of the relation between stressors and moods [J]. Journal of personality and social psychology, 45 (6): 1313-1324.

[308] MARTIN R A, LEFCOURT H M, 1984. Situational humor response questionnaire: quantitative measure of sense of humor [J]. Journal of personality and social psychology, 47 (1): 145-155.

[309] MARTIN R A, PUHLIK-DORIS P, LARSEN G, et al., 2003. Individual differences in uses of humor and their relation to psychological well-being: development of the humor styles questionnaire [J]. Journal of research in personality, 37 (1): 48-75.

[310] MARTINKO M J, HARVEY P, DOUGLAS S C, 2007. The role, function, and contribution of attribution theory to leadership: a review [J]. The Leadership Quarterly, 18 (6): 561-585.

[311] MARTINKO M J, MOSS S E, DOUGLAS S C, et al., 2007. Anticipating the inevitable: when leader and member attribution styles clash [J]. Organizational Behavior and Human Decision Processes, 104 (2): 158-174.

[312] MCCABE D L, DUTTON J E, 1993. Making sense of the environment: the role of perceived effectiveness [J]. Human Relations, 46 (5): 623-643.

[313] MCCLEAN S T, BARNES C M, COURTRIGHT S H, et al., 2019. Resetting the clock on dynamic leader behaviors: a conceptual integration and agenda for future research [J]. Academy of Management Annals, 13 (2): 479-508.

[314] MCGRATH E, COOPER-THOMAS H D, GARROSA E, et al., 2017. Rested, friendly, and engaged: the role of daily positive collegial interactions at work [J]. Journal of Organizational Behavior, 38 (8): 1213-1226.

[315] MCGRAW A P, WARREN C, 2010. Benign violations: making immoral behavior funny [J]. Psychological science, 21 (8): 1141-1149.

[316] MEISSNER W W, 1988. Treatment of patients in the borderline spectrum [M]. Lanham, MD: Jason Aronson.

［317］MESMER-MAGNUS J, GLEW D J, VISWESVARAN C, 2012. A meta-analysis of positive humor in the workplace ［J］. Journal of Managerial Psychology, 27 （2）: 155-190.

［318］MICHAEL P O R T E R, 1990. The competitive advantage of nations ［J］. Harvard Business Review, 90 （2）: 73-93.

［319］MILLETTE V, GAGNÉ M, 2008. Designing volunteers' tasks to maximizemotivation, satisfaction and performance: the impact of job characteristics on volunteer engagement ［J］. Motivation and emotion, 32 （1）: 11-22.

［320］MOHER D, LIBERATI A, TETZLAFF J, et al., 2010. Preferred reporting items for systematic reviews and meta-analyses: the PRISMA statement ［J］. Int J Surg, 8 （5）: 336-341.

［321］MORAN C M, DIEFENDORFF J M, KIM T Y, et al., 2012. A profile approach to self-determination theory motivations at work ［J］. Journal of Vocational Behavior, 81 （3）: 354-363.

［322］MORRIS M W, HONG Y Y, CHIU C Y, et al., 2015. Normology: integrating insights about social norms to understand cultural dynamics ［J］. Organizational Behavior and Human Decision Processes, 129: 1-13.

［323］MUELLER J S, GONCALO J A, KAMDAR D, 2011. Recognizing creative leadership: can creative idea expression negatively relate to perceptions of leadership potential? ［J］. Journal of experimental Social Psychology, 47 （2）: 494-498.

［324］MURNIEKS C Y, CARDON M S, HAYNIE J M, 2020. Fueling the fire: examining identity centrality, affective interpersonal commitment and gender as drivers of entrepreneurial passion ［J］. Journal of Business Venturing, 35 （1）: 105909.

［325］MUTHÉN B O, MUTHÉN L K, ASPAROUHOV T, 2017. Regression and mediation analysis using mplus ［M］. Los Angeles, CA: Muthén Muthén.

［326］NENCINI A, ROMAIOLI D, MENEGHINI A M, 2016. Volunteer motivation and organizational climate: factors that promote satisfaction and sustained volunteerism in NPOs ［J］. VOLUNTAS: International Journal of Voluntary and Nonprofit Organizations, 27 （2）: 618-639.

[327] OH H, LABIANCA G, CHUNG M H, 2006. A multilevel model of group social capital [J]. Academy of Management Review, 31 (3): 569-582.

[328] OH J K, FARH C I, 2017. An emotional process theory of how subordinates appraise, experience, and respond to abusive supervision over time [J]. Academy of Management Review, 42 (2): 207-232.

[329] OLDHAM G R, CUMMINGSA, 1996. Employee creativity: personal and contextual factors at work [J]. Academy of Management Journal, 39 (3): 607-634.

[330] OWENS B P, HEKMAN D R, 2012. Modeling how to grow: an inductive examination of humble leader behaviors, contingencies, and outcomes [J]. Academy of Management Journal, 55 (4): 787-818.

[331] PARKER S K, BINDL U K, STRAUSS K, 2010. Making things happen: a model of proactive motivation [J]. Journal of Management, 36 (4): 827-856.

[332] PARZEFALL M R, SALIN D M, 2010. Perceptions of and reactions to workplace bullying: a social exchange perspective [J]. Human Relations, 63 (6): 761-780.

[333] PATRICK H, KNEE C R, CANEVELLO A, et al., 2007. The role of need fulfillment in relationship functioning and well-being: a self-determination theory perspective [J]. Journal of Personality and Social Psychology, 92 (3): 434-457.

[334] PHELPS C, HEIDL R, WADHWA A, 2012. Knowledge, networks, and knowledge networks: a review and research agenda [J]. Journal of Management, 38 (4): 1115-1166.

[335] PHILIPPE F L, VALLERAND R J, LAVIGNE G L, 2009. Passion does make a difference in people's lives: a look at well-being in passionate and non-passionate individuals [J]. Applied Psychology: Health and Well-Being, 1 (1): 3-22.

[336] PHILIPPE F L, VALLERAND R J, HOULFORT N, et al., 2010. Passion for an activity and quality of interpersonal relationships: the mediating role of emotions [J]. Journal of Personality and Social Psychology, 98 (6): 917-932.

［337］PODSAKOFF P M, MACKENZIE S B, LEE J Y, et al., 2003. Common method biases in behavioral research: a critical review of the literature and recommended remedies ［J］. Journal of Applied Psychology, 88 (5): 879–903.

［338］POLLACK J M, HO V T, O'BOYLE E H, et al., 2020. Passion at work: a meta-analysis of individual work outcomes ［J］. Journal of Organizational Behavior, 41 (4): 311–331.

［339］PREACHER K J, ZYPHUR M J, ZHANG Z, 2010. A general multilevel SEM framework for assessing multilevel mediation ［J］. Psychological Methods, 15 (3): 209–233.

［340］PROMSRI C, 2017. Relationship between the use of humor styles and innovative behavior of executives in a real estate company ［J］. International Journal of Academic Research in Business and Social Sciences, 7 (9): 342–351.

［341］PUNDT A, 2015. The relationship between humorous leadership and innovative behavior ［J］. Journal of Managerial Psychology, 30 (8): 878–893.

［342］PUNDT A, HERRMANN F, 2015. Affiliative and aggressive humour in leadership and their relationship to leader-member exchange ［J］. Journal of Occupational and Organizational Psychology, 88 (1): 108–125.

［343］PUNDT A, VENZ L, 2017. Personal need for structure as a boundary condition for humor in leadership ［J］. Journal of Organizational Behavior, 38 (1): 87–107.

［344］QIN X, CHEN C, YAM K C, et al., 2020. The double-edged sword of leader humility: investigating when and why leader humility promotes versus inhibits subordinate deviance ［J］. Journal of Applied Psychology, 105 (7): 693–712.

［345］RAUDENBUSH S W, BRYK A S, 2002. Hierarchical linear models: applications and data analysis methods ［M］. London: Sage.

［346］RIOUX S M, PENNER L A, 2001. The causes of organizational citizenship behavior: a motivational analysis ［J］. Journal of Applied Psychology, 86 (6): 1306–1314.

［347］ROBERT C, WILBANKS J E, 2012. The wheel model of humor: humor events and affect in organizations ［J］. Human Relations, 65 (9): 1071-1099.

［348］ROBERT C, DUNNE T C, IUN J, 2016. The impact of leader humor on subordinate job satisfaction: the crucial role of leader-subordinate relationship quality ［J］. Group Organization Management, 41 (3): 375-406.

［349］ROBERTSON J L, BARLING J, 2013. Greening organizations through leaders' influence on employees' pro-environmental behaviors ［J］. Journal of Organizational Behavior, 34 (2): 176-194.

［350］ROMERO E J, CRUTHIRDS K W, 2006. The use of humor in the workplace ［J］. Academy of Management Perspectives, 20 (2): 58-69.

［351］ROMERO E, PESCOSOLIDO A, 2008. Humor and group effectiveness ［J］. Human Relations, 61 (3): 395-418.

［352］ROUSSEAU F L, VALLERAND R J, 2008. An examination of the relationship between passion and subjective well-being in older adults ［J］. The International Journal of Aging and Human Development, 66 (3): 195-211.

［353］RYAN R M, DECI E L, 2000. Self-determination theory and the facilitation of intrinsic motivation, social development, and well-being ［J］. American psychologist, 55 (1): 68-78.

［354］RYAN R M, DECI E L, 2017. Self-determination theory: basic psychological needs in motivation, development, and wellness ［M］. New York: Guilford Press.

［355］RYAN R M, CONNELL J P, DECI E L, 1985. A motivational analysis of self-determination and self-regulation in education ［J］. Research on Motivation in Education: The Classroom Milieu, 2: 13-51.

［356］SALANCIK G R, PFEFFER J, 1978. A social information processing approach to job attitudes and task design ［J］. Administrative Science Quarterly: 224-253.

［357］SCHAFER R, 1968. Aspects of internalization ［M］. New York: International Universities Press.

［358］SCHELLENBERG B J, BAILIS D S, 2015. Can passion be polyamorous? the impact of having multiple passions on subjective well-being and momentary emotions [J]. Journal of Happiness Studies, 16 (6): 1365-1381.

[359] SCHENKEL M T, FARMER S, MASLYN J M, 2019. Process improvement in SMEs: the impact of harmonious passion for entrepreneurship, employee creative self-efficacy, and time spent innovating [J]. Journal of Small Business Strategy, 29 (1): 71-84.

[360] SCHILPZAND P, HOUSTON L, CHO J, 2018. Not too tired to be proactive: daily empowering leadership spurs next-morning employee proactivity as moderated by nightly sleep quality [J]. Academy of Management Journal, 61 (6): 2367-2387.

[361] SCHWARZ N, CLORE G L, 2007. Feelings and phenomenal experiences [M] // HIGGINS E T, KRUGLANSKI A. Social psychology: Handbook of basic principles (2nd ed.). New York: Guilford Press: 385-407.

[362] SCOTT B A, JUDGE T A, 2006. Insomnia, emotions, and job satisfaction: a multilevel study [J]. Journal of Management, 32 (5): 622-645.

[363] SCOTT S G, BRUCE R A, 1994. Determinants of innovative behavior: a path model of individual innovation in the workplace [J]. Academy of Management Journal, 37 (3): 580-607.

[364] SELIG J P, PREACHER K J, LITTLE T D, 2012. Modeling time-dependent association in longitudinal data: a lag as moderator approach [J]. Multivariate Behavioral Research, 47 (5): 697-716.

[365] SELIGMAN M E P, CSIKSZENTMIHALYI M, 2000. Positive psychology: an introduction [J]. American Psychologist, 55 (1): 5-14.

[366] SHALLEY C E, GILSON L L, 2004. What leaders need to know: a review of social and contextual factors that can foster or hinder creativity [J]. The Leadership Quarterly, 15 (1): 33-53.

[367] SHALLEY C E, GILSON L L, BLUM T C, 2009. Interactive effects of growth need strength, work context, and job complexity on self-reported creative performance [J]. Academy of Management journal, 52 (3): 489-505.

[368] SHALLEY C E, ZHOU J, OLDHAM G R, 2004. The effects of personal and contextual characteristics on creativity: where should we go from here? [J]. Journal of Management, 30 (6): 933-958.

［369］SI S X，CULLEN J B，1998. Response categories and potential cultural bias: effects of an explicit middle point in cross-cultural surveys ［J］. The international Journal of Organizational Analysis，6（3）：218-230.

［370］SILVERMAN D，2016. Qualitative research ［M］. London: Sage.

［371］SILVIA P J，2011. Subjective scoring of divergent thinking: examining the reliability of unusual uses，instances，and consequences tasks ［J］. Thinking Skills and Creativity，6（1）：24-30.

［372］SIMÕES F，ALARCÃO M，2014. Promoting well-being in school-based mentoring through basic psychological needs support: does it really count? ［J］Journal of Happiness Studies，15（2）：407-424.

［373］SMILOR R W，1997. Entrepreneurship: reflections on a subversive activity ［J］. Journal of Business Venturing，12（5）：341-346.

［374］SMITH J W，KHOJASTEH M，2013. Use of humor in the workplace ［J］. International Journal of Management Information Systems，18（1）：71-78.

［375］SOHIGIAN D J，2007. Contagion of laughter: the rise of the humor phenomenon in Shanghai in the 1930s ［J］. Positions: East Asia Cultures Critique，15（1）：137-163.

［376］SPECTOR P E，JEX S M，1991. Relations of job characteristics from multiple data sources with employee affect，absence，turnover intentions，and health ［J］. Journal of Applied Psychology，76（1）：46-53.

［377］SPECTOR P E，ROSEN C C，RICHARDSON H A，et al.，2019. A new perspective on method variance: a measure-centric approach ［J］. Journal of Management，45（3）：855-880.

［378］SPEGLE M R，SHEARER J R A，SRINIVASAN R A，2002. 概率与统计（第二版）［M］. 北京：科学出版社.

［379］STEIGER J H，1990. Structural model evaluation and modification: an interval estimation approach ［J］. Multivariate Behavioral Research，25（2）：173-180.

［380］STENSENG F，FOREST J，CURRAN T，2015. Positive emotions inrecreational sport activities: the role of passion and belongingness ［J］. Journal of Happiness Studies，16（5）：1117-1129.

[381] ST-LOUIS A C, VALLERAND R J, 2015. A successful creative process: the role of passion and emotions [J]. Creativity Research Journal, 27 (2): 175-187.

[382] STROET K, OPDENAKKER M C, MINNAERT A, 2013. Effects of need supportive teaching on early adolescents' motivation and engagement: a review of the literature [J]. Educational Research Review, 9, 65-87.

[383] SULLIVAN P, 2013. Humor styles as a predictor of satisfaction within sport teams [J]. Humor, 26 (2): 343-349.

[384] SUN J, LIDEN R C, OUYANG L, 2019. Are servant leaders appreciated? an investigation of how relational attributions influence employee feelings of gratitude and prosocial behaviors [J]. Journal of Organizational Behavior, 40 (5): 528-540.

[385] SUOQIAO Q, 2007. Translating "humor" into Chinese culture [J]. International Journal of Humor Studies, 20 (3): 277-295.

[386] SVEBAK S, 1974. Revised questionnaire on the sense of humor [J]. Scandinavian Journal of Psychology, 15 (1): 328-331.

[387] TEPPER B J, DIMOTAKIS N, LAMBERT L S, et al., 2018. Examining follower responses to transformational leadership from a dynamic, person-environment fit perspective [J]. Academy of Management Journal, 61 (4): 1343-1368

[388] THORSON J A, POWELL F C, 1993. Development and validation of a multidimensional sense of humor scale [J]. Journal of Clinical Psychology, 49 (1): 13-23.

[389] TIERNEY P, FARMER S M, GRAEN G B, 1999. An examination of leadership and employee creativity: the relevance of traits and relationships [J]. Personnel Psychology, 52 (3): 591-620.

[390] TORRANCE E P, 1972. Predictive validity of the torrance tests of creative thinking [J]. The Journal of Creative Behavior, 6 (4): 236-262.

[391] TOSUN L P, LAJUNEN T, 2009. Why do young adults developa passion for Internet activities? the associations among personality, revealing "true self" on the Internet, and passion for the Internet [J]. Cyber Psychology Behavior, 12 (4): 401-406.

［392］TREMBLAY M, 2017. Humor in teams: multilevel relationships between humor climate, inclusion, trust, and citizenship behaviors ［J］. Journal of Business and Psychology, 32（4）: 363-378.

［393］TREMBLAY M A, BLANCHARD C M, TAYLOR S, et al., 2009. Work extrinsic and intrinsic motivation scale: its value for organizational psychology research ［J］. Canadian Journal of Behavioural Science/Revue Canadienne Des Sciences Du Comportement, 41（4）: 213-226.

［394］TROUGAKOS J P, HIDEG I, CHENG B H, et al., 2014. Lunch breaks unpacked: the role of autonomy as a moderator of recovery during lunch ［J］. Academy of Management Journal, 57（2）: 405-421.

［395］TSAKONA V, CHOVANEC J, 2018. The dynamics of interactional humor: creating and negotiating humor in everyday encounters（Vol. 7）［M］. Amsterdam: John Benjamins.

［396］TUCKER L R, LEWIS C, 1973. A reliability coefficientfor maximum likelihood factor analysis ［J］. Psychometrika, 38（1）: 1-10.

［397］ÜNAL Z M, 2014. Influence of leaders' humor styles on the employees' job related affective well-being ［J］. International Journal of Academic Research in Accounting, Finance and Management Sciences, 4（1）: 201-211.

［398］UNSWORTH K L, CLEGG C W, 2010. Why do employees undertake creative action? ［J］. Journal of Occupational and Organizational Psychology, 83（1）: 77-99.

［399］VALLERAND R J, 2010. On passion for life activities: the dualistic model of passion ［M］// Advances in experimental social psychology. New York: Academic Press: 97-193.

［400］VALLERAND R J, 2012. From motivation to passion: in search of the motivational processes involved in a meaningful life ［J］. Canadian Psychology/Psychologie Canadienne, 53（1）: 42-52.

［401］VALLERAND R J, 2015. The dualistic model of passion ［M］. New York: Oxford University Press.

［402］VALLERAND R J, HOULFORT N, 2019. Passion for work: theory, research, and applications ［M］. New York: Oxford University Press.

[403] VALLERAND R J, BLANCHARD C, MAGEAU G A, et al., 2003. Les passions de l'ame: on obsessive and harmonious passion [J]. Journal of Personality and Social Psychology, 85 (4): 756-767.

[404] VAN BEEK I, TARIS T W, SCHAUFELI W B, 2011. Workaholic and work engaged employees: dead ringers or worlds apart? [J]. Journal of Occupational Health Psychology, 16 (4): 468-482.

[405] VAN DEN BROECK A, FERRIS D L, CHANG C H, et al., 2016. A review of self-determination theory's basic psychological needs at work [J]. Journal of Management, 42 (5): 1195-1229.

[406] VAN DEN BROECK A, LENS W, DE WITTE H, et al., 2013. Unraveling the importance of the quantity and the quality of workers' motivation for well-being: a person-centered perspective [J]. Journal of Vocational Behavior, 82 (1): 69-78.

[407] VAN DEN BROECK A, VANSTEENKISTE M, DE WITTE H, et al., 2008. Explaining the relationships between job characteristics, burnout, and engagement: the role of basic psychological need satisfaction [J]. Work Stress, 22 (3): 277-294.

[408] VAN DEN BROECK A, VANSTEENKISTE M, DE WITTE H, et al., 2010. Capturing autonomy, competence, and relatedness at work: construction and initial validation of the work-related basic need satisfaction scale [J]. Journal of Occupational and Organizational Psychology, 83 (4): 981-1002.

[409] VANSTEENKISTE M, RYAN R M, 2013. On psychological growth and vulnerability: basic psychological need satisfaction and need frustration as a unifying principle [J]. Journal of Psychotherapy Integration, 23 (3): 263-280.

[410] VEATCH T C, 1998. A theory of humor [J]. Humor: International Journal of Humor Research, 11 (2): 161-215.

[411] VINTON K L, 1989. Humor in the workplace: It is more than telling jokes [J]. Small Group Behavior, 20 (2): 151-166.

[412] WAGNER D T, BARNES C M, LIM V K, et al., 2012. Lost sleep and cyberloafing: evidence from the laboratory and a daylight saving time quasi-experiment [J]. Journal of Applied Psychology, 97 (5): 1068.

［413］ WALLAS G, 1926. The art of thought ［J］. Smithsonian, 62 （1）:
68-72.

［414］ WANG M, LIU S, LIAO H, et al., 2013. Can't get it out of my
mind: employee rumination after customer mistreatment and negative mood in the
next morning ［J］. Journal of Applied Psychology, 98 （6）: 989-1004.

［415］ WATSON D, CLARK L A, TELLEGEN A, 1988. Development and
validation of brief measures of positive and negative affect: the PANAS scales
［J］. Journal of Personality and Social Psychology, 54 （6）: 1063-1070.

［416］ WEBSTER J R, ADAMS G A, BEEHR T A, 2014. Core work e-
valuation: the viability of a higher-order work attitude construct ［J］. Journal of
Vocational Behavior, 85 （1）: 27-38.

［417］ WEINER B, 1995. Judgments of responsibility: a foundation for a
theory of social conduct ［M］. New York: Guilford Press.

［418］ WEISS H M, CROPANZANO R, 1996. Affective events theory
［J］. Research in Organizational Behavior, 18 （1）: 1-74.

［419］ WIJEWARDENA N, HÄRTEL C E, SAMARATUNGE R, 2017.
Using humor and boosting emotions: an affect-based study of managerial humor,
employees' emotions and psychological capital ［J］. Human Relations, 70
（11）: 1316-1341.

［420］ WILD B, ERB M, BARTELS M, 2001. Are emotions contagious?
evoked emotions while viewing emotionally expressive faces: quality, quantity,
time course and gender differences ［J］. Psychiatry Research, 102 （2）: 109-
124.

［421］ WILLIAMS K J, ALLIGER G M, 1994. Role stressors, mood spill-
over, and perceptions of work-family conflict in employed parents ［J］. Academy
of Management Journal, 37 （4）: 837-868.

［422］ WOODMAN R W, SAWYER J E, GRIFFIN R W, 1993. Toward a
theory of organizational creativity ［J］. Academy of Management Review, 18
（2）: 293-321.

［423］ WU J, CHAN R M, 2013. Chinese teachers' use of humour in cop-
ing with stress ［J］. International Journal of Psychology, 48 （6）: 1050-1056.

［424］ WU L Z, YE Y, CHENG X M, et al., 2020. Fuel the service fire:

the effect of leader humor on frontline hospitality employees' service performance and proactive customer service performance [J]. International Journal of Contemporary Hospitality Management, 32 (5): 1755-1773.

[425] XANTHOPOULOU D, BAKKER A B, ILIES R, 2012. Everyday working life: explaining within-person fluctuations in employee well-being [J]. Human Relations, 65 (9): 1051-1069.

[426] XU E, HUANG X, ROBINSON S L, 2017. When self-view is at stake: responses to ostracism through the lens of self-verification theory [J]. Journal of Management, 43 (7): 2281-2302.

[427] XU W, 2004. The confucian politics of appearance: and its impact on Chinese humor [J]. Philosophy East and West: 514-532.

[428] YAM K C, CHRISTIAN M S, WEI W, et al., 2018. The mixed blessing of leader sense of humor: examining costs and benefits [J]. Academy of Management Journal, 61 (1): 348-369.

[429] YANG C, YANG F, DING C, 2021. Linking leader humor to employee creativity: the roles of relational energy and traditionality [J]. Journal of Managerial Psychology, 36 (7): 548-561.

[430] YANG I, KITCHEN P J, BACOUEL-JENTJENS S, 2017. How to promote relationship-building leadership at work? a comparative exploration of leader humor behavior between North America and China [J]. The International Journal of Human Resource Management, 28 (10): 1454-1474.

[431] YANG L Q, SIMON L S, WANG L, et al., 2016. To branch out or stay focused? affective shifts differentially predict organizational citizenship behavior and task performance [J]. Journal of Applied Psychology, 101 (6): 831-845.

[432] YORGES S L, WEISS H M, STRICKLAND O J, 1999. The effect of leader outcomes on influence, attributions, and perceptions of charisma [J]. Journal of Applied Psychology, 84 (3): 428-436.

[433] YU C, LI X, ZHANG W, 2015. Predicting adolescent problematic online game use from teacher autonomy support, basic psychological needs satisfaction, and school engagement: a 2-year longitudinal study [J]. Cyberpsychology, Behavior, and Social Networking, 18 (4): 228-233.

［434］YUE X D, 2008. The Chinese attitudes to humor: views from undergraduates in Hong Kong and China ［J］. Educational Research Journal, 23 (2): 299-326.

［435］YUNG-TAI T, 2008. The relationship between use of humor by leaders and RD employee innovative behavior: evidence from Taiwan ［J］. Asia Pacific Management Review, 13 (3): 635-653.

［436］ZAUGG H, DAVIES R S, 2013. Communication skills to develop trusting relationships on global virtual engineering capstone teams ［J］. European Journal of Engineering Education, 38 (2): 228-233.

［437］ZHANG H, KWAN H K, ZHANG X, et al., 2014. High core self-evaluators maintain creativity: a motivational model of abusive supervision ［J］. Journal of Management, 40 (4): 1151-1174.

［438］ZHANG Q, 2005. Immediacy, humor, power distance, and classroom communication apprehension in Chinese college classrooms ［J］. Communication Quarterly, 53 (1): 109-124.

［439］ZHANG X, BARTOL K M, 2010. Linking empowering leadership and employee creativity: the influence of psychological empowerment, intrinsic motivation, and creative process engagement ［J］. Academy of Management Journal, 53 (1): 107-128.

［440］ZHANG Y, CHEN C C, 2013. Developmental leadership and organizational citizenship behavior: mediating effects of self-determination, supervisor identification, and organizational identification ［J］. The Leadership Quarterly, 24 (4): 534-543.

［441］ZHAO J, KONG F, WANG Y, 2012. Self-esteem and humor style as mediators of the effects of shyness on loneliness among Chinese college students ［J］. Personality and Individual Differences, 52 (6): 686-690.

［442］ZHOU J, 1998. Feedback valence, feedback style, task autonomy, and achievement orientation: interactive effects on creative performance ［J］. Journal of Applied Psychology, 83 (2): 261-276.

［443］ZHOU J, GEORGE J M, 2001. When job dissatisfaction leads to creativity: encouraging the expression of voice ［J］. Academy of Management Journal, 44 (4): 682-696.

[444] ZHOU J, SHIN S J, BRASS D J, et al., 2009. Social networks, personal values, and creativity: evidence for curvilinear and interaction effects [J]. Journal of Applied Psychology, 94 (6): 1544-1552.

[445] ZIGARMI D R E A, ROBERTS T P, 2012. Leader values as predictors of employee affect and work passion intentions [J]. Journal of Modern Economy and Management, 1 (1): 1-28.

[446] ZIGARMI D, NIMON K, HOUSON D, et al., 2009. Beyond engagement: toward a framework and operational definition for employee work passion [J]. Human Resource Development Review, 8 (3): 300-326.

[447] ZIGARMI D, ROBERTS T P, ALAN RANDOLPH W, 2015. Employees' perceived use of leader power and implications for affect and work intentions [J]. Human Resource DevelopmentQuarterly, 26 (4): 359-384.

附　录

附录1　领导幽默动机归因访谈提纲

**您好，好久不见，打扰您了。非常感谢您能在百忙之中抽空参加我们的访谈，今天主要是想跟您交流一下关于组织管理中领导幽默的四个问题。我知道您工作经验丰富，对于组织管理肯定有很多深刻的了解和感受，您就把这些想法直接告诉我们，不用担心对错。访谈结果仅用于统计分析，不会用于任何商业目的。衷心感谢您的支持与帮助。

访谈内容：

1. 我想问一下，您在公司主要负责哪方面的工作呢？工作多少年了？平时工作忙不忙？能否简单介绍一下您的工作？

2. 为了方便您更好地了解我们此次的调研主题，让我先介绍一下"领导幽默"这个概念。幽默是一种关系的润滑剂。领导幽默是指领导为了改善与员工之间的关系，采取诙谐有趣和令人欢笑的方式来愉悦员工，以缓解紧张情绪、激励员工或者引起员工深刻印象的行为。冒昧问一下，不知在工作过程中，您的领导是否表现出这种幽默呢？这种幽默具有什么特点？

3. 您如何看待领导幽默这种行为？在您看来这种幽默是积极还是消极的？请您回顾一下表现出这种幽默的整体过程？请举例说明。

4. 您觉得领导出于什么考虑表现出这种幽默行为呢？或者说，领导实施幽默的目的和原因是什么？

5. 您经历的不同领导幽默能够给您带来什么样的感受呢（好的还是一般或者负面的感受）？

感谢您今天能抽空参加我们的访谈，您关于领导幽默的见解对于我们的研究非常有价值，我们将以此作为蓝本进行深入分析。最后，祝您工作顺利，身体健康，谢谢！

附录2 领导幽默动机归因的第一轮调研问卷

代码_____   填写问卷日期_____

亲爱的朋友：

　　您好！非常感谢您在百忙中填写这套问卷。我们正在进行有关领导幽默动机归因的研究，恳请您百忙之中予以协助支持！

　　本问卷是一份普通的学术论文调查问卷，所有回收的问卷仅做整体性分析，不会显示您的个别信息。<u>本问卷为一次性问卷，请您在符合自己情况的选项上打√</u>。您的答案将对我们的研究结果有重要影响，请认真作答。答案没有对错好坏之分，请您根据自己的实际感受放心作答！

　　问卷的回答大约占用您3分钟左右的时间。

　　再次感谢您的大力协助！如有任何疑问或建议，请随时联络。

　　敬祝 平安快乐 工作顺利！

基本信息（请您在符合自己情况的选项上打√）

1. 性别：

① 男　② 女

2. 年龄：　　周岁

3. 您所在单位的性质：

①党政事业单位　②国有企业　③民营企业

④外资企业　⑤其他

4. 您在当前单位工作年限：　　　　年

以下是关于您的领导（直接上级）行为特点的描述（请您在符合自己情况的选项上打√）

序号	请选择最符合自己真实情形的答案，在相应的数字上打√	非常不同意	不同意	不清楚	同意	非常同意
当我的直接领导表现出幽默时，您认为他的主要目的是：						
1	为了从员工那里得到更多的信息或者反馈	①	②	③	④	⑤
2	为了更好了解员工	①	②	③	④	⑤
3	为了让员工更好表达想法	①	②	③	④	⑤
4	为了加强与员工之间的工作关系	①	②	③	④	⑤
5	为了表达对员工的欣赏	①	②	③	④	⑤
6	为了获得员工的好感	①	②	③	④	⑤
7	为了支持员工的发展	①	②	③	④	⑤
8	为了更好地与员工沟通组织目标和策略	①	②	③	④	⑤
9	为了增进与员工之间的友谊	①	②	③	④	⑤
10	为了关心员工的感受	①	②	③	④	⑤
11	为了营造和谐的工作环境	①	②	③	④	⑤
12	希望以友善的方式提醒员工的错误或问题	①	②	③	④	⑤
13	希望促使员工更加努力工作	①	②	③	④	⑤
14	希望激励员工实现自己的绩效目标	①	②	③	④	⑤
15	希望提高员工的工作效率	①	②	③	④	⑤
16	希望能够促使员工超额完成任务	①	②	③	④	⑤
17	希望帮助员工提高工作绩效	①	②	③	④	⑤
18	希望促使员工提升工作质量	①	②	③	④	⑤
19	企图通过操控幽默来实施对员工的影响	①	②	③	④	⑤
20	企图通过操控幽默来谋取领导者个人私利	①	②	③	④	⑤
21	企图通过操控幽默来炫耀自身才能	①	②	③	④	⑤
22	企图通过操控幽默来获得认可或其他组织上的奖励	①	②	③	④	⑤
23	企图通过操控幽默来获取潜在组织回报	①	②	③	④	⑤
24	企图通过操控幽默来掩盖领导者自身存在的问题	①	②	③	④	⑤

问卷到此结束，非常感谢！非常感谢！

附录3 领导幽默动机归因的第二轮调研问卷

代码_____　　　　　　　　填写问卷日期_____

> 亲爱的朋友：
>
> 　　您好！非常感谢您在百忙中填写这套问卷。我们正在进行有关领导幽默动机归因的研究，恳请您百忙之中予以协助支持！
>
> 　　本问卷是一份普通的学术论文调查问卷，所有回收的问卷仅做整体性分析，不会显示您的个别信息。本问卷为一次性问卷，请您在符合自己情况的选项上打√。您的答案将对我们的研究结果有重要影响，请认真作答。答案没有对错好坏之分，请您根据自己的实际感受放心作答！
>
> 　　问卷的回答大约占用您2分钟左右的时间。
>
> 　　再次感谢您的大力协助！如有任何疑问或建议，请随时联络。
>
> 　　敬祝 平安快乐 工作顺利！

基本信息（请您在符合自己情况的选项上打√）

1. 性别：

① 男　② 女

2. 年龄：　周岁

3. 学历：

①高中及以下　②大专　③本科　④硕士及以上

4. 您所在单位的性质：

①党政事业单位　②国有企业　③民营企业

④外资企业　⑤其他

5. 您在当前单位工作年限：　　　　年

以下是关于您的领导（直接上级）行为特点的描述（请您在符合自己情况的选项上打√）

序号	请选择最符合自己真实情形的答案，在相应的数字上打√	非常不同意	不同意	不清楚	同意	非常同意
	当我的直接领导表现出幽默时，您认为他的主要目的是：					
1	为了更好了解员工	①	②	③	④	⑤
2	为了让员工更好表达想法	①	②	③	④	⑤
3	为了表达对员工的欣赏	①	②	③	④	⑤
4	为了获得员工的好感	①	②	③	④	⑤
5	为了增进与员工之间的友谊	①	②	③	④	⑤
6	为了营造和谐的工作环境	①	②	③	④	⑤
7	希望以友善的方式提醒员工的错误或问题	①	②	③	④	⑤
8	希望促使员工更加努力工作	①	②	③	④	⑤
9	希望帮助员工提高工作绩效	①	②	③	④	⑤
10	希望促使员工提升工作质量	①	②	③	④	⑤
11	企图通过操控幽默来实施对员工的影响	①	②	③	④	⑤
12	企图通过操控幽默来谋取领导者个人私利	①	②	③	④	⑤
13	企图通过操控幽默来炫耀自身才能	①	②	③	④	⑤
14	企图通过操控幽默来获得认可或其他组织上的奖励	①	②	③	④	⑤
15	企图通过操控幽默来获取潜在组织回报	①	②	③	④	⑤
16	企图通过操控幽默来掩盖领导者自身存在的问题	①	②	③	④	⑤

问卷到此结束，非常感谢！非常感谢！

附录4 领导幽默动机归因量表

维度	问卷条目
关系改进动机	为了让员工更好表达想法
	为了表达对员工的欣赏
	为了获得员工的好感
	为了增进与员工之间的友谊
	为了营造和谐的工作环境
绩效改进动机	希望以友善的方式提醒员工的错误或问题
	希望促使员工更加努力工作
	希望促使员工超额完成任务
	希望促使员工提升工作质量
印象操控动机	企图通过操控幽默来实施对员工的影响
	企图通过操控幽默来炫耀自身才能
	企图通过操控幽默来获取潜在组织回报
	企图通过操控幽默来掩盖领导者自身存在的问题

附录5　一次性问卷

代码＿＿＿＿＿＿＿　　　　　填写问卷日期＿＿＿＿＿＿＿＿＿＿＿＿

亲爱的朋友：

　　您好！非常感谢您在百忙中填写这套问卷。我们正在进行有关领导幽默行为的研究，恳请您百忙之中予以协助支持！

　　本问卷是一份普通的学术论文调查问卷，所有回收的问卷仅做整体性分析，不会显示您的个别信息。本问卷为一次性问卷，请您在符合自己情况的选项上打√。您的答案将对我们的研究结果有重要影响，请认真作答。答案没有对错好坏之分，请您根据自己的实际感受放心作答！

　　问卷的回答大约占用您2分钟左右的时间。

　　再次感谢您的大力协助！如有任何疑问或建议，请随时联络。

　　敬祝 平安快乐 工作顺利！

基本信息（请您在符合自己情况的选项上打√）

1. 性别：

① 男　② 女

2. 年龄：　　周岁

3. 学历：

①高中及以下　②大专　③本科　④硕士及以上

4. 婚姻状况：

①已婚　②未婚

5. 您在当前单位工作年限：　　　　年

以下是关于您的领导（直接上级）行为特点的描述（请您在符合自己情况的选项上打√）

序号	请选择最符合自己真实情形的答案， 在相应的数字上打√	非常不同意	不同意	不清楚	同意	非常同意
	当我的直接领导表现出幽默时，您认为他的主要目的是：					
1	为了让员工更好表达想法	①	②	③	④	⑤
2	为了表达对员工的欣赏	①	②	③	④	⑤
3	为了获得员工的好感	①	②	③	④	⑤
4	为了增进与员工之间的友谊	①	②	③	④	⑤
5	为了营造和谐的工作环境	①	②	③	④	⑤
6	希望以友善的方式提醒员工的错误或问题	①	②	③	④	⑤
7	希望促使员工更加努力工作	①	②	③	④	⑤
8	希望促使员工超额完成任务	①	②	③	④	⑤
9	希望促使员工提升工作质量	①	②	③	④	⑤
10	企图通过操控幽默来实施对员工的影响	①	②	③	④	⑤
11	企图通过操控幽默来炫耀自身才能	①	②	③	④	⑤
12	企图通过操控幽默来获取潜在组织回报	①	②	③	④	⑤
13	企图通过操控幽默来掩盖自身存在的问题	①	②	③	④	⑤

问卷到此结束，非常感谢！非常感谢！

附录6 早上日志问卷

代码_____   填写问卷日期_____

亲爱的朋友：

　　您好！非常感谢您在百忙中填写这套问卷。我们正在进行有关领导幽默行为的研究，恳请您百忙之中予以协助支持！

　　本问卷是一份普通的学术论文调查问卷，所有回收的问卷仅做整体性分析，不会显示您的个别信息。本问卷为日志问卷，需要您填写10个连续工作日，请您在每天上班时填写，并在符合自己情况的选项上打√。您的答案将对我们的研究结果有重要影响，请认真作答。答案没有对错好坏之分，请您根据自己的实际感受放心作答！

　　问卷的回答大约占用您2分钟左右的时间。

　　再次感谢您的大力协助！如有任何疑问或建议，请随时联络。

　　敬祝 平安快乐 工作顺利！

序号	请选择最符合自己真实情形的答案，在相应的数字上打√	非常不同意	不同意	不清楚	同意	非常同意
1	昨晚，我难以入睡	①	②	③	④	⑤
2	今天，我起床太早	①	②	③	④	⑤
3	昨晚，我夜里醒了好几次	①	②	③	④	⑤
4	此时此刻，我是充满热情的	①	②	③	④	⑤
5	此时此刻，我是快乐的	①	②	③	④	⑤
6	此时此刻，我是精力充沛的	①	②	③	④	⑤
7	此时此刻，我是心烦意乱的	①	②	③	④	⑤
8	此时此刻，我是生气的	①	②	③	④	⑤
9	此时此刻，我是忧虑的	①	②	③	④	⑤

问卷到此结束，非常感谢！非常感谢！

附录7 下午日志问卷

代码_____ 填写问卷日期_____

亲爱的朋友：

您好！非常感谢您在百忙中填写这套问卷。我们正在进行有关领导幽默行为的研究，恳请您百忙之中予以协助支持！

本问卷是一份普通的学术论文调查问卷，所有回收的问卷仅做整体性分析，不会显示您的个别信息。本问卷为日志问卷，需要您填写10个连续工作日，请您在每天下班时填写，并在符合自己情况的选项上打√。您的答案将对我们的研究结果有重要影响，请认真作答。答案没有对错好坏之分，请您根据自己的实际感受放心作答！

问卷的回答大约占用您2分钟左右的时间。

再次感谢您的大力协助！如有任何疑问或建议，请随时联络。

敬祝 平安快乐 工作顺利！

序号	请选择最符合自己真实情形的答案，在相应的数字上打√	非常不同意	不同意	不清楚	同意	非常同意
1	在今天的工作中，领导频繁表现出幽默	①	②	③	④	⑤
2	在今天的工作中，领导将幽默注入与员工互动的各种情境中	①	②	③	④	⑤
3	在今天的工作中，领导跟员工开玩笑	①	②	③	④	⑤
4	在今天的工作中，我有各种各样的愉快体验	①	②	③	④	⑤
5	在今天的工作中，我发现的新事物，让我更加热爱工作	①	②	③	④	⑤
6	在今天的工作中，我的工作带给我难忘的经历	①	②	③	④	⑤
7	在今天的工作中，我的优势得到体现	①	②	③	④	⑤
8	在今天的工作中，我的工作与我生活中的其他活动是很协调的	①	②	③	④	⑤

序号	请选择最符合自己真实情形的答案，在相应的数字上打√	非常不同意	不同意	不清楚	同意	非常同意
9	在今天的工作中，我能妥当地控制工作激情	①	②	③	④	⑤
10	在今天的工作中，我为我的工作着迷	①	②	③	④	⑤
11	在今天的工作中，我会首先尝试新的想法或方法	①	②	③	④	⑤
12	在今天的工作中，我会努力寻求新的方法去解决问题	①	②	③	④	⑤
13	在今天的工作中，我经常能产生一些开拓性想法	①	②	③	④	⑤
14	在今天的工作中，我是团队中的创新榜样	①	②	③	④	⑤

问卷到此结束，非常感谢！非常感谢！